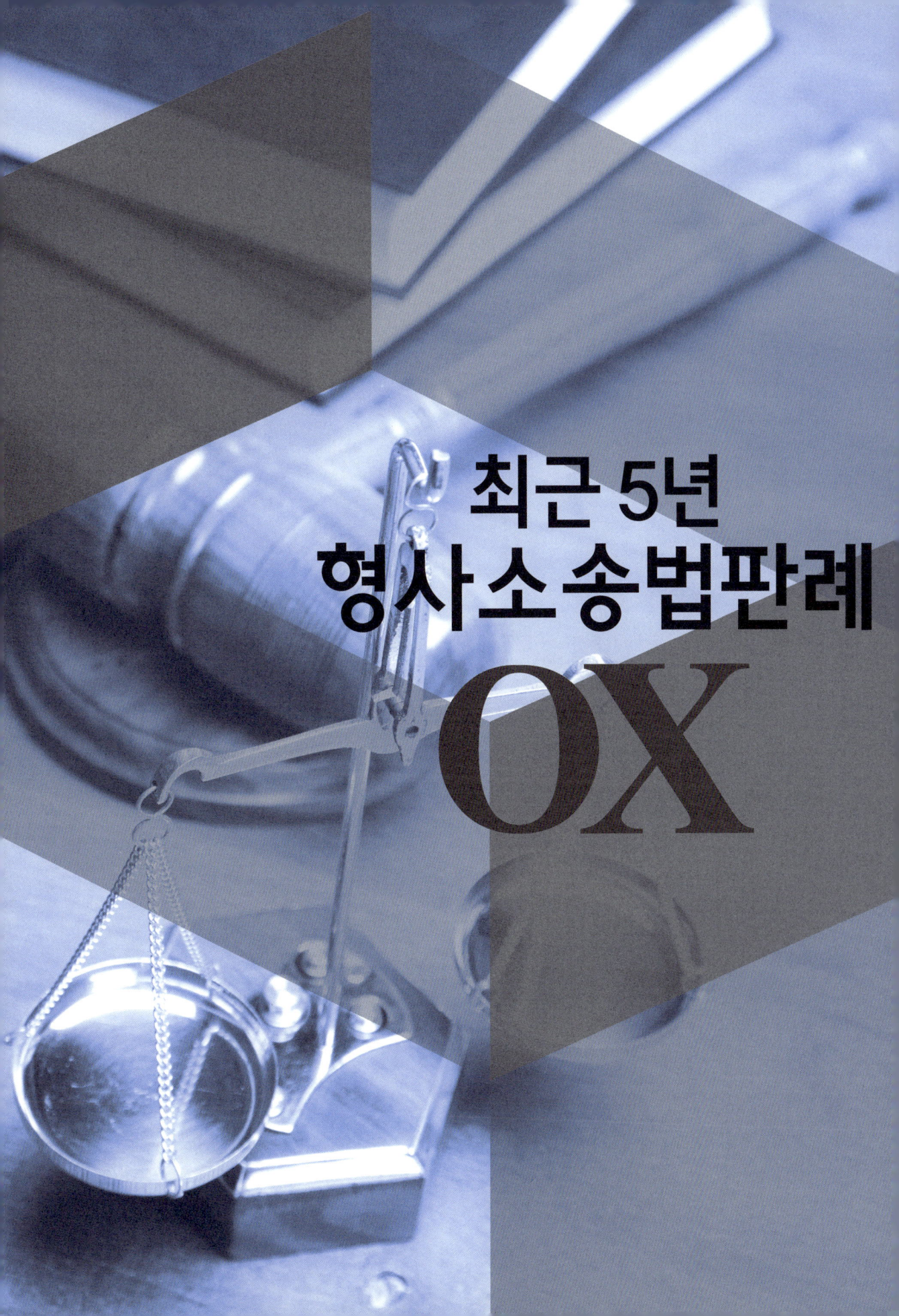

머리말

이번에 거의 2년 6개월 만에 신판을 출간하게 되었습니다.

2023년판은, 먼저 ① 2020년 말부터 2023년 6월까지의 최근 판례를 추가하였고, 함께 ② 2022년도에 두 차례에 걸쳐 개정된 형사소송법을 반영하여 - 영장 제시 외에 사본의 교부 등 - 이를 기존의 판례에 추가설명을 하였습니다. 그리고 ③ 2022. 1. 1.부터 시행되고 있는 제312조 제1항에 관한 최근 판례인 검사작성 피의자신문조서의 증거능력 요건인 '내용 인정'의 의미, 제312조 적용범위에 관련한 검사작성 '공범'에 대한 피의자신문조서의 증거능력, 특히 전자정보에 대한 임의제출물 압수의 경우에도 임의제출의 동기와의 '관련성' 요건이 필요하다는 전원합의체 판결 등을 보다 상세히 소개하고 있습니다.

한편 종래처럼 선택형으로 출제되었거나 앞으로 출제가능성이 높은 판례는 ★ 표시를, Case로도 이미 출제되었거나 출제가능성이 높은 판례는 ★□ 표시를 하였는바, 그러한 판례들은 반드시 숙지하여 정리해 두기 바랍니다.

아무쪼록 본서가 여러분의 조속한 합격에 도움이 되기를 빕니다.

2023년 7월 31일

편저자 김영환

2017년판 머리말

2017 edition 최근 3년 형사소송법 판례 ○×는 2016 edition과 달리 형법과 분리하여 출간하게 되었습니다.

체계는 그대로 유지하였고, 중요성이 떨어지는 기존 판례 일부를 삭제하고, 2017년 7월 18일까지의 판례를 추가하였습니다.

중요한 판례는 ★로 강조하였고, 사례의 쟁점으로 가능한 판례는 별도로 ▢ 표시를 하였으므로, 특히 주목하기 바랍니다.

여러분에게 도움이 되기를 빕니다.

2017년 8월 5일

편저자 김영환

초판 머리말

    도서출판 (주)학연에서 최근의 중요판례를 ○, × 지문형식으로 정리한 판례교재를 출간하기로 하였다. 판례교재는 『최근3년 민사법판례○, ×』, 『최근3년 형사법판례○, ×』 및 『최근3년 공법판례○, ×』 등 3권으로 구성된다.

    최근 3년 사이에 나온 판례는 변호사시험·사법시험·법원행시 등 각종 국가고시 및 법원직·경찰직 등 각종 공무원채용시험을 준비하는 수험생들이라면 누구나 **최종정리단계에서 반드시 보고 시험장에 들어가야 할 중요판례**이다. 그만큼 최근 3년판례의 출제비중이 높다는 이야기이다.

    『최근3년 형사법 판례○, ×』의 경우는 2013년 6월부터 2016년 상반기까지 나온 **최신 판례 중에서 중요하다고 판단되는 것들만을** 간추려 수록하였다. 필자의 입장에서 **선택형문제로 출제가능성이 높다고 판단되는 판례 지문에는** ★표를 달아 독자들이 판례공부에 강약을 조절할 수 있도록 하였다.

    아무쪼록 『최근3년 판례○, ×』 시리즈가 로스쿨생과 사법시험을 준비하는 예비 법조인들에게는 법조인으로서의 꿈을 이루고, 각종 공무원채용시험을 준비하는 독자들에게는 공무원의 길로 들어가는 데에 작은 도움이라도 되길 바란다. 독자들의 건강과 행운을 빈다.

2016년 8월 5일

편저자 김영환·이인규 씀

제1장 | 총 설

제1절 법 원 ·· 1
제2절 검 사 ·· 3
제3절 피고인 ·· 3
제4절 변호인 ·· 5
제5절 소송행위와 소송조건 ·· 9
   Ⅰ. 소송행위 ·· 9
   Ⅱ. 소송조건 ·· 15

제2장 | 수 사

제1절 수사 일반 ·· 17
제2절 수사의 방법 ·· 20
제3절 강제수사 ·· 21
   Ⅰ. 체포·구속 ·· 21
   Ⅱ. 압수·수색·검증 ··· 23
제4절 수사의 종결 ·· 35

제3장 | 공 소

제1절 공소제기 ·· 38
제2절 재정신청 ·· 38
제3절 공소제기의 방식 ·· 40
제4절 공소제기의 효과 ·· 42

제4장 | 공 판

제1절 공소장변경 ·· 45
제2절 공판정의 심리 등 ·· 50
제3절 국민참여재판 ·· 53

제5장 | 증 거

제1절 개 관 ·· 55
제2절 증거능력 제한법리 ·· 58
   Ⅰ. 자백배제법칙 ·· 58
   Ⅱ. 위법수집증거배제법칙 ·· 58
   Ⅲ. 전문법칙 ·· 60
   Ⅳ. 사진, 녹음테이프 등 ·· 70
   Ⅴ. 증거동의, 탄핵증거, 자백의 보강법칙 ······················ 71

제6장 | 재 판

제7장 | 상 소 등

   Ⅰ. 상소 일반 ·· 77
   Ⅱ. 항소, 상고, 항고 등 ·· 81
   Ⅲ. 재심 등 ·· 90

판례색인 ·· 101

제1장 총 설

제1절 법 원

1. 일반 국민이 범한 수개의 죄 중 군사법원에서 예외적으로 재판권을 가지는 군형법상 범죄와 일반 범죄가 경합범 관계에 있다고 보아 하나의 사건으로 기소된 경우, 일반 범죄뿐만 아니라 군형법상 범죄도 일반 법원에 재판권이 있다.

    해설 군형법상 범죄 → 군사법원, 일반 범죄 → 일반 법원에 재판권이 있다(대결(全) 2016.6.16. 2016초 기318[재판권쟁의에 대한 재정신청]).　　　　　　　　　　　　　　　　　　　　　　　　**답 ✕**

2. 군사법원의 판결이 확정된 후 피고인에 대한 재판권이 더 이상 군사법원에 없게 된 경우에 군사법원의 판결에 대한 재심사건의 관할은 원판결을 한 군사법원과 같은 심급의 일반법원에 있다.

    해설 군사법원의 판결에 대한 재심사건의 관할법원(=원판결을 한 군사법원과 같은 심급의 일반법원) 및 이 때 '군사법원과 같은 심급의 일반법원'을 결정하는 기준 : 군사법원의 판결이 확정된 후 피고인에 대한 재판권이 더 이상 군사법원에 없게 된 경우에 군사법원의 판결에 대한 재심사건의 관할은 원판결을 한 군사법원과 같은 심급의 일반법원에 있고, 여기에서 '군사법원과 같은 심급의 일반법원'은 법원조직법과 형사소송법에 규정된 추상적 기준에 따라 획일적으로 결정하여야 한다(대결 2020.6.26. 2019모3197).　　**답 ○**

3. ① 지방법원과 지방법원지원 사이의 관할의 분배도 토지관할에 해당한다.
    ② 지방법원 지원에 제1심 형사사건 토지관할이 인정되는 경우 당연히 지방법원 본원에도 제1심 토지관할이 인정된다.　　　　　　　　　　　　　　　　　　　　　　　　　　　　　　　　　　　　★ⓒ

    해설 ① 제1심 형사사건에 관한 지방법원 본원과 지방법원 지원 사이의 관할의 분배가 소송법상 토지관할의 분배에 해당하는지 여부(적극) : 제1심 형사사건에 관하여 지방법원 본원과 지방법원 지원은 소송법상 별개의 법원이자 각각 일정한 토지관할 구역을 나누어 가지는 대등한 관계에 있으므로, 지방법원 본원과 지방법원 지원 사이의 관할의 분배도 지방법원 내부의 사법행정사무로서 행해진 지방법원 본원과 지원 사이의 단순한 사무분배에 그치는 것이 아니라 소송법상 토지관할의 분배에 해당한다(대판 2015.10.15. 2015도1803). ☞ 법원조직법 제3조 제2항 및 제32조 제1항 참조.
    ② 지방법원 지원에 제1심 형사사건 토지관할이 인정되는 경우 당연히 지방법원 본원에도 제1심 토지관할이 인정되는지 여부(소극) : 형사소송법 제4조에 의하여 지방법원 본원에 제1심 토지관할이 인정된다고 볼 특별한 사정이 없는 한, 지방법원 지원에 제1심 토지관할이 인정된다는 사정만으로 당연히 지방법원 본원에도 제1심 토지관할이 인정된다고 볼 수는 없다(대판 2015.10.15. 2015도1803). ☞ 광주지방법원 해남지원에 범죄지로 인한 토지관할이 인정된다는 이유로 광주지방법원 본원에 공소를 제기한 사건에 관하여 관할위반판결을 하여야 한다는 사안.　　　　　　　　　　　　　　　　　　　　　　　　　　**답 ①○, ②✕**

4. 합의부 관할사건이 공소장변경에 의하여 단독판사 관할사건으로 변경된 경우(제8조 제2항과는 반대의 경우), 사건을 배당받은 합의부는 제8조 제2항에 의하여 사건을 단독판사에게 이송하거나 단독판사에게 재배당하여야 한다.　　★ⓒ

해설 제8조 제2항 반대의 경우(합의부 사건 → 단독판사 사건) 재배당 가부(소극) : 제1심에서 합의부 관할사건에 관하여 단독판사 관할사건으로 죄명, 적용법조를 변경하는 공소장변경허가신청서가 제출되자, 합의부가 공소장변경을 허가하는 결정을 하지 않은 채 착오배당을 이유로 사건을 단독판사에게 재배당한 사안에서, 형사소송법은 제8조 제2항에서 단독판사의 관할사건이 공소장변경에 의하여 합의부 관할사건으로 변경된 경우 합의부로 이송하도록 규정하고 있을 뿐 그 반대의 경우에 관하여는 규정하고 있지 아니하며, '법관 등의 사무분담 및 사건배당에 관한 예규'에서도 이러한 경우를 재배당사유로 규정하고 있지 아니하므로, 사건을 배당받은 합의부는 공소장변경허가결정을 하였는지에 관계없이 사건의 실체에 들어가 심판하였어야 하고 사건을 단독판사에게 재배당할 수 없다(대판 2013.4.25. 2013도1658). **답 ✗**

5. 피고인 甲(女)은 평소 빈 소주병 및 톱 등 위험한 물건을 사용하여 남편 A를 상습적으로 폭행·상해하였다는 혐의로 상습특수상해죄 등의 공소사실로 기소되어, 광주지방법원 순천지원 단독판사가 제1심으로 심리하여 상습특수상해죄에 대하여 10개월의 징역형을 선고하였는데, 쌍방의 항소로 항소심은 광주지방법원 합의부가 심리하여 8개월의 징역형을 선고하였다. 이 경우 대법원은 제1심판결만 관할인정의 잘못을 이유로 파기하고, 판결로써 사건을 관할권이 있는 광주지방법원 순천지원 합의부에 이송하여야 한다. ★ⓒ

해설 관할인정의 잘못과 이송의 판결 : [1] 상습특수상해죄의 관할법원(지방법원 또는 지원 합의부) : 형법 제264조, 제258조의2 제1항에 의하면 상습특수상해죄는 법정형의 단기가 1년 이상의 유기징역에 해당하는 범죄이고, 법원조직법 제32조 제1항 제3호 본문에 의하면 단기 1년 이상의 징역에 해당하는 사건에 대한 제1심 관할법원은 지방법원과 그 지원의 합의부이다. 이 사건의 경우 광주지방법원 순천지원 합의부가 제1심의 심판권을 가지고, 그 항소사건은 광주고등법원에서 심판권을 가진다. ☞ 그런데도 관할권이 없음을 간과한 채 이 사건에 관한 실체 심리를 거쳐 심판한 제1심판결과 항소심판결에는 소송절차에 관한 법령을 위반하여 판결에 영향을 미친 잘못이 있다.
[2] 처단형의 범위 내에서 선고형을 정하였는지 여부 : 형법은 제264조에서 상습으로 제258조의2의 죄를 범한 때에는 그 죄에 정한 형의 2분의 1까지 가중한다고 규정하고, 제258조의2 제1항에서 위험한 물건을 휴대하여 상해죄를 범한 때에는 1년 이상 10년 이하의 징역에 처한다고 규정하고 있다. 위와 같은 형법 각 규정의 문언, 형의 장기만을 가중하는 형법 규정에서 그 죄에 정한 형의 장기를 가중한다고 명시하고 있는 점, 형법 제264조에서 상습범을 가중처벌하는 입법취지 등을 종합하면, 형법 제264조는 상습특수상해죄를 범한 때에 형법 제258조의2 제1항에서 정한 법정형의 단기와 장기를 모두 가중하여 1년 6개월 이상 15년 이하의 징역에 처한다는 의미로 새겨야 한다.
☞ 항소심은 이 사건 공소사실을 모두 유죄로 판단한 다음, 상습특수상해죄의 법정형이 형법 제258조의2 제1항에서 정한 법정형의 장기만을 가중한 1년 이상 15년 이하의 징역임을 전제로 하여, 상습특수상해죄에 정한 형에 경합범가중을 하고 작량감경을 하여 피고인에 대한 선고형을 징역 8개월로 정하였다. 앞서 본 법리에 비추어 살펴보면, 상습특수상해죄를 저지른 피고인에 대하여 장기형만을 가중해 작량감경을 하더라도 그 처단형이 징역 9개월 미만이 될 수 없는데도 징역 8개월을 선고한 원심의 판단에는, 그 처단형의 범위를 벗어나 선고형을 정한 잘못이 있다(대판 2017.6.29. 2016도18194[톱부인 남편 상습특수상해 사건]).
[3] 따라서 대법원은 제1심판결(관할인정의 잘못)과 항소심판결(형량적용의 잘못, 즉 처단형의 범위를 벗어난 선고형의 잘못)을 모두 파기하고, '다시 재판하라는 취지'(편자 주)로 판결로써 사건을 관할권이 있는 광주지방법원 순천지원 합의부에 이송하여야 한다(제394조 참조). **답 ✗**

6. 관할이전의 신청을 기각한 법원의 결정에 대하여는 피고인은 즉시항고로 다툴 수 없다.

해설 관할이전의 신청을 기각한 결정에 대해 불복 허부(소극) : 법원의 관할 또는 판결 전의 소송절차에 관한 결정에 대하여는 특히 즉시항고를 할 수 있는 경우 외에는 항고를 하지 못한다(제403조 제1항). 그런데

관할이전의 신청(제15조)을 기각한 결정에 대하여 즉시항고를 할 수 있다는 규정이 없으므로, 원심결정에 대하여 재항고인이 불복할 수 없다(대결 2021.4.2. 2020모2561). 답 ○

제2절 검 사

1. 범죄의 피해자인 검사가 그 사건의 수사에 관여하거나 압수·수색영장의 집행에 참여한 검사가 다시 수사에 관여하는 경우, 그에 따른 참고인이나 피의자의 진술에 임의성이 있다고 볼 수는 없다.

   해설 범죄피해자인 검사 또는 압수·수색영장의 집행에 참여한 검사가 관여한 수사의 적법 여부(적극): 범죄의 피해자인 검사가 그 사건의 수사에 관여하거나, 압수·수색영장의 집행에 참여한 검사가 다시 수사에 관여하였다는 이유만으로 바로 그 수사가 위법하다거나 그에 따른 참고인이나 피의자의 진술에 임의성이 없다고 볼 수는 없다(대판 2013.9.12. 2011도12918). 답 ×

2. 검사는 수사 및 공판과정에서 피고인에게 유리한 증거를 발견하게 되었다면 피고인의 이익을 위하여 이를 법원에 제출하여야 할 의무가 있다.

   해설 검사의 객관의무 – 검사가 수사 및 공판과정에서 피고인에게 유리한 증거를 발견한 경우, 이를 법원에 제출하는 등으로 피고인의 정당한 이익을 옹호할 의무가 있는지 여부(적극): 검찰청법 제4조 제1항은 검사는 공익의 대표자로서 범죄수사·공소제기와 그 유지에 관한 사항 및 법원에 대한 법령의 정당한 적용의 청구 등의 직무와 권한을 가진다고 규정하고, **동조 제2항**(현행 제3항: 편자주)은 검사는 그 직무를 수행함에 있어 그 부여된 권한을 남용하여서는 아니된다고 규정하며, **형사소송법 제424조**는 검사는 피고인을 위하여 재심을 청구할 수 있다고 규정하고 있고, 검사는 피고인의 이익을 위하여 항소할 수 있다고 해석되므로(제338조) 검사는 공익의 대표자로서 실체적 진실에 입각한 국가 형벌권의 실현을 위하여 공소제기와 유지를 할 의무뿐만 아니라 그 과정에서 피고인의 정당한 이익을 옹호하여야 할 의무를 진다고 할 것이고, 따라서 검사가 수사 및 공판과정에서 피고인에게 유리한 증거를 발견하게 되었다면 피고인의 이익을 위하여 이를 법원에 제출하여야 한다(대판 2002.2.22. 2001다23447[소위 유전자분석미제출 사건]; 대판 2022.9.16. 2021다295165). ☞ 검사가 이를 위반한 경우에는 위법하여, 국가는 **국가배상책임**을 진다. 답 ○

제3절 피고인

1. 진술거부권을 고지받을 권리는 헌법 제12조 제2항에 의하여 바로 도출된다.

   해설 진술거부권을 고지받을 권리가 헌법 제12조 제2항에 의하여 바로 도출되는지 여부(소극): 진술거부권이 보장되는 절차에서 진술거부권을 고지받을 권리가 헌법 제12조 제2항에 의하여 바로 도출된다고 할 수는 없고, 이를 인정하기 위해서는 입법적 뒷받침이 필요하다(대판 2014.1.16. 2013도5441). ☞ 구 공직선거법 시행 당시 선거관리위원회 위원·직원이 선거범죄 조사와 관련하여 관계자에게 질문을 하면서 미리 진술거부권을 고지하지 않았다고 하여 단지 그러한 이유만으로 그 조사절차가 위법하다거나 그 과정에서 작성·수집된 선거관리위원회 문답서의 증거능력이 당연히 부정된다고 할 수는 없다고 한 사례. 답 X

2. 수사기관에 의한 진술거부권 고지의 대상이 되는 피의자의 지위는 수사기관이 범죄인지서를 작성하는 등의 형식적인 사건수리 절차를 거치기 전이라도 조사대상자에 대하여 범죄의 혐의가 있다고 보아 실질적으로 수사를 개시하는 행위를 한 때에 인정된다.

해설 진술거부권 고지의 대상이 되는 피의자의 지위 : 특히 조사대상자의 진술 내용이 단순히 제3자의 범죄에 관한 경우가 아니라 자신과 제3자에게 공동으로 관련된 범죄에 관한 것이거나 제3자의 피의사실뿐만 아니라 자신의 피의사실에 관한 것이기도 하여 실질이 피의자신문조서의 성격을 가지는 경우에 수사기관은 진술을 듣기 전에 미리 진술거부권을 고지하여야 한다(대결 2015.10.29. 2014도5939[서울시공무원국보법위반 사건]). 답 O

3. 구금된 피의자신문절차에서 인정신문 전 변호인의 보호장비를 해제해 달라는 요구를 받고도 오히려 수사에 현저한 지장을 초래한다는 이유로 변호인을 퇴실시킨 검사의 조치에 대하여는 변호인은 준항고로 다툴 수 있다. ★ⓒ

해설 [1] 검사 또는 사법경찰관이 구금된 피의자를 신문할 때 피의자 또는 변호인으로부터 보호장비를 해제해 달라는 요구를 받고도 거부한 조치가 형사소송법 제417조에서 정한 '구금에 관한 처분'에 해당하는지 여부(적극) [2] 검사 또는 사법경찰관이 단지 변호인이 피의자신문 중에 부당한 신문방법에 대한 이의제기를 하였다는 이유만으로 변호인을 조사실에서 퇴거시키는 조치가 정당한 사유 없이 변호인의 피의자신문참여권을 제한하는 것인지 여부(적극) 및 그 허용 여부(소극) : [1] 구금된 피의자는 형집행법 제97조 제1항 각호에 규정된 사유에 해당하지 않는 이상 보호장비 착용을 강제당하지 않을 권리를 가진다. 검사는 조사실에서 피의자를 신문할 때 해당 피의자에게 그러한 특별한 사정이 없는 이상 교도관에게 보호장비의 해제를 요청할 의무가 있고, 교도관은 이에 응하여야 한다. [2] 형사소송법 제417조는 검사 또는 사법경찰관의 '구금에 관한 처분'에 불복이 있으면 법원에 그 처분의 취소 또는 변경을 청구할 수 있다고 규정하고 있다. 검사 또는 사법경찰관이 보호장비 사용을 정당화할 위와 같은 예외적 사정이 존재하지 않음에도 구금된 피의자에 대한 교도관의 보호장비 사용을 용인한 채 그 해제를 요청하지 않는 경우에, 검사 및 사법경찰관의 이러한 조치를 형사소송법 제417조에서 정한 '구금에 관한 처분'으로 보지 않는다면 구금된 피의자로서는 이에 대하여 불복하여 침해된 권리를 구제받을 방법이 없게 된다. 따라서 검사 또는 사법경찰관이 구금된 피의자를 신문할 때 피의자 또는 변호인으로부터 보호장비를 해제해 달라는 요구를 받고도 거부한 조치는 형사소송법 제417조에서 정한 '구금에 관한 처분'에 해당한다고 보아야 한다(대판 2020.3.17. 2015모2357 [수갑해제요청 묵살 사건]). 답 O

4. 사법경찰관 작성 피의자신문조서에 "피의자는 진술거부권을 행사할 것인가요"라는 질문에 "아니요, 진술할 것입니다"라는 답변이 기재되어 있기는 하나, 그 답변은 위 피고인들의 자필로 기재된 것이 아니고 답변란에 피고인들의 기명날인 또는 서명이 되어 있지 않은 경우, 특별한 사정이 없는 한 그 증거능력을 인정할 수 없다. ★ⓒ

해설 제244조의3 제2항 위반 조서의 증거능력(진술거부권 행사 여부에 대한 답변 기재 방식에 위반한 피의자신문조서의 증거능력 → 소극) : 사법경찰관이 피의자에게 진술거부권을 행사할 수 있음을 알려 주고 그 행사 여부를 질문하였다 하더라도, 형사소송법 제244조의3 제2항에 규정한 방식에 위반하여 진술거부권 행사 여부에 대한 피의자의 답변이 자필로 기재되어 있지 아니하거나 그 답변 부분에 피의자의 기명날인 또는 서명이 되어 있지 아니한 사법경찰관 작성의 피의자신문조서는 특별한 사정이 없는 한 형사소송법 제312조 제3항에서 정한 '적법한 절차와 방식'에 따라 작성된 조서라 할 수 없으므로 그 증거능력을 인정할 수 없다 (대판 2013.3.28. 2010도3359[업무상횡령]). ☞ 따라서 **증거동의의 대상**이 될 소지가 있다. 답 O

제4절 변호인

1. **변호인이 되려는 자의 접견교통권은 피의자 등을 조력하기 위한 핵심적인 권리로서 헌법상 기본권으로서 보장되어야 한다.**

   | 해설 | 변호인이 되려는 자의 접견교통권의 법적 성질(=헌법상 기본권) : 체포되어 구속영장이 청구된 피의자의 가족으로부터 의뢰를 받아 피의자를 접견하려 하였으나 접견하지 못하고 결국 변호인으로 선임되지도 못한 변호사가 헌법소원을 청구한 사안(헌재결 2019.2.28. 2015헌마1204). 답 O

2. **피고인이 당해 사건에서 국선변호인 선정청구를 하지 않고 사선변호인을 선임하여 방어권을 행사하였는데, 원심이 별건으로 구속된 사건과 당해 사건에 대한 병합심리 결정을 하였다가 두 사건에 대한 변론분리 결정을 한 다음 피고인의 사선변호인이 사임계를 제출하자 변호인 없이 피고인만 출석한 상태에서 변론을 종결하고 판결을 선고한 경우, 형사소송법 제33조 제1항을 위반한 잘못이 있다.**

   | 해설 | [1] 국선변호인을 반드시 선정해야 하는 사유로 형사소송법 제33조 제1항 제1호에서 정한 '피고인이 구속된 때'의 의미 및 피고인이 별건으로 구속되어 있거나 다른 형사사건에서 유죄로 확정되어 수형 중인 경우가 이에 해당하는지 여부(소극) [2] 이는 재판을 받고 있는 형사사건과 별건으로 구속된 형사사건을 병합하여 심리하기로 하였다가 두 사건에 대한 변론을 분리하기로 한 경우에도 마찬가지인지 여부(원칙적 적극) : [1] 형사소송법 제33조 제1항은 국선변호인을 반드시 선정해야 하는 사유를 정하고 있는데, 그 제1호에서 정한 '피고인이 구속된 때'라고 함은, 피고인이 형사사건에서 구속되어 재판을 받고 있는 경우를 의미하고, 피고인이 별건으로 구속되어 있거나 다른 형사사건에서 유죄로 확정되어 수형 중인 경우는 이에 해당하지 않는다(대판 2009.5.28. 2009도579 등 참조). [2] 이는 특별한 사정이 없는 한 재판을 받고 있는 형사사건과 별건으로 구속된 형사사건을 병합하여 심리하기로 하였다가 위 두 사건에 대한 변론을 분리하기로 한 경우에도 마찬가지이다(대판 2017.5.17. 2017도3780). 답 X

3. **수형자와 소송대리인인 변호사의 접견을 일반 접견에 포함시켜 시간은 30분 이내로, 횟수는 월 4회로 제한한 구 '형의 집행 및 수용자의 처우에 관한 법률 시행령' 제58조 제2항 및 제3항 등의 규정은 재판청구권을 침해하여 헌법에 합치되지 아니한다.**

   | 해설 | 헌재결(순응) 2015.11.26. 2012헌마858[7:1, 헌법불합치] ☞ 헌법불합치결정을 하면서 2016.6.30.한 잠정적용. ☞ **반대의견**은 이른바 '집사 변호사'의 문제를 지적하였다. 답 O

4. 피고인이 70세 이상인 때에는 피고인이 변호사 자격 있더라도 국선변호인을 선임하지 않고 재판을 진행한 것은 무효이다.

해설 제33조 제1항(필요국선) 제3호(피고인이 70세 이상인 때) : 피고인이 70세 이상의 고령이라면, 그 피고인이 변호사 자격을 갖고 있더라도 반드시 변호인을 선임해 재판을 진행해야 한다(대판 2016.5.30. 2016도3102). O

5. 피고인이 빈곤 등의 사유로 국선변호인 선정청구를 하였음에도 피고인이 그 이유를 뒷받침할 소명자료를 제출하지 않은 경우, 법원이 피고인의 국선변호인 선정청구를 기각하고 변호인 없이 재판을 진행한 것은 변호인의 조력을 받을 권리를 침해하거나 국선변호인의 선정과 관련한 법령을 위반하는 등의 사유로 판결에 영향을 미친 위법이 있다.

해설 피고인의 청구가 있는 때에 법원이 국선변호인을 선정하도록 규정한 형사소송법 제33조 제2항에서 '피고인이 빈곤 그 밖의 사유로 변호인을 선임할 수 없는 경우'에 해당한다는 점에 관하여 소명이 있어야 하는지 여부(원칙적 적극) : 형사소송법 제33조는 제1항에서 법원이 직권으로라도 반드시 변호인을 선정하여야 하는 경우를 규정하는 한편, 제2항에서는 "피고인이 빈곤 그 밖의 사유로 변호인을 선임할 수 없는 경우에 피고인의 청구가 있는 때"에 법원이 변호인을 선정하도록 규정하고 있는데, 여기서 '피고인이 빈곤 그 밖의 사유로 변호인을 선임할 수 없는 경우'에 해당한다는 점에 관하여는 원칙적으로 소명이 있어야 한다(대판 2018.3.15. 2017도18706 등). X

6. 피고인이 지체(척추) 4급 장애인으로서 국민기초생활수급자에 해당한다는 소명자료를 첨부하여 서면으로 빈곤을 사유로 한 국선변호인 선정청구를 한 경우, 특별한 사정이 없는 한 국선변호인 선정결정을 하여야 한다.

해설 대판 2013.7.11. 2012도16334. O

7. ① 피고인이 2급 시각장애인인 경우에는 법원이 국선변호인을 선정해 줄 필요가 없다.
② 피고인이 3급 청각장애인인 경우에는 법원이 국선변호인을 선정해 줄 필요가 없다.

해설 ① 2급 시각장애인 → 제33조 제3항(재량국선) 준용 : 피고인이 시각장애인인 경우 법원으로서는 그 장애의 정도를 비롯하여 연령·지능·교육 정도 등을 확인한 다음 권리보호를 위하여 필요하다고 인정하는 때에는 제33조 제3항의 규정에 의하여 피고인의 명시적 의사에 반하지 아니하는 범위 안에서 국선변호인을 선정하여 방어권을 보장해 줄 필요가 있다(대판 2014.8.28. 2014도4496; 대판 2010.4.29. 2010도881 참조).
② 3급 청각장애인 → 제33조 제3항(재량국선) 준용 : 헌법상 변호인의 조력을 받을 권리 및 형사소송법상 국선변호인 제도의 취지 등에 비추어, 법원으로서는 법 제33조 제3항의 규정을 준용하여 피고인의 연령·지능·교육 정도를 비롯한 청각장애의 정도 등을 확인한 다음, 권리보호를 위하여 필요하다고 인정하는 때에는 청각장애인인 피고인의 명시적 의사에 반하지 아니하는 범위 안에서 국선변호인을 선정하여 방어권을 보장해 줄 필요가 있다(대판 2010.6.10. 2010도4629; 대판 2010.4.29. 2010도881 등 참조). ①X, ②X

8. 제1심에서 피고인의 청구 또는 직권으로 국선변호인이 선정되어 공판이 진행된 경우에는 항소법원은 특별한 사정변경이 없는 한 국선변호인을 선정함이 바람직하다.

해설 항소법원에서의 국선변호인 선정 : 대판 2013.7.11. 2013도351 및 국선변호에 관한 예규 제6조 내지 제8조 참조. ○

9. 필요적 변호사건이 아니고 피고인이 변호인 선정청구를 하지 않았지만, 법원이 제33조 제3항 따라 국선변호인을 선정한 경우, 변호인에게 소송기록 접수통지를 할 필요는 없다.

해설 필요적 변호사건이 아니고 피고인이 변호인 선정청구를 하지 않았지만, 법원이 제33조 제3항 따라 국선변호인을 선정한 경우에도 변호인에게 소송기록 접수통지를 함으로써 변호인이 통지를 받은 날로부터 소정의 기간 내에 피고인을 위해 항소이유서를 작성할 수 있도록 해 변호인의 조력을 받을 피고인의 권리를 보호해야 하고, … 국선변호인은 소송기록접수통지를 받은 날로부터 항소이유서 제출기간인 20일 이내에 항소이유서를 제출하여 적법하다(대판 2014.5.16. 2014도1063). ✗

10. 법원이 법 제33조 제3항에 의하여 국선변호인을 선정한 경우에는 그 변호인에게 소송기록접수통지를 함으로써, 그 변호인이 통지를 받은 날로부터 소정의 기간 내에 피고인을 위하여 항소이유서를 작성·제출할 수 있도록 하여 변호인의 조력을 받을 피고인의 권리를 보호하여야 하고, 또한 법 제33조 제3항의 규정에 의하여 선정된 국선변호인의 경우에도 국선변호인의 항소이유서 제출기간 만료 시까지 항소이유서를 제출하거나 수정·추가 등을 할 수 있는 권리는 마찬가지로 보호되어야 한다.

해설 대판 2014.8.28. 2014도4496. ○

11. 항소심에서 국선변호인이 선정된 이후 변호인이 없는 다른 사건이 병합된 경우, 항소법원은 국선변호인에게 병합된 사건에 관한 소송기록 접수통지를 할 필요는 없다. ★

해설 국선변호인 선정의 효력과 병합사건(적극) : 국선변호인 선정의 효력은 선정 이후 병합된 다른 사건에도 미치는 것이므로, 항소심에서 국선변호인이 선정된 이후 변호인이 없는 다른 사건이 병합된 경우에는 형사소송법 제361조의2, 형사소송규칙 제156조의2의 규정에 따라 항소법원은 지체 없이 국선변호인에게 병합된 사건에 관한 소송기록 접수통지를 함으로써 병합된 다른 사건에도 마찬가지로 국선변호인으로 하여금 피고인을 위하여 항소이유서를 작성·제출할 수 있도록 하여야 한다(대판 2015.4.23. 2015도2046; 대판 2010. 5.27. 2010도3377 참조). ✗

12. 항소심에서 변호인이 선임된 후 변호인이 없는 다른 사건이 병합된 경우, 항소법원은 변호인에게 병합된 사건에 관한 소송기록 접수통지를 하여야 한다.

해설 변호인 선임의 효력은 선임 후 병합된 다른 사건에도 미치므로, 항소심에서 변호인이 선임된 후 변호인이 없는 다른 사건이 병합된 경우 형사소송법 제361조의2에 따라 변호인에게 병합된 사건에 관한 소송기록 접수통지를 함으로써 병합된 사건에도 피고인을 위하여 항소이유서를 작성·제출할 수 있게 하여야 하고(대판 2017.11.9. 2017도13948 등 참조), 이때 변호인의 항소이유서 제출기간은 변호인이 그 통지를 받은 날부터 계산한다(대판 2019.10.31. 2019도11622). ○

13. 항소법원이 국선변호인을 선정하고도 그에게 소송기록 접수통지를 하지 아니한 채 판결을 선고하는 것이 위법하다.

해설 | 항소법원이 국선변호인을 선정하고도 그에게 소송기록 접수통지를 하지 아니한 채 판결을 선고하는 것이 위법한지 여부(적극) : 항소법원이 국선변호인을 선정하거나 선정 후 변호인 없는 다른 사건이 병합된 경우 그에게 소송기록접수통지를 하여야 하는데 통지하지 않아 항소이유서 제출기회를 주지 아니한 채 판결을 선고하는 것은 피고인 본인은 항소이유서를 제출하였더라도 위법하다(대판 2015.4.23. 2015도2046).

답 O

14. 공범관계에 있지 않은 공동피고인들 사이에는 이해가 상반되지 아니하므로 동일한 국선변호인을 선정할 수 있다. ★ⓒ

해설 | 공동피고인들 사이의 이해상반 여부의 판단 : 모든 사정을 종합적으로 판단하여야 하는 것은 아니지만, 적어도 공동피고인들에 대하여 형을 정할 경우에 영향을 미친다고 보이는 구체적 사정을 종합하여 실질적으로 판단하여야 한다(대판 2014.12.24. 2014도13797[폭처법위반(집단·흉기등상해)] [맞고소 사건]).
☞ **공범관계에 있지 않은 공동피고인들 사이에서도** 공소사실의 기재 자체로 보아 어느 피고인에 대한 유리한 변론이 다른 피고인에 대하여는 불리한 결과를 초래하는 사건에서는 공동피고인들 사이에 이해가 상반된다고 할 것이어서, 그 공동피고인들에 대하여 동일한 국선변호인을 선정한 다음 그 국선변호인이 공동피고인들을 함께 변론한 경우에는 형사소송규칙 제15조 제2항에 위반된다.

답 X

15. 이해가 상반된 피고인들 중 어느 피고인이 법무법인을 변호인으로 선임하고, 법무법인이 담당변호사를 지정하였는데 법원이 담당변호사 중 1인 또는 수인을 다른 피고인을 위한 국선변호인으로 선정한 경우, 국선변호인의 조력을 받을 피고인의 권리를 침해하는 것은 아니다. ★ⓒ

해설 | 공동피고인들 사이에 이해가 상반되는 경우와 동일한 국선변호인 선정의 위법 여부(적극) : 공소사실 기재 자체로 보아 어느 피고인에 대한 유리한 변론이 다른 피고인에게는 불리한 결과를 초래하는 경우 **공동피고인들 사이에 이해가 상반**된다. 이해가 상반된 피고인들 중 어느 피고인이 법무법인을 변호인으로 선임하고, 법무법인이 담당변호사를 지정하였을 때, 법원이 담당변호사 중 1인 또는 수인을 다른 피고인을 위한 국선변호인으로 선정한다면, 국선변호인으로 선정된 변호사는 이해가 상반된 피고인들 모두에게 유리한 변론을 하기 어렵다. 결국 이로 인하여 다른 피고인은 국선변호인의 실질적 조력을 받을 수 없게 되고, 따라서 국선변호인 선정은 국선변호인의 조력을 받을 피고인의 권리를 침해하는 것이다(대판 2015.12.23. 2015도9351). ☞ **피고인 1에 대한 공소사실 중 피고인 2와 관련 있는 부분**은, 피고인 1이 팔꿈치로 피고인 2의 가슴을 밀쳐 넘어뜨려 피고인 2에게 상해를 가하였다는 것이고, **피고인 2에 대한 공소사실**은, 피고인 2가 위와 같이 상해를 당할 때 쓰레기통으로 피고인 1의 어깨를 때려 피고인 1에게 상해를 가하였다는 것과 피고인 1의 명예를 훼손하였다는 것이다. 위 공소사실 기재 자체로 볼 때, 피고인들 중 어느 피고인에 대한 유리한 변론은 다른 피고인에게 불리한 결과를 초래하므로, 피고인들 사이에 그 이해가 상반된다.

답 X

16. 정당한 사유 없이 변호인의 참여권이 제한된 상태에서 작성된 피의자신문조서는, 법 제312조에서 정한 '적법한 절차와 방식'에 위반된 증거일 뿐만 아니라, 법 제308조의2에서 정한 '적법한 절차에 따르지 아니하고 수집한 증거'에 해당하여 증거능력이 없다. ★ⓒ

해설 | 대판 2013.3.28. 2010도3359. ☞ **전문법칙**(제312조 제1항 또는 제3항) 및 **위법수집증거배제법칙**(제308조의2)에서 증거능력이 배제되는 근거를 구하고 있다.

답 O

17. 법원의 증거개시결정에 대하여 검사는 일반항고의 방법으로 불복할 수 있다. ★ⓒ

해설 법원의 증거개시결정에 대한 검사의 항고(제402조) 허부(소극): 형사소송법 제402조는 "법원의 결정에 대하여 불복이 있으면 항고를 할 수 있다. 단, 이 법률에 특별한 규정이 있는 경우에는 예외로 한다."고 규정하고, 제403조 제1항은 "법원의 관할 또는 판결 전의 소송절차에 관한 결정에 대하여는 특히 즉시항고를 할 수 있는 경우 외에는 항고하지 못한다."고 규정하고 있다. 그런데 형사소송법 제266조의4에 따라 법원이 검사에게 수사서류 등의 열람·등사 또는 서면의 교부를 허용할 것을 명한 결정은 피고사건 소송절차에서의 증거개시와 관련된 것으로서 제403조에서 말하는 '판결 전의 소송절차에 관한 결정'에 해당한다 할 것인데, 위 결정에 대하여는 형사소송법에서 별도로 즉시항고에 관한 규정을 두고 있지 않으므로 제402조에 의한 항고의 방법으로 불복할 수 없다(대결 2013.1.24. 2012모1393). 답 ✗

18. 성폭력범죄의 처벌 등에 관한 특례법 제27조에 따른 성폭력범죄 피해자의 변호사는 피해자를 대리하여 피고인에 대한 처벌을 희망하는 의사표시를 철회하거나 처벌을 희망하지 않는 의사표시를 할 수 있다.

해설 성폭력범죄의 처벌 등에 관한 특례법 제27조에 따라 성폭력범죄 피해자의 변호사는 피해자를 대리하여 피고인에 대한 처벌을 희망하는 의사표시를 철회하거나 처벌을 희망하지 않는 의사표시를 할 수 있는지 여부(적극): 성폭력범죄의 처벌 등에 관한 특례법 제27조는 성폭력범죄 피해자에 대한 변호사 선임의 특례를 정하고 있다. **성폭력범죄의 피해자**는 형사절차상 법률적 조력을 받기 위해 스스로 변호사를 선임할 수 있고(제1항), **검사**는 피해자에게 변호사가 없는 경우 국선변호사를 선정하여 형사절차에서 피해자의 권익을 보호할 수 있으며(제6항), **피해자의 변호사**는 형사절차에서 피해자 등의 대리가 허용될 수 있는 모든 소송행위에 대한 포괄적인 대리권을 가진다(제5항). 따라서 피해자의 변호사는 피해자를 대리하여 피고인에 대한 처벌을 희망하는 의사표시를 철회하거나 처벌을 희망하지 않는 의사표시를 할 수 있다(대판 2019.12.13. 2019도10678). 답 ○

제5절 소송행위와 소송조건

I. 소송행위

1. 법인의 해산 또는 청산종결 등기 이전에 업무나 재산에 관한 위반행위가 있는 경우에는 청산종결 등기가 된 이후 위반행위에 대한 수사가 개시되거나 공소가 제기되더라도 그 사건이 종결될 때까지 형사소송법상 당사자능력은 그대로 존속한다.

해설 법인의 당사자능력 소멸시기(=청산종결 등기가 되었더라도 동 사건이 종결될 때): 법인에 대한 청산종결 등기가 되었더라도 청산사무가 종결되지 않는 한 그 범위 내에서는 청산법인으로 존속한다(대판 2003.2.11. 99다66427·73371 등 참조). **법인의 해산 또는 청산종결 등기 이전에 업무나 재산에 관한 위반행위가 있는 경우에는** 청산종결 등기가 된 이후 위반행위에 대한 수사가 개시되거나 공소가 제기되더라도 그에 따른 수사나 재판을 받는 일은 법인의 청산사무에 포함되므로, **그 사건이 종결될 때까지** 법인의 청산사무는 종료되지 않고 **형사소송법상 당사자능력도** 그대로 존속한다(대판 2021.6.30. 2018도14261; 대판 1986.10.28. 85도693). 답 ○

2. 피고인이 원심 공판기일에 불출석하자, 검사가 피고인과 통화하여 피고인이 변호인으로 선임한 甲 변호사의 사무소로 송달을 원하고 있음을 확인하고 피고인의 주소를 甲 변호사 사무소로 기재한 주소보정서를 원심에 제출하였는데, 그 후 甲 변호사가 사임하고 새로이 乙 변호사가 변호인으로 선임된 경우, 원심이 피고인에 대한 공판기일소환장 등을 甲 변호사 사무소로 발송하여 그 사무소 직원이 수령하였더라도 형사소송법이 정한 적법한 방법으로 피고인의 소환이 이루어졌다고 볼 수 없다.

| 해설 | 피고인에 대한 공판기일 소환은 형사소송법이 정한 소환장의 송달 또는 이와 동일한 효력이 있는 방법에 의하여야 하는지 여부(적극) : … 등을 종합하면, 피고인에 대한 공판기일 소환은 형사소송법이 정한 소환장의 송달 또는 이와 동일한 효력이 있는 방법에 의하여야 하고, 그 밖의 방법에 의한 사실상의 기일의 고지 또는 통지 등은 적법한 피고인 소환이라고 할 수 없다(대판 2018.11.29. 2018도13377).

3. 구치소에 재감 중인 피고인이 제1심판결에 대하여 항소하였는데, 항소심법원이 구치소로 소송기록접수통지서를 송달하면서 송달받을 사람을 피고인으로 하였고 구치소 서무계원이 이를 수령한 경우, 송달받을 사람을 피고인으로 한 송달은 효력이 없다.

| 해설 | [1] 재감자에 대한 송달을 교도소 등의 장에게 하지 아니한 경우, 송달의 효력(=무효) [2] 통지의 방법 및 효력 발생 시기(=통지의 대상자에게 도달한 때) : [1] 교도소·구치소 또는 국가경찰관서의 유치장에 체포·구속 또는 유치된 사람에게 할 송달은 교도소·구치소 또는 국가경찰관서의 장에게 하여야 하고(제65조, 민사소송법 제182조), 재감자에 대한 송달을 교도소 등의 장에게 하지 아니하였다면 그 송달은 부적법하여 무효이다. [2] 한편 통지는 법령에 다른 정함이 있다는 등의 특별한 사정이 없는 한 서면 이외에 구술·전화·모사전송·전자우편·휴대전화 문자전송 그 밖에 적당한 방법으로도 할 수 있고, 통지의 대상자에게 도달됨으로써 효력이 발생한다(대결 2017.9.22. 2017모1680). ☞ 구치소에 재감 중인 재항고인이 제1심판결에 대하여 항소하였는데, 항소심법원이 구치소로 소송기록접수통지서를 송달하면서 송달받을 사람을 구치소의 장이 아닌 재항고인으로 하였고 구치소 서무계원이 이를 수령한 사안에서, 송달받을 사람을 재항고인으로 한 송달은 효력이 없고, 달리 재항고인에게 소송기록접수의 통지가 도달하였다는 등의 사정을 발견할 수 없으므로, 소송기록접수의 통지는 효력이 없다고 한 사례.

4. 공시송달에 의한 소환을 함에 있어서도 공시송달 요건의 엄격한 준수가 요구된다.

| 해설 | 민사소송과 달리 형사소송에서는, 피고인이 공판기일에 출석하지 아니한 때에는 특별한 규정이 없으면 개정하지 못하는 것이 원칙이고(형사소송법 제276조), 소송촉진 등에 관한 특례법 제23조, 소송촉진 등에 관한 특례규칙 제19조에 의하여 예외적으로 제1심 공판절차에서 피고인 불출석 상태에서의 재판이 허용되지만, 이는 피고인에게 공판기일 소환장이 적법하게 송달되었음을 전제로 하기 때문에 공시송달에 의한 소환을 함에 있어서도 공시송달 요건의 엄격한 준수가 요구된다(대결 2022.5.26. 2022모439).

5. 피고인이 소송이 계속된 사실을 알면서도 법원에 거주지 변경신고를 하지 않아 그로 인하여 송달이 되지 아니하자 법원이 곧바로 공시송달의 방법에 의한 송달을 한 경우, 위법한 공시송달에 해당한다.

| 해설 | 대판 2015.1.15. 2014도14781.

6. 피고인 주소지에 피고인이 거주하지 아니한다는 이유로 구속영장이 여러 차례에 걸쳐 집행불능되어 반환된 것을 소송촉진 등에 관한 특례법상 '송달불능보고서의 접수'로 볼 수 있다.

해설 구속영장이 여러 차례에 걸쳐 집행불능되어 반환된 것을 소송촉진 등에 관한 특례법상 '송달불능보고서의 접수'로 볼 수 있는지 여부(소극) : 소송촉진 등에 관한 특례법 제23조와 같은 법 시행규칙 제19조 제1항에 의하면, 피고인의 소재를 확인하기 위하여 필요한 조치를 취하였음에도 불구하고 피고인에 대한 송달불능보고서가 접수된 때로부터 6월이 경과하도록 피고인의 소재가 확인되지 아니한 때에 비로소 공시송달의 방법에 의하도록 하고 있는데, 피고인 주소지에 피고인이 거주하지 아니한다는 이유로 구속영장이 여러 차례에 걸쳐 집행불능되어 반환된 바 있었다고 하더라도 이를 소송촉진 등에 관한 특례법이 정한 '송달불능보고서의 접수'로 볼 수는 없다(대결 2014.10.16. 2014모1557[상소권회복기각결정에대한재항고] [인도네시아 무단출국 사건]).

7. **'소재탐지불능보고서의 접수'를 소송촉진 등에 관한 특례법상 '송달불능보고서의 접수'로 볼 수 없다.**

해설 '소재탐지불능보고서의 접수'를 위 특례법상 '송달불능보고서의 접수'로 볼 수 있는지 여부(적극) : 소재탐지불능보고서의 경우는 경찰관이 직접 송달 주소를 방문하여 거주자나 인근 주민 등에 대한 탐문 등의 방법으로 피고인의 소재 여부를 확인하므로 송달불능보고서보다 더 정확하게 피고인의 소재 여부를 확인할 수 있기 때문에 송달불능보고서와 동일한 기능을 한다고 볼 수 있으므로 소재탐지불능보고서의 접수는 소송촉진 등에 관한 특례법이 정한 '송달불능보고서의 접수'로 볼 수 있다(대결 2014.10.16. 2014모1557[상소권회복기각결정에대한재항고] [인도네시아 무단출국 사건]).

8. **약식명령에 대한 정식재판청구사건에서 제1심은 "피고인에 대한 송달불능보고서가 접수된 때로부터 6개월이 지나도록 피고인의 소재를 확인할 수 없는 경우"에까지 이르지 아니한 경우에는 공시송달의 방법에 의하여 피고인의 진술 없이 재판을 할 수 없다.** ★ⓒ

해설 약식명령에 대한 정식재판과 공시송달 : 형사소송법 제458조, 제365조가 적용되는 약식명령에 대한 정식재판청구사건에서 제1심은 소촉법 제23조 및 그 시행규칙 제19조가 정하는 "피고인에 대한 송달불능보고서가 접수된 때로부터 6개월이 지나도록 피고인의 소재를 확인할 수 없는 경우"에까지 이르지 아니하더라도 공시송달의 방법에 의하여 피고인의 진술 없이 재판을 할 수 있다(대판 2013.3.28. 2012도12843).
☞ 약식명령에 대한 정식재판에서는 소촉법의 6개월 요건을 갖추지 않아도 공시송달할 수 있다는 판시이다.

9. **구치소나 교도소 등에 수감 중인 피고인에게 공시송달의 방법으로 소송서류를 송달하였더라도 위법한 것은 아니다.**

해설 피고인이 구치소나 교도소 등에 수감 중에 있는 경우는 제63조 제1항에 규정된 '피고인의 주거, 사무소, 현재지를 알 수 없는 때'나 '소송촉진 등에 관한 특례법' 제23조에 규정된 '피고인의 소재를 확인할 수 없는 경우'에 해당한다고 할 수 없으므로, 법원이 수감 중인 피고인에 대하여 공소장 부본과 피고인소환장 등을 종전 주소지 등으로 송달한 경우는 물론 공시송달의 방법으로 송달하였더라도 이는 위법하다고 보아야 한다. 따라서 **법원은** 주거, 사무소, 현재지 등 소재가 확인되지 않는 피고인에 대하여 공시송달을 할 때에는 검사에게 주소보정을 요구하거나 기타 필요한 조치를 취하여 피고인의 수감 여부를 확인할 필요가 있다(대판 2013.6.27. 2013도2714).
☞ 제1심법원이 별건으로 수감 중인 피고인에게 공시송달의 방법으로 소송서류를 송달한 다음 피고인의 출석 없이 재판을 진행하여 유죄를 선고하였는데, 그 후 피고인이 상소권회복결정을 받아 원심 공판기일에 출석한 사안에서, 제1심의 피고인에 대한 송달은 위법하고, 위법한 공시송달에 기초하여 진행된 제1심 소송절차는 모두 위법하므로,

원심이 제1심의 공시송달이 적법함을 전제로 공소장 부본의 송달부터 증거조사 등 절차진행을 새로이 하지 아니한 채 제1심이 채택하여 조사한 증거만으로 피고인에게 유죄판결을 선고한 것은 위법하다고 한 사례. 답 X

10. 제1심이 위법한 공시송달로 피고인을 소환한 후 피고인의 출석 없이 재판한 경우, 항소심은 제1심이 채택하여 조사한 증거들에 기하여 다시 판결하여야 한다. ★

해설 제1심이 위법한 공시송달로 피고인을 소환한 후 피고인의 출석 없이 재판한 경우, 항소심이 취해야 할 조치 : 제1심이 위법한 공시송달결정에 터잡아 피고인에게 공소장 부본 및 공판기일 소환장 등을 송달하고 피고인이 2회 이상 출석하지 아니하였다고 보아 피고인의 진술 없이 심리·판단한 이상, 이는 피고인에게 진술의 기회를 주지 아니한 것이 되어 그 소송절차는 위법하고, 항소법원은 판결에 영향을 미친 사유에 관하여는 항소이유서에 포함되지 아니한 경우에도 직권으로 심판할 수 있으므로, 원심으로서는 검사만이 양형부당을 이유로 항소하였더라도 마땅히 직권으로 제1심의 위법을 시정하는 조치를 취했어야 한다. 즉 이러한 경우 원심으로서는 다시 적법한 절차에 의하여 소송행위를 새로이 한 후 위법한 제1심판결을 파기하고, 원심에서의 진술 및 증거조사 등 심리결과에 기하여 다시 판결하여야 한다(대판 2014.5.16. 2014도3037 등). 답 X

11. 제1심이 공시송달의 방법으로 피고인을 소환하여 피고인이 공판기일에 출석하지 아니한 가운데 제1심의 절차가 진행되었다면 그와 같은 위법한 공판절차에서 이루어진 소송행위는 효력이 없으므로, 이러한 경우 항소심은 피고인 또는 변호인에게 공소장 부본을 송달하고 적법한 절차에 의하여 소송행위를 새로이 한 후 항소심에서의 진술과 증거조사 등 심리결과에 기초하여 다시 판결하여야 한다. ★

해설 대판 2014.4.24. 2013도9498. 답 O

12. 소송촉진 등에 관한 특례법 제23조에 따라 진행된 제1심의 불출석 재판에 대하여 검사만 항소하고 항소심도 불출석 재판으로 진행한 후에 제1심판결을 파기하고 새로 또는 다시 유죄판결을 선고하여 유죄판결이 확정된 경우, 동법 제23조의2 제1항을 유추 적용하여 항소심 법원에 재심을 청구할 수 있다. ★©

해설 소촉법 제23조에 따라 진행된 제1심의 불출석 재판에 대하여 검사만 항소하고 항소심도 불출석 재판으로 진행한 후에 제1심판결을 파기하고 새로 또는 다시 유죄판결을 선고하여 유죄판결이 확정된 경우, 동법 제23조의2 제1항을 유추 적용하여 항소심 법원에 재심을 청구할 수 있는지 여부(적극) : 특례 규정에 따라 진행된 제1심의 불출석 재판에 대하여 검사만 항소하고 항소심도 불출석 재판으로 진행한 후에 제1심판결을 파기하고 새로 또는 다시 유죄판결을 선고하여 유죄판결이 확정된 경우에도, 재심 규정을 유추 적용하여 귀책사유 없이 제1심과 항소심의 공판절차에 출석할 수 없었던 피고인은 재심 규정이 정한 기간 내에 **항소심 법원**에 유죄판결에 대한 재심을 청구할 수 있다(대판(숲합) 2015.6.25. 2014도17252). 답 O

13. 소송촉진 등에 관한 특례법 제23조에 따라 진행된 제1심의 불출석 재판에 대하여 검사만 항소하고 항소심도 불출석 재판으로 진행한 후 검사의 항소를 기각하여 제1심의 유죄판결이 확정된 경우, 귀책사유 없이 제1심과 항소심의 공판절차에 출석할 수 없었던 피고인이 같은 법 제23조의2 제1항에 따라 제1심 법원에 재심을 청구할 수 있지만, 피고인이 재심을 청구하지 않고 상고권회복에 의한 상고를 제기하였다면, 이는 형사소송법 제383조 제3호에서 상고이유로 정한 '재심청구의 사유가 있는 때'에 해당한다고 볼 수 있으므로 원심판결에 대한 파기사유가 될 수 있다. ★©

해설 [1] 소송촉진 등에 관한 특례법 제23조에 따라 진행된 제1심의 불출석 재판에 대하여 검사만 항소하고 항소심도 불출석 재판으로 진행한 후 검사의 항소를 기각하여 제1심의 유죄판결이 확정된 경우, 귀책사유 없이 제1심과 항소심의 공판절차에 출석할 수 없었던 피고인이 같은 법 제23조의2 제1항에 따라 제1심 법원에 재심을 청구할 수 있는지 여부(적극) : 이 사건 특례 규정에 따라 진행된 제1심의 불출석 재판에 대하여 검사만 항소하고 항소심도 불출석 재판으로 진행한 후에 검사의 항소를 기각하여 제1심의 유죄판결이 확정된 경우에도 귀책사유 없이 제1심과 항소심의 공판절차에 출석할 수 없었던 피고인으로서는 이 사건 재심 규정에 따라 이 사건 재심 규정이 정한 기간 내에 제1심법원에 그 유죄판결에 대한 재심을 청구할 수 있다. [2] **이때 피고인이 상고권회복에 의한 상고를 제기한 경우, 형사소송법 제383조 제3호에서 상고이유로 정한 '재심청구의 사유가 있는 때'에 해당하는지 여부**(적극) : 그리고 위 경우에 피고인이 재심을 청구하지 않고 상고권회복에 의한 상고를 제기하였다면, 이는 형사소송법 제383조 제3호에서 상고이유로 정한 '재심청구의 사유가 있는 때'에 해당한다고 볼 수 있으므로 원심판결에 대한 파기사유가 될 수 있다. [3] **위 사유로 파기되는 사건을 환송받아 다시 항소심 절차를 진행하는 원심이 취하여야 할 조치** : 나아가 위 사유로 파기되는 사건을 환송받아 다시 항소심 절차를 진행하는 원심으로서는 피고인의 귀책사유 없이 이 사건 특례 규정에 의하여 제1심이 진행되었다는 파기환송 판결 취지에 따라, 제1심판결에 형사소송법 제361조의5 제13호의 항소이유(재심청구의 사유가 있는 때)가 있어 직권 파기 사유에 해당한다고 보고, 다시 공소장 부본 등을 송달하는 등 새로 소송절차를 진행한 다음 새로운 심리 결과에 따라 다시 판결을 하여야 할 것이다(대판(全合) 2015.6.25. 2014도17252; 대판 2017.12.22. 2017도17083 등 참조). **답 O**

14. 제1심판결에 대하여 피고인 또는 검사가 항소하여 항소심판결이 선고된 후에 제1심판결에 대한 항소권회복청구도 적법하다. ★

해설 **제1심판결에 대하여 항소심판결이 선고된 후 당초 항소하지 않았던 자가 항소권회복청구를 하는 경우, 이를 적법하다고 볼 수 있는지 여부(원칙적 소극)** : [1] 상소권회복은 상소권자가 자기 또는 대리인이 책임질 수 없는 사유로 인하여 상소의 제기기간 내에 상소를 하지 못한 경우에 한하여 청구할 수 있으므로(제345조), 재판에 대하여 적법하게 상소를 제기한 자는 다시 상소권회복을 청구할 수 없다. [2] **제1심판결에 대하여 피고인 또는 검사가 항소하여 항소심판결이 선고되면** 상고법원으로부터 사건이 환송되는 경우 등을 제외하고는 항소법원이 다시 항소심 소송절차를 진행하여 판결을 선고할 수 없으므로, 항소심판결이 선고되면 제1심판결에 대하여 당초 항소하지 않았던 자의 항소권회복청구도 적법하다고 볼 수 없다(대결 2023.4.27. 2023모350). ☞ 따라서 항소심판결이 선고된 사건에 대하여 제기된 항소권회복청구는 항소권회복청구의 원인에 대한 판단에 나아갈 필요 없이 제347조 제1항에 따라 **결정으로 기각하여야** 한다(同旨: 대결 2017.3.30. 2016모2874). **답 X**

15. 피고인의 위법한 공시송달에 터 잡은 상고권회복청구에 대하여 상고심이 상고권회복결정을 하여 피고인이 상고하는 경우, 상고심은 원심판결을 파기자판하여야 한다. ★

해설 **상고권회복청구에 대하여 상고심이 상고권회복결정을 하여 피고인이 상고하는 경우, 상고심의 조치(= 파기환송)** : 피고인이 상고권회복결정을 받아 상고하더라도 사실오인이나 양형부당을 상고이유로 주장하지 못하므로 결국 사실오인 등 주장에 관하여 항소심의 판단을 받을 기회를 갖지 못하게 되는바, 상고심은 원심판결을 파기함으로써 피고인에게 사실심 재판을 받을 기회를 부여할 필요가 있다(대판 2023.2.23. 2022도15288 및 대판(全合) 2015.6.25. 2014도17252 등 참조). **답 X**

16. 약식명령에 대한 정식재판 청구기간은 변호인이 있는 경우에는 변호인에 대한 약식명령 고지일을 기준으로 하여 기산하여야 한다. ★

| 해설 | [1] 피고인에게 변호인이 있는 경우, 반드시 변호인에게 약식명령 등본을 송달해야 하는지 여부(소극) 및 [2] 정식재판 청구기간은 피고인에 대한 약식명령 고지일을 기준으로 기산하여야 하는지 여부(적극) : 형사소송법 제452조에서 **약식명령의 고지**는 검사와 피고인에 대한 재판서의 송달에 의하도록 규정하고 있으므로, 약식명령은 그 재판서를 피고인에게 송달함으로써 효력이 발생하고, **변호인이 있는 경우라도** 반드시 변호인에게 약식명령 등본을 송달해야 하는 것은 아니다. 따라서 **정식재판 청구기간은 피고인에 대한 약식명령 고지일을 기준으로 하여 기산하여야 한다**(대결 2017.7.27. 2017모1557). ☞ 변호인이 정식재판청구서를 제출할 것으로 믿고 피고인이 스스로 적법한 정식재판의 청구기간 내에 정식재판청구서를 제출하지 못한 것이 '피고인 또는 대리인이 책임질 수 없는 사유로 인하여 정식재판의 청구기간 내에 정식재판을 청구하지 못한 때'에 해당하지 않는다는 사안.

답 X

17. 제출기간 내에 상고이유서를 제출하였으나 변호인선임서를 기간경과 후 제출하였다면 적법한 상고이유서가 아니다. ★ⓒ

| 해설 | **변호인선임의 추완 → 불허** : 변호인의 선임은 심급마다 변호인과 연명날인한 서면으로 제출하여야 한다(제32조 제1항). 따라서 변호인 선임서를 제출하지 않은 채 상고이유서만을 제출하고 상고이유서 제출기간이 지난 후에 변호인 선임서를 제출하였다면 그 상고이유서는 적법·유효한 변호인의 상고이유서가 될 수 없다(대판 2015.2.26. 2014도12737; 同旨 : 대판 2013.4.11. 2012도15128; 대결 2017.7.27. 2017모1377 등 참조).

답 O

18. 제1심법원이 국민참여재판의 대상이 되는 사건임을 간과하여 이에 관한 피고인의 의사를 확인하지 아니한 채 통상의 공판절차로 재판을 진행하였더라도, 피고인이 항소심에서 국민참여재판을 원하지 아니한다고 하면서 위와 같은 제1심의 절차적 위법을 문제 삼지 아니할 의사를 명백히 표시하는 경우에는 그 하자가 치유되어 제1심 공판절차는 전체로서 적법하게 된다. ★ⓒ

| 해설 | **국민참여재판을 받을 권리의 침해하의 소송행위 효력과 항소심에서 하자의 치유 요건** : 제1심법원이 국민참여재판의 대상이 되는 사건임을 간과하여 이에 관한 피고인의 의사를 확인하지 아니한 채 통상의 공판절차로 재판을 진행하였더라도, 피고인이 항소심에서 국민참여재판을 원하지 아니한다고 하면서 위와 같은 제1심의 절차적 위법을 문제 삼지 아니할 의사를 명백히 표시하는 경우에는 **그 하자가 치유되어 제1심 공판절차는 전체로서 적법하게 된다**고 봄이 상당하고, 다만 국민참여재판제도의 취지와 피고인의 국민참여재판을 받을 권리를 실질적으로 보장하고자 하는 관련 규정의 내용에 비추어 위 권리를 침해한 제1심 공판절차의 하자가 치유된다고 보기 위해서는 법 제8조 제1항, 규칙 제3조 제1항에 준하여 피고인에게 국민참여재판절차 등에 관한 충분한 안내와 그 희망 여부에 관하여 숙고할 수 있는 상당한 시간이 사전에 부여되어야 한다(대판 2012.4.26. 2012도1225; 同旨 대판 2012.6.14. 2011도15484; 대판 2013.1.31. 2012도13896 등).

답 O

19. 검사가 공소제기하면서 기명날인 또는 서명이 없는 상태로 공소장을 관할법원에 제출한 경우, 원칙적으로 공소기각판결의 사유에 해당지만, 이 경우 공소를 제기한 검사가 공소장에 기명날인 또는 서명을 추후 보완하는 등의 방법으로 공소제기가 유효하게 될 수 있다.

| 해설 | **검사의 기명날인·서명이 누락된 공소장 제출의 효력**(원칙적 무효 → 추완시 하자치유) : 검사가 공소

제기하면서 기명날인 또는 서명이 없는 상태로 공소장을 관할법원에 제출한 경우, 특별한 사정이 없는 한 공소제기의 절차가 법률의 규정을 위반하여 무효인 때(제327조 제2호)에 해당지만, **이 경우 공소를 제기한 검사가 공소장에 기명날인 또는 서명을 추후 보완하는 등의 방법으로** 공소제기가 유효하게 될 수 있다(대판 2007.10.25. 2007도4961, 대판 2012.9.27. 2010도17052 참조). ☞ 제1심은 유죄판결을 선고함. 그러나 원심은 **위와 같은 하자에 대한 추후 보완 요구는 법원의 의무가 아니고**, 이러한 공소장 제출에 의한 공소제기는 공소제기의 절차가 법률의 규정을 위반하여 무효인 때(제327조 제2호)에 해당한다고 보아 제1심판결을 직권으로 파기하고 공소기각판결을 선고함. **대법원은** 이를 수긍하여 상고를 기각한 사안(대판 2021.12.16. 2019도17150[공소장에 공소제기 검사의 기명만 있을 뿐 서명 또는 날인이 없는 사건]).

답 O

20. 공소장에 검사의 간인이 없더라도 그 공소장의 형식과 내용이 연속된 것으로 일체성이 인정되고 동일한 검사가 작성하였다고 인정되는 한 그 공소장을 형사소송법 제57조 제2항에 위반되어 효력이 없는 서류라고 할 수 없으므로, 이러한 공소장 제출에 의한 공소제기는 그 절차가 법률의 규정에 위반하여 무효인 때에 해당한다고 할 수 없다.

| 해설 | 대판 2021.12.30. 2019도16259[공소장에 공소제기 검사의 간인이 누락된 사건] 참조.

답 O

II. 소송조건

21. 고소권자가 비친고죄로 고소한 사건을 검사가 친고죄로 구성하여 공소를 제기한 경우, 법원은 친고죄에서 소송조건이 되는 고소가 유효하게 존재하는지를 직권으로 조사·심리할 필요는 없다. ★

| 해설 | 고소권자가 비친고죄로 고소한 사건을 검사가 친고죄로 구성하여 공소를 제기한 경우, 법원이 친고죄에서 소송조건이 되는 고소가 유효하게 존재하는지 직권으로 조사·심리하여야 하는지 여부(한정 적극) : 법원은 검사가 공소를 제기한 범죄사실을 심판하는 것이지 고소권자가 고소한 내용을 심판하는 것이 아니므로, 고소권자가 비친고죄로 고소한 사건이더라도 검사가 사건을 친고죄로 구성하여 공소를 제기하였다면 공소장 변경절차를 거쳐 공소사실이 비친고죄로 변경되지 아니하는 한, 법원으로서는 친고죄에서 소송조건이 되는 고소가 유효하게 존재하는지를 직권으로 조사·심리하여야 한다(대판 2015.11.17. 2013도7987). ☞ **고소가 소송조건이 되는지 여부를 판단하는 기준은 고소사실이 아니라 공소사실이라는 판시이다.**

답 X

22. 당사자가 항소이유로 주장하지 아니하였다고 하더라도 항소심은 반의사불벌죄에 있어서 처벌불원의 의사표시의 부존재는 여부를 직권으로 조사·판단하여야 한다.

| 해설 | **소송조건의 직권조사** : 이른바 반의사불벌죄에 있어서 처벌불원의 의사표시의 부존재는 소위 **소극적 소송조건**으로서 직권조사사항이라 할 것이므로 당사자가 항소이유로 주장하지 아니하였다고 하더라도 원심은 이를 직권으로 조사·판단하여야 할 것이다(대판 2021.10.28. 2021도10010; 대판 2014.7.10. 2014도224 [전속고발사건] 등).

답 O

23. 소송조건의 존부는 자유로운 증명으로 족하다.

| 해설 | **소송조건의 자유로운 증명** : 소송조건은 범죄사실에 대한 것이 아니라 소송법적 사실에 해당하므로, 법원은 증거조사의 방법이나 증거능력의 제한을 받지 아니하고 제반 사정을 종합하여 적당하다고 인정

되는 방법에 의하여 **자유로운 증명**으로 소송조건의 존부(고발 유무 등)를 판단하면 된다(대판 2021.10.28. 2021도404[출입국관리법위반 사건]).

24. 피고인이 교통신호를 위반하여 차량을 운행한 과실로 피해자에게 상해를 입게 하였다는 공소사실에 대하여, 검사가 제출한 모든 증거에 의하더라도 피고인이 신호를 위반한 과실로 사고가 발생하였음을 인정하기에 **부족한 경우**, 비록 피고인 차량이 공제조합에 가입하여 교통사고처리특례법 제4조 제1항 본문의 사유가 있더라도, 이 경우에는 공소기각판결이 아닌 **무죄의 실체판결**을 할 수 있다. ★ⓒ

▎해설 ▎ **공소기각판결 사유와 무죄 사유의 경합**(원칙적 공소기각판결, 예외적 무죄판결): 교통사고처리특례법 제3조 제1항, 제2항 단서, 형법 제268조를 적용하여 공소가 제기된 사건에서, 심리 결과 교통사고처리특례법 제3조 제2항 단서에서 정한 사유가 없고 같은 법 제3조 제2항 본문이나 제4조 제1항 본문의 사유로 공소를 제기할 수 없는 경우에 해당하면 **공소기각의 판결을 하는 것이 원칙**이다. 그런데 사건의 실체에 관한 심리가 이미 완료되어 교통사고처리특례법 제3조 제2항 단서에서 정한 사유가 없는 것으로 판명되고 달리 피고인이 같은 법 제3조 제1항의 죄를 범하였다고 인정되지 않는 경우, 설령 같은 법 제3조 제2항 본문이나 제4조 제1항 본문의 사유가 있더라도, 사실심법원이 피고인의 이익을 위하여 교통사고처리특례법 위반의 공소사실에 대하여 무죄의 실체판결을 선고하였다면, 이를 위법이라고 볼 수는 없다(대판 2015.5.14. 2012도11431[교통사고처리특례법위반] [공소기각 사안에 대한 무죄판결을 한 사건]; 대판 2003.10.24. 2003도4638 참조). ☞ 형식재판 우선원칙에 대한 예외를 인정한 판례.

제2장 수 사

제1절 수사 일반

1. 유인자가 수사기관과 직접적인 관련을 맺지 않은 상태에서 피유인자를 상대로 단순히 수차례 반복적으로 범행을 부탁하였을 뿐, 수사기관이 사술이나 계략 등을 사용하였다고 볼 수 없는 경우에는 설령 그로 인하여 피유인자의 범의가 유발되었다 하더라도 위법한 함정수사에 해당하지 않는다. ★

   해설 [1] 함정수사의 위법 여부(적극) [2] 위법한 함정수사에 해당하는지 판단하는 기준 [3] 수사기관과 유인자의 직접적 관련성 유무 및 유인자가 피유인자의 범의 유발에 개입한 정도에 따라 함정수사의 위법성을 판단하는 방법 [4] 제1심의 공소기각 판결이 위법한 경우, 항소심이 취해야 할 조치 : [1] 본래 범의를 가지지 아니한 사람에 대하여 수사기관이 사술이나 계략 등을 써서 범의를 유발하게 하여 범죄인을 검거하는 함정수사는 위법하다. [2] 구체적인 사건에 있어서 위법한 함정수사에 해당하는지 여부는, 해당 범죄의 종류와 성질, 유인자의 지위와 역할, 유인의 경위와 방법, 유인에 따른 피유인자의 반응, 피유인자의 처벌 전력 및 유인행위 자체의 위법성 등을 종합하여 판단하여야 한다. [3] 수사기관과 직접 관련이 있는 유인자가 피유인자와의 개인적인 친밀관계를 이용하여 피유인자의 동정심이나 감정에 호소하거나, 금전적·심리적 압박이나 위협 등을 가하거나, 거절하기 힘든 유혹을 하거나, 또는 범행방법을 구체적으로 제시하고 범행에 사용될 금전까지 제공하는 등으로 과도하게 개입함으로써 피유인자로 하여금 범의를 일으키게 하는 것은, 위법한 함정수사에 해당하여 허용되지 않는다. 그렇지만 유인자가 수사기관과 직접적인 관련을 맺지 않은 상태에서 피유인자를 상대로 단순히 수차례 반복적으로 범행을 부탁하였을 뿐, 수사기관이 사술이나 계략 등을 사용하였다고 볼 수 없는 경우에는 설령 그로 인하여 피유인자의 범의가 유발되었다 하더라도 위법한 함정수사에 해당하지 않는다. [4] 형사소송법 **제366조**는 "공소기각 또는 관할위반의 재판이 법률에 위반됨을 이유로 원심판결을 파기하는 때에는 판결로써 사건을 원심법원에 환송하여야 한다."라고 규정하고 있으므로, 원심으로서는 위와 같이 제1심의 공소기각 판결이 법률에 위반된다고 판단한 이상 본안에 들어가 심리할 것이 아니라 제1심판결을 파기하고 사건을 제1심법원에 환송하여야 한다(대판 2020. 1.30. 2019도15987). ☞ 당시 수사기관에 체포된 상태인 공소외인이 자신의 피의사실 수사에 관하여 유리한 결과를 얻기 위하여 피고인과의 개인적인 친밀관계를 이용하여 필로폰을 주문하는 전화를 걸어 피고인으로 하여금 필로폰 매매 알선의 범의를 일으키게 한 것으로서, 피고인이 필로폰을 구해달라는 공소외인의 부탁을 받고 필로폰을 소지한 행위는 수사기관의 사술이나 계략 등에 의해 범의가 유발된 위법한 함정수사에 기인하였다고 볼 수 없다는 사안.

2. 경찰관이 게임물을 이용한 사행행위를 조장하고 있다는 첩보에 의하여 피의자 운영의 게임장에 대한 잠입수사 과정에서, ① 게임물을 이용한 사행행위를 조장하고 있는 피의자를 적발하고, 그 후 ② 피고인에게 게임 결과물 환전을 적극적으로 요구한 경우, ①과 ② 모두 위법한 함정수사에 해당한다.

   해설 함정수사의 위법성이 미치는 범위 – 경찰관이 함정수사 과정에서 이미 이루어지고 있던 피고인의 다른 범행을 적발한 경우 이에 관한 공소제기가 법률의 규정에 위반하여 무효인 때에 해당하는지 여부(소극) : 수사기관이 사술이나 계략 등을 써서 피고인의 범의를 유발한 것이 아니라 이미 이루어지고 있던 범행을 적발한 것에 불과하므로, 이에 관한 공소제기가 함정수사에 기한 것으로 볼 수 없다(대판 2021.7.29. 2017도16810). ☞ ① 게임 결과물 환전으로 인한 게임산업법위반 범행은 경찰관의 위법한 함정수사로 인하여 범의가 유발된 때에 해당하므로 이에 관한 공소를 기각한 원심의 판단은 **정당**하나, ② 사행행위 조장으로 인한 게임산업법위반 범행은 수사기관이 이미 이루어지고 있던 범행을 적발한 것에 불과할 뿐 이에 관한 공소제기가 함정수사에 기한 것으로 볼 수 없으므로 이 부분 공소를 기각한 원심의 판단에 함정수사에 관한 법리를 오해하여 판결에 영향을 미친 잘못이 있다고 본 사안.   답 ✗

3. 법원이 선임한 부재자 재산관리인이 그 관리대상인 부재자의 재산에 대한 범죄행위에 관하여 법원으로부터 고소권 행사에 관한 허가를 얻은 경우, 부재자 재산관리인은 형사소송법 제225조 제1항의 취지와 부재자 재산관리인제도의 취지에 비추어 제225조 제1항이 정한 피해자의 법정대리인으로서 적법한 고소권자에 해당한다.

| 해설 | 피해자의 법정대리인에 법원이 선임한 부재자 재산관리인이 해당하는지 여부(적극): 법원이 선임한 부재자 재산관리인이 그 관리대상인 부재자의 재산에 대한 범죄행위에 관하여 법원으로부터 고소권 행사에 관한 허가를 얻은 경우, 부재자 재산관리인은 형사소송법 제225조 제1항의 취지와 부재자 재산관리인제도의 취지에 비추어 제225조 제1항이 정한 법정대리인으로서 적법한 고소권자에 해당한다고 보아야 한다(대판 2022.5.26. 2021도2488).   답 ○

4. 불심검문 대상자에게 체포나 구속에 이를 정도의 혐의가 있음을 요하지 아니한다.

| 해설 | 경찰관이 불심검문 대상자 해당 여부를 판단하는 기준: 경찰관직무집행법의 목적, 제1조 제1항, 제2항, 제3조 제1항, 제2항, 제3항, 제7항의 내용 및 체계 등을 종합하면, 경찰관이 제3조 제1항에 규정된 대상자(이하 '불심검문 대상자') 해당 여부를 판단할 때에는 불심검문 당시의 구체적 상황은 물론 사전에 얻은 정보나 전문적 지식 등에 기초하여 불심검문 대상자인지를 객관적·합리적인 기준에 따라 판단하여야 하나, 반드시 불심검문 대상자에게 형사소송법상 체포나 구속에 이를 정도의 혐의가 있을 것을 요한다고 할 수는 없다(대판 2014.2.27. 2011도13999).   답 ○

5. 임의동행은 경찰관직무집행법 제3조 제2항에 따른 행정경찰 목적의 경찰활동으로 행하여지는 것 외에도 형사소송법 제199조 제1항에 따라 범죄수사를 위하여 수사관이 동행에 앞서 피의자에게 동행을 거부할 수 있음을 알려 주었거나 동행한 피의자가 언제든지 자유로이 동행과정에서 이탈 또는 동행장소로부터 퇴거할 수 있었음이 인정되는 등 오로지 피의자의 자발적인 의사에 의하여 이루어진 경우에도 가능하다. ★ⓒ

| 해설 | 피고인이 메트암페타민(일명 필로폰) 투약 혐의로 임의동행 형식으로 경찰서에 간 후 자신의 소변과 모발을 경찰관에게 제출하여 마약류 관리에 관한 법률 위반(향정)으로 기소된 사안에서, 경찰관은 당시 피고인의 정신 상태, 신체에 있는 주사바늘 자국, 알콜솜 휴대, 전과 등을 근거로 피고인의 마약류 투약 혐의가 상당하다고 판단하여 경찰서로 임의동행을 요구하였고, 동행장소인 경찰서에서 피고인에게 마약류 투약 혐의를 밝힐 수 있는 소변과 모발의 임의제출을 요구하였으므로 피고인에 대한 임의동행은 마약류 투약 혐의에 대한 수사를 위한 것이어서 형사소송법 제199조 제1항에 따른 임의동행에 해당한다는 이유로, 피고인에 대한 임의동행은 경찰관 직무집행법 제3조 제2항에 의한 것인데 같은 조 제6항을 위반하여 불법구금 상태에서 제출된 피고인의 소변과 모발은 위법하게 수집된 증거라고 본 원심판단에 임의동행에 관한 법리를 오해한 잘못이 있다고 한 사례(대판 2020.5.14. 2020도398[마약류관리에관한법률위반(향정)]).   답 ○

6. 임의동행을 요구하는 경우와 달리 단순히 질문만 하는 경우, 경찰관은 자신의 신분을 표시하는 증표를 제시하고 소속, 성명을 밝히면 충분하고 목적, 이유를 설명할 필요는 없다.

해설 **증표제시와 정복**: 경찰관은 제1항이나 제2항에 따라 질문을 하거나 동행을 요구할 경우 자신의 신분을 표시하는 증표를 제시하면서 소속과 성명을 밝히고 질문이나 동행의 목적과 이유를 설명하여야 하며, 동행을 요구하는 경우에는 동행 장소를 밝혀야 한다(경직법 제3조 제4항). 불심검문을 하게 된 경위, 불심검문 당시의 현장상황과 검문을 하는 경찰관들의 복장, 피고인이 공무원증 제시나 신분 확인을 요구하였는지 여부 등을 종합적으로 고려하여, 검문하는 사람이 경찰관이고 검문하는 이유가 범죄행위에 관한 것임을 피고인이 충분히 알고 있었다고 보이는 경우에는 신분증을 제시하지 않았다고 하여 그 불심검문이 위법한 공무집행이라고 할 수 없다(대판 2014.12.11. 2014도7976; 同旨 : 대판 2004.10.18. 2004도4029). ☞ 다만, 목적, 이유를 설명하지 않아 위법한 불심검문에 해당한다는 판시이다. 답 ✕

7. 수사기관이 범죄를 수사하면서 현재 범행이 행하여지고 있거나 행하여진 직후이고, 증거보전의 필요성 및 긴급성이 있으며, 일반적으로 허용되는 상당한 방법으로 촬영한 경우라면(현재성·필요성·긴급성·상당성) 위 촬영이 영장 없이 이루어졌다 하여 이를 위법하다고 할 수 없다. 다만 촬영으로 인하여 초상권, 사생활의 비밀과 자유, 주거의 자유 등이 침해될 수 있으므로 수사기관이 일반적으로 허용되는 상당한 방법으로 촬영하였는지 여부는 수사기관이 촬영장소에 통상적인 방법으로 출입하였는지 또 촬영장소와 대상이 사생활의 비밀과 자유 등에 대한 보호가 합리적으로 기대되는 영역에 속하는지 등을 종합적으로 고려하여 신중하게 판단하여야 한다.

해설 **수사기관의 영장 없는 범행장면 촬영이 위법한지 여부를 판단하는 기준**: 대판 2023.4.27. 2018도8161 참조. ☞ 경찰관들이 피고인들에 대한 혐의가 포착된 상태에서 나이트클럽 내의 음란행위 영업에 관한 증거를 보전하기 위한 필요에 의하여 불특정 다수에게 공개된 장소인 나이트클럽에 통상적인 방법으로 출입하여 손님들에게 공개된 모습을 촬영한 것은 영장 없이 이루어졌다고 하여 위법하다고 볼 수 없다는 판시. 답 ○

8. 제1심 법원이 반의사불벌죄로 기소된 피고인에 대하여 소송촉진 등에 관한 특례법 제23조에 따라 피고인의 진술 없이 유죄를 선고하여 판결이 확정되었는데, 피고인이 제1심 법원에 같은 법 제23조의2에 따른 재심을 청구하는 대신 항소권회복청구를 하여 항소심 재판을 받게 된 경우, 항소심 절차에서 처벌을 희망하는 의사표시를 철회할 수 있다. ★ⓒ

해설 제1심 법원이 반의사불벌죄로 기소된 피고인에 대하여 소송촉진 등에 관한 특례법 제23조에 따라 피고인의 진술 없이 유죄를 선고하여 판결이 확정되었는데, 피고인이 제1심 법원에 같은 법 제23조의2에 따른 재심을 청구하는 대신 항소권회복청구를 하여 항소심 재판을 받게 된 경우, 항소심 절차에서 처벌을 희망하는 의사표시를 철회할 수 있는지 여부(소극) : 형사소송법 제232조 제1항 및 제3항은 반의사불벌죄에서 처벌을 희망하는 의사표시는 제1심 판결 선고 전까지 철회할 수 있다고 규정하고 있다. 반의사불벌죄에서 처벌을 희망하는 의사표시의 철회를 어느 시점까지로 제한할 것인지는 형사소송절차 운영에 관한 입법정책의 문제로, 위 규정은 국가형벌권의 행사가 피해자의 의사에 의하여 좌우되는 현상을 장기간 방치하지 않으려는 목적에서 철회 시한을 획일적으로 제1심 판결 선고 시까지로 제한한 것이다.
제1심 법원이 반의사불벌죄로 기소된 피고인에 대하여 소송촉진 등에 관한 특례법(이하 '소송촉진법'이라고 한다) 제23조에 따라 피고인의 진술 없이 유죄를 선고하여 판결이 확정된 경우, 만일 피고인이 책임을 질 수 없는 사유로 공판절차에 출석할 수 없었음을 이유로 소송촉진법 제23조의2에 따라 제1심 법원에 재심을 청구하여 재심개시결정이 내려졌다면 피해자는 재심의 제1심 판결 선고 전까지 처벌을 희망하는 의사표시를 철회할 수 있다. 그러나 피고인이 제1심 법원에 소송촉진법 제23조의2에 따른 재심을 청구하는 대신 항소권회복청구를 함으로써 항소심 재판을 받게 되었다면 항소심을 제1심이라고 할 수 없는 이상 항소심 절차에서는 처벌을 희망하는 의사표시를 철회할 수 없다(대판 2016.11.25. 2016도9470). 답 ✕

제2절 수사의 방법

1. 피의자의 지위는 실질적으로 수사를 개시하는 때 발생하고 수사기관의 조사과정에서 작성된 피의자 진술기재 서류는 형식 여하를 불문하고 피의자신문조서와 같이 미리 진술거부권을 고지하여야 한다.

| 해설 | 피의자의 지위와 진술거부권 고지 : 피의자의 지위는 실질적으로 수사를 개시하는 때 발생하고 수사기관의 조사과정에서 작성된 피의자 진술기재 서류는 형식 여하를 불문하고 피의자신문조서와 같이 미리 진술거부권을 고지하여야 한다(대결 2015.10.29. 2014도5939[서울시공무원 국보법위반 사건]). 답 O

2. 일본 또는 중국에서 반국가단체의 구성원과 회합하기 직전에 촬영한 행위는 적법하다.

| 해설 | 해외촬영 사진 : 일본 또는 중국에서 반국가단체의 구성원과 회합하기 직전에 촬영한 행위는 적법하다(대판 2013.7.26. 2013도2511[왕재산 사건]). ☞ **엄격한 요건(현·필·긴·상) 하의 영장 없는 사진촬영(예외적 허용)** : 수사기관이 범죄를 수사함에 있어 현재 범행이 행하여지고 있거나 행하여진 직후이고, 증거보전의 필요성 및 긴급성이 있으며, 일반적으로 허용되는 상당한 방법에 의하여 범죄현장을 촬영한 경우에는 위 촬영이 영장 없이 이루어졌다하더라도 이를 위법하다고 할 수 없다(대판 1999.9.3. 99도2317[영남위원회 사건]). 답 O

3. 적법하게 체포·구속된 피의자라도 임의수사인 피의자신문을 위한 소환요구에 대하여는 조사실에의 출석의무가 없으므로, 수사기관은 피의자를 강제로 조사실로 구인할 수는 없다. ★ⓒ

| 해설 | 출석을 거부하는 피의자에 대한 구속영장의 효력 : 구속영장 발부에 의하여 적법하게 구금된 피의자가 피의자신문을 위한 출석 요구에 응하지 아니하면서 수사기관 조사실에의 출석을 거부한다면 수사기관은 그 구속영장의 효력에 의하여 피의자를 조사실로 구인할 수 있다(대결 2013.7.1. 2013모160). ☞ **다만**, 이러한 경우에도 그 피의자신문 절차는 어디까지나 법 제199조 제1항 본문, 제200조의 규정에 따른 임의수사의 한 방법으로 진행되어야 할 것이므로, 피의자는 헌법 제12조 제2항과 법 제244조의3에 따라 일체의 진술을 하지 아니하거나 개개의 질문에 대하여 진술을 거부할 수 있고, 수사기관은 피의자를 신문하기 전에 그와 같은 권리를 알려주어야 한다. 답 X

4. 피의자의 진술을 녹화한 영상녹화물은 다른 법률에서 달리 규정하고 있는 등의 특별한 사정이 없는 한 공죄사실을 인정하기 위한 독립한 증거로는 사용할 수 없고, 원진술자가 성립의 진정을 부인하는 경우에 진정성립을 증명하는 방법으로만 사용할 수 있다. ★ⓒ

| 해설 | 제312조 제4항 및 대판 2014.7.10. 2012도5041[존속살해방조 등] 참조. 답 O

제3절 강제수사

Ⅰ. 체포·구속

1. 경찰관들이 체포영장을 근거로 체포절차에 착수하였으나 피의자가 흥분하며 타고 있던 승용차를 출발시켜 경찰관들에게 상해를 입히는 범죄를 추가로 저지르자, 경찰관들이 위 승용차를 멈춘 후 저항하는 피의자를 체포영장에 기재된 범죄사실이 아닌 새로운 피의사실인 특수공무집행방해치상을 이유로 피의자를 현행범으로 체포한 후 체포영장을 별도로 제시하지 않은 경우, 피의자에 대한 체포절차는 위법하다.

   해설 체포영장의 제시 요부 : 긴급을 요하여 체포영장을 제시하지 않은 채 체포영장에 기한 체포절차에 착수하였으나, 이에 피고인이 저항하면서 경찰관을 폭행하는 등 행위를 하여 **특수공무집행방해의 현행범으로 체포한 후** 체포영장을 별도로 제시하지 않은 것은 적법하다(대판 2021.6.24. 2021도4648. 특수공무집행방해치상 등). 답 X

2. 피고인이 필로폰을 투약한다는 제보를 받은 경찰관이 제보의 정확성을 사전에 확인한 후에 제보자를 불러 조사하기 위하여 피고인의 주거지를 방문하였다가, 그곳에서 피고인을 발견하고 피고인의 전화번호로 전화를 하여 나오라고 하였으나 응하지 않자 피고인의 집 문을 강제로 열고 들어가 피고인을 긴급체포한 경우, 그 긴급체포는 적법하다. ★

   해설 피고인이 필로폰을 투약한다는 제보를 받은 경찰관이 제보된 주거지에 피고인이 살고 있는지 등 제보의 정확성을 사전에 확인한 후에 제보자를 불러 조사하기 위하여 피고인의 주거지를 방문하였다가, 현관에서 담배를 피우고 있는 피고인을 발견하고 사진을 찍어 제보자에게 전송하여 사진에 있는 사람이 제보한 대상자가 맞다는 확인을 한 후, 가지고 있던 피고인의 전화번호로 전화를 하여 차량 접촉사고가 났으니 나오라고 하였으나 나오지 않고, 또한 경찰관임을 밝히고 만나자고 하는데도 현재 집에 있지 않다는 취지로 거짓말을 하자 피고인의 집 문을 강제로 열고 들어가 피고인을 긴급체포한 사안에서, 피고인이 마약에 관한 죄를 범하였다고 의심할 만한 상당한 이유가 있었더라도, 경찰관이 이미 피고인의 신원과 주거지 및 전화번호 등을 모두 파악하고 있었고, 당시 마약 투약의 범죄 증거가 급속하게 소멸될 상황도 아니었던 점 등의 사정을 감안하면, 긴급체포가 미리 체포영장을 받을 시간적 여유가 없었던 경우에 해당하지 않아 위법하다고 본 원심판단이 정당하다(대판 2016.10.13. 2016도5814). 답 X

3. 현행범인으로 체포하기 위하여는 행위의 가벌성, 범죄의 현행성·시간적 접착성, 범인·범죄의 명백성 외에 체포의 필요성, 즉 도망 또는 증거인멸의 염려가 있어야 한다. ★ⓒ

   해설 대판 2016.2.18. 2015도13726[소위 '바지선' 사건] 등. 답 O

4. 현행범체포의 적법성은 체포 당시의 구체적 상황을 기초로 객관적으로 판단하여야 하고, 사후에 범인으로 인정되었는지에 의할 것은 아니다.

   해설 현행범인 체포의 요건을 갖추었는지 판단하는 기준 : 현행범인 체포의 요건을 갖추었는지는 체포 당시의 상황을 기초로 판단하여야 하고, 이에 관한 수사주체의 판단에는 상당한 재량의 여지가 있다고 할 것이다. 따라서 체포 당시의 상황에서 보아 그 요건에 관한 수사주체의 판단이 경험칙에 비추어 현저히 합리성이 없다고 인정되지 않는 한 수사주체의 현행범인 체포를 위법하다고 단정할 것은 아니다(대판 2016. 2.18. 2015도13726[소위 '바지선' 사건]; 同旨 : 대판 2013.8.23. 2011도4763 등). ✋ O

5. 전날 밤 술을 마신 뒤 식당 건너편 빌라 주차장에 차량을 그대로 둔 채 귀가하였다가 다음날 아침 차량을 이동시켜 달라는 경찰관의 전화를 받고 현장에 도착하여 차량을 약 2m 가량 운전하여 이동·주차하자 도로교통법위반(음주측정거부)으로 현행범체포하는 것은 위법하다.

| 해설 | 현행범 체포의 적법성 : 현행범인은 누구든지 영장 없이 체포할 수 있다(제212조). 현행범인으로 체포하기 위하여는 행위의 가벌성, 범죄의 현행성과 시간적 접착성, 범인·범죄의 명백성 이외에 체포의 필요성, 즉 도망 또는 증거인멸의 염려가 있어야 한다. 이러한 요건을 갖추지 못한 현행범인 체포는 법적 근거에 의하지 아니한 영장 없는 체포로서 위법한 체포에 해당한다(대판 2017.4.7. 2016도19907[도로교통법 위반(음주측정거부)][2m 주차이동 사건]). ✋ O

6. 검사 또는 사법경찰관리의 현행범인체포시 소위 Miranda 고지는 체포를 위한 실력행사에 들어가기 전에 미리 하는 것이 원칙이다. 그러나 달아나는 피의자를 쫓아가 붙들거나 폭력으로 대항하는 피의자를 실력으로 제압하는 경우에는 붙들거나 제압하는 과정에서 고지하거나, 그것이 여의치 않은 경우에는 일단 붙들거나 제압한 후에 지체없이 고지하여야 한다.

| 해설 | 대판 2017.3.15. 2013도2168 등. ☞ 다만, 피고인이 경찰관들과 마주하자마자 도망가려는 태도를 보이거나 먼저 폭력을 행사하며 대항한 바 없는 등 경찰관들이 체포를 위한 실력행사에 나아가기 전에 체포영장을 제시하고 미란다 원칙을 고지할 여유가 있었음에도 애초부터 미란다 원칙을 체포 후에 고지할 생각으로 먼저 체포행위에 나선 행위는 적법한 공무집행이라고 보기 어렵다(대판 2017.9.21. 2017도10866). ✋ O

7. ① 법원이 사전에 형사소송법 제72조에 따른 절차를 거치지 아니한 채 피고인에 대하여 구속영장을 발부한 경우, 그 발부결정은 위법하다.
② 형사소송법 제72조에서 정한 절차적 권리가 실질적으로 보장되었다 하더라도, 해당 절차의 전부 또는 일부를 거치지 아니한 채 구속영장을 발부한 경우, 그 발부결정은 위법하다. ★ⓒ

| 해설 | ① 제72조의 법적 성격(= 사전 청문절차) : 형사소송법 제72조의 '피고인에 대하여 범죄사실의 요지, 구속의 이유와 변호인을 선임할 수 있음을 말하고 변명할 기회를 준 후가 아니면 구속할 수 없다'는 규정은 피고인을 구속함에 있어서 법관에 의한 사전 청문절차를 규정한 것으로서, 법원이 사전에 위 규정에 따른 절차를 거치지 아니한 채 피고인에 대하여 구속영장을 발부하였다면 **발부결정은 위법**하다(대결 2016. 6.14. 2015모1032).
② 위 규정에서 정한 절차적 권리가 실질적으로 보장된 경우, 해당 절차의 전부 또는 일부를 거치지 아니한 채 구속영장을 발부한 것만으로 발부결정이 위법한지 여부(소극) 및 사전 청문절차의 흠결에도 불구하고 **구속영장 발부가 적법한 경우** : 한편 위 규정은 피고인의 절차적 권리를 보장하기 위한 규정이므로 이미 변호인을 선정하여 공판절차에서 변명과 증거의 제출을 다하고 그 변호 아래 판결을 선고받은 경우 등과 같이 위 규정에서 정한 절차적 권리가 실질적으로 보장되었다고 볼 수 있는 경우에는 이에 해당하는 절차의 전부 또는 일부를 거치지 아니한 채 구속영장을 발부하였더라도 이러한 점만으로 발부결정을 위법하다고 볼 것은 아니지만, 사전 청문절차의 흠결에도 불구하고 구속영장 발부를 적법하다고 보는 이유는 공판절차에서 증거의 제출과 조사 및 변론 등을 거치면서 판결이 선고될 수 있을 정도로 범죄사실에 대한 충분한 소명과 공방이 이루어지고 그 과정에서 피고인에게 자신의 범죄사실 및 구속사유에 관하여 변명을 할 기회

가 충분히 부여되기 때문이므로, 이와 동일시할 수 있을 정도의 사유가 아닌 이상 함부로 청문절차 흠결의 위법이 치유된다고 해석하여서는 아니 된다(대결 2016.6.14. 2015모1032). 답①O, ②×

8. 피의자에 대한 구속영장의 제시와 집행이 그 발부시로부터 정당한 사유 없이 지체되어 이루어진 경우에도 구속영장의 유효기간 내에 집행되었더라면 구속영장을 지체 없이 집행하지 않은 기간 동안의 체포 내지 구금 상태가 위법한 것은 아니다.

| 해설 | 구속영장의 집행 시한 – 피의자에 대한 구속영장의 제시와 집행이 그 발부시로부터 정당한 사유 없이 지체되어 이루어진 경우, 구속영장의 유효기간 내에 집행되었더라도 구속영장을 지체 없이 집행하지 않은 기간 동안의 체포 내지 구금 상태가 위법한지 여부(적극) : … 종합하면, 법관이 검사의 청구에 의하여 체포된 피의자의 구금을 위한 구속영장을 발부하면 검사와 사법경찰관리는 지체 없이 신속하게 구속영장을 집행하여야 한다. 피의자에 대한 구속영장의 제시와 집행이 그 발부 시로부터 정당한 사유 없이 시간이 지체되어 이루어졌다면, **구속영장이 그 유효기간 내에 집행되었다고 하더라도 위 기간 동안의 체포 내지 구금 상태는 위법하다**(대판 2021.4.29. 2020도16438. 마약류관리에관한법률위반(향정) 등). ☞ 사법경찰리가 현행범인 체포된 피의자에 대하여 구속영장 발부일로부터 만 3일이 경과하여 구속영장 원본 제시에 의한 구속영장을 집행한 사건. 답×

II. 압수·수색·검증

9. 압수수색영장에 기재된 문언은 이를 엄격하게 해석하여야 하고, 함부로 피압수자 등에게 불리한 내용으로 확장 또는 유추해석하는 것은 허용될 수 없다.

| 해설 | 법관이 압수수색영장을 발부하면서 '압수할 물건'을 특정하기 위하여 기재한 문언의 해석방법 : 헌법과 형사소송법이 구현하고자 하는 적법절차와 영장주의의 정신에 비추어 볼 때, 법관이 압수수색영장을 발부하면서 '압수할 물건'을 특정하기 위하여 기재한 문언은 이를 엄격하게 해석하여야 하고, 함부로 피압수자 등에게 불리한 내용으로 확장 또는 유추해석하는 것은 허용될 수 없다(대판 2018.10.12. 2018도6252). 답O

10. 수사기관이 압수·수색영장을 제시하고 집행에 착수하여 압수·수색을 실시하고 그 집행을 종료하였다면 이미 그 영장은 목적을 달성하여 효력이 상실되는 것이고, 동일한 장소 또는 목적물에 대하여 다시 압수·수색할 필요가 있는 경우라면 그 필요성을 소명하여 법원으로부터 새로운 압수·수색영장을 발부 받아야 하는 것이지, 앞서 발부 받은 압수·수색영장의 유효기간이 남아있다고 하여 이를 제시하고 다시 압수·수색을 할 수는 없다. ★ⓒ

| 해설 | 압수수색영장의 유효기간의 법적 성질(= 집행에 착수할 수 있는 종기) : 대판 2023.3.16. 2020도5336 [압수한 휴대전화의 메신저 계정을 이용하여 새롭게 수신된 메시지를 확인한 후 그 메신저를 이용하여 위장수사를 함으로써 취득한 증거가 위법수집증거인지 여부가 문제된 사건]. 답O

11. 피고인이 2018. 5. 6.경 피해자 1에 대하여 저지른 간음유인미수 및 통신매체이용음란의 각 범행과 관련하여 수사기관이 압수한 피고인 소유의 휴대전화에 대한 디지털정보분석 결과, 피고인이 2017. 12.경부터 2018. 4.경까지 사이에 저지른 피해자 2, 3, 4에 대한 간음유인(미수), 강간(미수), 통신매체이용음란 등의 각 범행에 관한 자료들이 추가로 취득된 경우, 이 사건 추가 자료들로 인하여 밝혀진 피고인의 피해자 2, 3, 4에 대한 범행은 이 사건 압수·수색영장의 범죄사실과 관련성을 인정할 수 없어 피해자 2, 3, 4에 대한 범행의 유죄의 증거로 사용할 수 없다. ★ⓒ

해설 형사소송법 제215조의 범죄혐의와의 '관련성'(= 객관적 관련성 + 인적 관련성) : 압수·수색영장의 범죄혐의사실과 관계있는 범죄라는 것은 압수·수색영장에 기재한 혐의사실과 객관적 관련성이 있고 압수·수색영장 대상자와 피의자 사이에 인적 관련성이 있는 범죄를 의미한다. 그 중 [1] **혐의사실과의 객관적 관련성**은 압수·수색영장에 기재된 혐의사실 자체 또는 그와 기본적 사실관계가 동일한 범행과 직접 관련되어 있는 경우는 물론 범행 동기와 경위, 범행 수단과 방법, 범행 시간과 장소 등을 증명하기 위한 간접증거나 정황증거 등으로 사용될 수 있는 경우에도 인정될 수 있다. 그 관련성은 압수·수색영장에 기재된 혐의사실의 내용과 수사의 대상, 수사 경위 등을 종합하여 구체적·개별적 연관관계가 있는 경우에만 인정된다고 보아야 하고, 혐의사실과 단순히 동종 또는 유사 범행이라는 사유만으로 관련성이 있다고 할 것은 아니다. 그리고 [2] **피의자와 사이의 인적 관련성**은 압수·수색영장에 기재된 대상자의 공동정범이나 교사범 등 공범이나 간접정범은 물론 필요적 공범 등에 대한 피고사건에 대해서도 인정될 수 있다(대판 2017.12.5. 2017도13458; 대판 2017.1.25. 2016도13489 등 참조). ☞ 설문에서 **추가 자료들로 인하여 밝혀진 피고인의 피해자 2, 3, 4에 대한 범행**은 …(중략)… 이 사건 압수·수색영장의 범죄사실과 단순히 동종 또는 유사 범행인 것을 넘어서서, 구체적·개별적 연관관계가 있는 경우로서 객관적·인적 관련성을 모두 갖추었으므로, 추가 자료들은 위법하게 수집된 증거에 해당하지 않으므로 압수·수색영장의 범죄사실뿐 아니라 추가 범행들에 관한 증거로 사용할 수 있다(대판 2020.2.13. 2019도14341). 답 ✗

12. 수사기관이 피의자 甲의 공선법 위반 범행을 영장 범죄사실로 하여 발부받은 압수·수색영장의 집행 과정에서 乙, 丙 사이의 대화가 녹음된 녹음파일을 압수하여 乙, 丙의 공선법 위반 혐의사실을 발견한 경우, 별도의 압수·수색영장을 발부받지 않고 압수한 위 녹음파일은 위법수집증거로서 증거능력이 없다. ★ⓒ

해설 '사건과의 관련성' → 없다고 본 경우 : 압수·수색영장에 기재된 '피의자'인 甲이 녹음파일에 의하여 의심되는 혐의사실과 무관한 이상, 수사기관이 별도의 압수·수색영장을 발부받지 아니한 채 압수한 녹음파일은 제219조에 의하여 수사기관의 압수에 준용되는 제106조 제1항이 규정하는 '피고사건' 내지 제215조 제1항이 규정하는 '해당 사건'과 '관계가 있다고 인정할 수 있는 것'에 해당하지 않으며, 이와 같은 압수에는 헌법 제12조 제1항 후문, 제3항 본문이 규정하는 영장주의를 위반한 절차적 위법이 있으므로, 녹음파일은 제308조의2에서 정한 '적법한 절차에 따르지 아니하고 수집한 증거'로서 증거로 쓸 수 없고, 그 절차적 위법은 헌법상 영장주의 내지 적법절차의 실질적 내용을 침해하는 중대한 위법에 해당하여 예외적으로 증거능력을 인정할 수도 없다(대판 2014.1.16. 2013도7101[공직선거법위반·정치자금법위반]). ☞ **형사소송법은 2011년 개정**으로 '해당사건(피고사건)과 관련이 있다고 인정할 수 있는 것에 한정하여' 압수를 할 수 있다고 하여 압수의 요건으로 '관련성'을 추가·명시하였다(제215조 제1항, 제106조 제1항). 위 판결은 개정법의 '관련성' 요건을 판례로 구체화한 것으로서 큰 의미가 있다. ☞ 甲이 乙을 통하여 공천심사위원인 K에게 돈 봉투를 제공하였다는 것을 영장 범죄사실로 하여 乙의 휴대전화를 압수하고 검찰청으로 가져온 후 이를 분석하던 중 乙과 丙의 대화가 녹음된 파일을 발견하였는데, 이 파일에 대하여 별도의 영장을 받지 아니하고 乙과 丙 사이에 금품의 요구와 약속이 있었다는 범죄에 대한 증거로 제출한 사안이다. 답 ○

13. 필로폰 교부의 혐의사실로 발부된 압수·수색영장에 따라(영장에는 '압수할 물건'으로 피고인의 소변뿐만 아니라 모발이 함께 기재되어 있고, '압수·수색·검증을 필요로 하는 사유'로 "필로폰 사범의 특성상 피고인이 이전 소지하고 있던 필로폰을 투약하였을 가능성 또한 배제할 수 없어 필로폰 투약 여부를 확인 가능한 소변과 모발을 확보하고자 한다."라고 기재되어 있는 경우) 피고인의 소변, 모발을 압수하였고 그에 대한 감정 결과 필로폰 투약 사실이 밝혀져 필로폰 투약에 대한 공소가 제기된 경우, 압수한 피고인의 소변 및 모발과 그에 대한 감정 결과 등은 피고인의 필로폰 투약의 공소사실의 증거로 사용할 수 있다.

해설 '사건과의 관련성' → 있다고 본 경우 : 필로폰 교부의 혐의사실로 발부된 압수·수색영장에 따라 피고인의 소변, 모발을 압수하였고 그에 대한 감정 결과 필로폰 투약 사실이 밝혀져 필로폰 투약에 대한 공소가 제기된 사안에서, (i) 법원이 압수할 물건으로 피고인의 소변뿐만 아니라 모발을 함께 기재하여 압수영장을 발부한 것은 영장 집행일 무렵의 필로폰 투약 범행뿐만 아니라 그 이전의 투약 여부까지 확인하기 위한 것으로 볼 수 있고, 피고인이 혐의사실인 필로폰 교부일시 무렵 내지 그 이후 반복적으로 필로폰을 투약한 사실이 증명되면 필로폰 교부 당시에도 필로폰을 소지하고 있었거나 적어도 필로폰을 구할 수 있었다는 사실의 증명에 도움이 된다고 볼 수 있으므로, **압수한 피고인의 소변 및 모발**은 압수영장의 혐의사실 증명을 위한 간접증거 내지 정황증거로 사용될 수 있는 경우에 해당하고, (ii) 법원이 영장의 '압수·수색·검증을 필요로 하는 사유'로 "필로폰 사범의 특성상 피고인이 이전 소지하고 있던 필로폰을 투약하였을 가능성 또한 배제할 수 없어 필로폰 투약 여부를 확인 가능한 소변과 모발을 확보하고자 한다."라고 기재하고 있는 점 등에 비추어 볼 때, 이 부분 공소사실이 이 사건 압수영장 발부 이후의 범행이라고 하더라도 영장 발부 당시 전혀 예상할 수 없었던 범행이라고 볼 수도 없다는 이유로, **압수·수색영장에 따라 압수한 피고인의 소변 및 모발과 그에 대한 감정 결과 등**은 위 압수·수색영장의 혐의사실과 객관적·인적 관련성을 모두 갖추어 투약의 공소사실의 증거로 사용할 수 있다고 본 사례(대판 2021.7.29. 2021도3756. 마약류관리에관한법률위반(향정)[마약 사범에 대한 영장에 의한 모발, 소변의 압수의 적법 여부와 2차적 증거의 증거능력이 문제된 사건]; 대판 2021.8.26. 2021도2205).

14. 피고인이 국제항공특송화물 속에 필로폰을 숨겨 수입할 것이라는 정보를 입수한 검사가, 이른바 '통제배달'을 하기 위해, 세관공무원의 협조를 받아 특송물품을 통관절차를 거치지 않고 가져와 개봉하여 그 속의 필로폰을 취득한 경우에는 영장주의가 적용되지 않는다. ★ⓒ

해설 [1] 수출입물품을 검사하는 과정에서 마약류가 감추어져 있다고 밝혀지거나 그러한 의심이 드는 경우, 마약류 불법거래 방지에 관한 특례법 제4조 제1항에 따라 검사의 요청으로 세관장이 행하는 조치에 영장주의 원칙이 적용되는지 여부(한정 적극) [2] 세관공무원이 마약류 불법거래방지에 관한 특례법 제4조에 근거한 검사의 요청에 따라 수출입물품을 개봉하고 그 내용물을 취득할 때 영장주의가 적용되는지 여부(적극) : [1] 수출입물품 통관검사절차에서 이루어지는 물품의 개봉, 시료채취, 성분분석 등의 검사는 수출입물품에 대한 적정한 통관 등을 목적으로 조사를 하는 것으로서 이를 수사기관의 강제처분이라고 할 수 없으므로, 세관공무원은 압수수색영장 없이 이러한 검사를 진행할 수 있다. 세관공무원이 통관검사를 위하여 직무상 소지하거나 보관하는 물품을 수사기관에 임의로 제출한 경우에는 비록 소유자의 동의를 받지 않았다고 하더라도 수사기관이 강제로 점유를 취득하지 않은 이상 해당 물품을 압수하였다고 할 수 없다(대판 2013.9.26. 2013도7718 참조). [2] 그러나 **마약류 불법거래방지에 관한 특례법 제4조 제1항에 따른 조치의 일환으로 특정한 수출입물품을 개봉하여 검사하고 그 내용물의 점유를 취득한 행위**는 위에서 본 수출입물품에 대한 적정한 통관 등을 목적으로 조사를 하는 경우와는 달리, 범죄수사인 압수 또는 수색에 해당하여 사전 또는 사후에 영장을 받아야 한다고 봄이 타당하다(대판 2017.7.18. 2014도8719[영장 없는 통제배달 사건]).

☞ 피고인이 국제항공특송화물 속에 필로폰을 숨겨 수입할 것이라는 정보를 입수한 검사가, 이른바 '**통제배달**(controlled delivery, 적발한 금제품을 감시하에 배송함으로써 거래자를 밝혀 검거하는 수사기법)'을 하기 위해, 세관공무원의 협조를

받아 특송화물을 통관절차를 거치지 않고 가져와 개봉하여 그 속의 필로폰을 취득하였으므로, 이는 구체적인 범죄사실에 대한 증거수집을 목적으로 한 압수·수색인데도 사전 또는 사후에 영장을 받지 않았다는 이유로 압수물 등의 증거능력을 부정한 원심판단이 정당하다고 보아 검사의 상고를 기각한 사안임. ❌

15. 해외서버에 저장된 E-Mail에 대한 압수수색도 그 영장의 집행을 원활하고 적정하게 행하기 위하여 필요한 최소한도의 범위 내에서 그 수단과 목적에 비추어 사회통념상 타당하다고 인정되는 범위 내에서는 형사소송법 제120조 제1항에서 정한 압수·수색영장의 집행에 필요한 처분으로 허용된다.

해설 해외서버에 저장된 E-Mail에 대한 압수수색의 허부(적극) : 피의자의 이메일 계정에 대한 접근권한에 갈음하여 발부받은 압수·수색영장에 따라 원격지의 저장매체에 적법하게 접속하여 내려받거나 현출된 전자정보를 대상으로 하여 범죄 혐의사실과 관련된 부분에 대하여 압수·수색하는 것은, 압수·수색영장의 집행을 원활하고 적정하게 행하기 위하여 필요한 최소한도의 범위 내에서 이루어지며 그 수단과 목적에 비추어 사회통념상 타당하다고 인정되는 대물적 강제처분 행위로서 허용되며, **법 제120조 제1항**에서 정한 압수·수색영장의 집행에 필요한 처분에 해당한다. 그리고 이러한 법리는 원격지의 저장매체가 국외에 있는 경우라 하더라도 그 사정만으로 달리 볼 것은 아니다(대판 2017.11.29. 2017도9747). ⭕

16. 압수·수색영장에 적힌 '압수할 물건'에 컴퓨터 등 정보처리장치 저장 전자정보만 기재되어 있다면 컴퓨터 등 정보처리장치를 이용하여 원격지 서버 저장 전자정보를 압수할 수 있다. ★

해설 수사기관이 압수·수색영장에 적힌 '수색할 장소'에 있는 컴퓨터 등 정보처리장치에 저장된 전자정보 외에 원격지 서버에 저장된 전자정보를 압수·수색하기 위해서는 압수·수색영장에 적힌 '압수할 물건'에 별도로 원격지 서버 저장 전자정보가 특정되어 있어야 하는지 여부(적극) : 수사기관이 압수·수색영장에 적힌 '수색할 장소'에 있는 컴퓨터 등 정보처리장치에 저장된 전자정보 외에 원격지 서버에 저장된 전자정보를 압수·수색하기 위해서는 압수·수색영장에 적힌 '압수할 물건'에 별도로 원격지 서버 저장 전자정보가 특정되어 있어야 한다. 압수·수색영장에 적힌 '압수할 물건'에 컴퓨터 등 정보처리장치 저장 전자정보만 기재되어 있다면 컴퓨터 등 정보처리장치를 이용하여 원격지 서버 저장 전자정보를 압수할 수는 없다(대결 2022.6.30. 2020모735). ❌

17. 범죄 혐의사실과 관련 있는 정보를 선별한 다음 이미지 파일을 제출받아 압수한 경우, 수사기관 사무실에서 압수된 이미지 파일을 탐색·복제·출력하는 과정에서도 피의자 등에게 참여의 기회를 보장하여야 한다. ★

해설 범죄 혐의사실과 관련 있는 정보를 선별한 다음 이미지 파일을 제출받아 압수한 경우, 수사기관 사무실에서 압수된 이미지 파일을 탐색·복제·출력하는 과정에서도 피의자 등에게 참여의 기회를 보장하여야 하는지 여부(소극) : 수사기관이 정보저장매체에 기억된 정보 중에서 키워드 또는 확장자 검색 등을 통해 범죄 혐의사실과 관련 있는 정보를 선별한 다음 정보저장매체와 동일하게 비트열 방식으로 복제하여 생성한 파일(이하 '이미지 파일')을 제출받아 압수하였다면, 이로써 압수의 목적물에 대한 압수·수색 절차는 종료된 것이므로, 수사기관이 수사기관 사무실에서 위와 같이 압수된 이미지 파일을 탐색·복제·출력하는 과정에서도 피의자 등에게 참여의 기회를 보장하여야 하는 것은 아니다(대판 2018.2.8. 2017도13263). ❌

18. 피고인이 아닌 피고인의 동생을 피의자로 하여 발부된 이 사건 영장을 집행하면서 피고인 소유의 이 사건 휴대전화 등을 압수한 것은 위법하다.

|해설| **피의자의 동생으로 기재된 압수·수색영장 집행의 적법성 여부**(소극) : 헌법과 형사소송법이 구현하고자 하는 적법절차와 영장주의의 정신에 비추어 볼 때, 법관이 압수·수색영장을 발부하면서 '압수할 물건'을 특정하기 위하여 기재한 문언은 엄격하게 해석하여야 하고, 함부로 피압수자 등에게 불리한 내용으로 확장 또는 유추 해석하여서는 안 된다(대판 2009.3.12. 2008도763 등 참조). 따라서 영장에 기재된 문언에 반하여 피고인이 아닌 피고인의 동생을 피의자로 하여 발부된 이 사건 영장을 집행하면서 피고인 소유의 이 사건 휴대전화 등을 압수한 것은 **위법**하지만, 위법하게 압수된 휴대전화 등에서 취득한 증거가 아닌 **임의제출된 다른 휴대전화 및 그에 연결된 클라우드 등** 제3자가 관리하는 원격지에 저장된 증거(아동·청소년음란물)는 유죄의 증거로 사용할 수 있다(대판 2021.7.29. 2020도14654 아동·청소년의성보호에관한법률위반(음란물제작·배포등) 등).
☞ 아동·청소년 이용 음란물 제작, 배포, 소지 등으로 기소된 피고인이, 자신의 동생이 피의자로 기재된 압수·수색영장에 의한 압수절차의 적법성 및 정보저장매체 임의제출에 의한 압수절차의 적법성을 다투었던 사건.

19. 수사기관이 甲 주식회사에서 압수수색영장을 집행하면서 甲 회사에 팩스(Fax)로 영장 사본을 송신하기만 하고 영장 원본을 제시하거나 압수조서와 압수물 목록을 작성하여 피압수·수색 당사자에게 교부하지도 않은 채 피고인의 이메일(E-Mail)을 압수한 후 이를 증거로 제출한 경우, 위와 같은 방법으로 압수된 이메일은 증거능력이 없다.

|해설| **팩스(Fax)로 영장 사본을 송신한 경우 영장제시의 적법성**(소극) : 수사기관의 압수·수색은 법관이 발부한 압수수색영장에 의하여야 하는 것이 원칙이고, 그 영장에는 피의자의 성명, 압수할 물건, 수색할 장소·신체·물건과 압수수색의 사유 등이 특정되어야 하며(제215조, 제219조, 제114조 제1항, 규칙 제58조), 영장은 처분을 받는 자에게 반드시 제시되어야 하고(제219조, 제118조), 압수물을 압수한 경우에는 목록을 작성하여 소유자, 소지자 등에게 교부하여야 한다(제219조, 제129조). …(중략)… 위와 같은 방법으로 압수된 위 각 이메일은 헌법과 형사소송법 제219조, 제118조, 제129조가 정한 절차를 위반하여 수집한 위법수집증거로 원칙적으로 유죄의 증거로 삼을 수 없고, 이러한 절차 위반은 헌법과 형사소송법이 보장하는 적법절차원칙의 실질적인 내용을 침해하는 경우에 해당하고 위법수집증거의 증거능력을 인정할 수 있는 예외적인 경우에 해당한다고 볼 수도 없어 증거능력이 없다(대판 2017.9.7. 2015도10648[Naver E-Mail 압수 사건]).
☞ 2022.2.3. 개정 형사소송법 제118조에 따르면, 영장의 **사본을 교부**하여야 한다.

20. 사법경찰관이 압수·수색영장의 피압수자에게 압수·수색영장을 제시함에 있어 표지에 해당하는 첫 페이지와 피압수자의 혐의사실이 기재된 부분만을 보여 주고, 나머지 압수·수색영장의 기재 내용을 확인하지 못하게 한 경우, 이로 인해 취득한 증거는 위법수집증거로서 증거능력이 없다.

|해설| **압수·수색영장의 제시 범위 및 방법 등** : 압수·수색영장을 집행하는 수사기관은 피압수자로 하여금 법관이 발부한 영장에 의한 압수·수색이라는 사실을 확인함과 동시에 형사소송법이 압수·수색영장에 필요적으로 기재하도록 정한 사항이나 그와 일체를 이루는 사항을 충분히 알 수 있도록 압수·수색영장을 제시하여야 한다(대판 2017.9.21. 2015도12400). ☞ 사본까지 교부하도록 한 2022.2.3. 개정 형사소송법 제118조에 따르면, 위와 같은 판례의 쟁점은 더 이상은 그 의미가 없게 되었다.

21. 수사기관이 피의자의 휴대전화 등을 압수할 당시 피의자에게 압수·수색영장을 제시하였는데 피의자가 영장의 구체적인 확인을 요구하였으나 수사기관이 영장의 범죄사실 기재 부분을 보여주지 않았더라도, 그 후 피의자의 변호인이 피의자에 대한 조사에 참여하면서 영장을 확인한 경우에는 적법한 압수·수색영장의 제시라고 보아야 한다.

해설 **압수수색영장의 구체적 제시** : 수사기관이 압수처분 당시 재항고인으로부터 영장 내용의 구체적인 확인을 요구받았음에도 압수·수색영장의 내용을 보여주지 않았던 것으로 보이므로 형사소송법 제219조, 제118조에 따른 적법한 압수·수색영장의 제시라고 인정하기 어렵다(대결 2020.4.16. 2019모3526). ☞ 사본까지 교부하도록 한 2022.2.3. 개정 형사소송법 제118조에 따르면, 위와 같은 판례의 쟁점도 더 이상은 그 의미가 없게 되었다. ✗

22. 형사소송법 제118조에 의하면, '압수·수색영장은 처분을 받는 자에게 반드시 제시하여야 한다'고 규정하고 있으므로, 피처분자가 현장에 없거나 현장에서 그를 발견할 수 없는 경우 등에는 압수·수색을 할 수 없다. ★ⓒ

해설 **압수·수색영장의 제시가 현실적으로 불가능한 경우, 영장제시 없이 이루어진 압수·수색의 적법 여부(적극)** : 형사소송법 제219조가 준용하는 제118조는 "압수·수색영장은 처분을 받는 자에게 반드시 제시하여야 한다."고 규정하고 있으나, 이는 영장제시가 현실적으로 가능한 상황을 전제로 한 규정으로 보아야 하고, 피처분자가 현장에 없거나 현장에서 그를 발견할 수 없는 경우 등 영장제시가 현실적으로 불가능한 경우에는 영장을 제시하지 아니한 채 압수·수색을 하더라도 위법하다고 볼 수 없다(대판(송합) 2015.1.22. 2014도10978[이석기 사건]). ☞ 위와 같은 송합 판례의 내용이 2022.2.3. 개정 형사소송법 제118조 단서에 **명문화**되었다. ✗

23. 검사가 압수·수색영장을 발부받아 甲 주식회사 빌딩 내 乙의 사무실을 압수·수색하였는데, 저장매체에 범죄혐의와 관련된 정보(유관정보)와 범죄혐의와 무관한 정보(무관정보)가 혼재된 것으로 판단하여 甲 회사의 동의를 받아 저장매체를 수사기관 사무실로 반출한 다음 乙 측의 참여하에 저장매체에 저장된 전자정보 파일 전부를 '이미징'의 방법으로 다른 저장매체로 복제(제1 처분)하고, 乙 측의 참여 없이 이미징한 복제본을 외장 하드디스크에 재복제(제2 처분)하였으며, 乙 측의 참여 없이 하드디스크에서 유관정보를 탐색하는 과정에서 甲 회사의 별건 범죄혐의와 관련된 전자정보 등 무관정보도 함께 출력(제3 처분)한 경우, 준항고법원은 위법한 제1 처분과 제2 처분만을 취소하여야 한다. ★ⓒ

해설 **위법한 압수처분과 준항고법원의 취소대상(= 전부)** : [1] 준항고인이 전체 압수·수색 과정을 단계적·개별적으로 구분하여 각 단계의 개별 처분의 취소를 구하더라도 준항고법원은 특별한 사정이 없는 한 구분된 개별 처분의 위법이나 취소 여부를 판단할 것이 아니라 당해 압수·수색 과정 전체를 하나의 절차로 파악하여 그 과정에서 나타난 위법이 압수·수색 절차 전체를 위법하게 할 정도로 중대한지 여부에 따라 전체적으로 압수·수색 처분을 취소할 것인지를 가려야 한다. [2] 제1 처분은 위법하다고 볼 수 없으나, 제2·3 처분은 제1 처분 후 피압수·수색 당사자에게 계속적인 참여권을 보장하는 등의 조치가 이루어지지 아니한 채 유관정보는 물론 무관정보까지 재복제·출력한 것으로서 영장이 허용한 범위를 벗어나고 적법절차를 위반한 위법한 처분이며, 제2·3 처분에 해당하는 전자정보의 복제·출력 과정은 증거물을 획득하는 행위로서 압수·수색의 목적에 해당하는 중요한 과정인 점 등 위법의 중대성에 비추어 **위 영장에 기한 압수·수색이 전체적으로 취소되어야 한다**(대결(송합) 2015.7.16. 2011모1839[종근당 압수수색 사건][다수의견]; 대결 2022. 5.31. 2016모587[카카오에 영장을 팩스로 송부하였을 뿐 영장 원본을 제시하지 않은 사건]). ✗

24. 전자정보에 대한 압수·수색이 종료되기 전에 혐의사실과 관련된 전자정보를 적법하게 탐색하는 과정에서 별도의 범죄혐의와 관련된 전자정보를 우연히 발견한 경우라면, 수사기관은 더 이상의 추가 탐색을 중단하고 법원에서 별도의 범죄혐의에 대한 압수·수색영장을 발부받은 경우에 한하여 그러한 정보에 대하여도 적법하게 압수·수색을 할 수 있다. ★ⓒ

| 해설 | 별건압수(→ 추가탐색 중단, 별도의 영장 발부받아야) : 대결(숲合) 2015.7.16. 2011모1839[종근당 압수·수색 사건] 등.

25. 압수·수색영장의 집행에 참여할 수 있는 변호인의 참여권은 독립대리권의 성격이므로, 만일 피압수자가 수사기관에 압수·수색영장의 집행에 참여하지 않는다는 의사를 명시하였다면 그 변호인에게는 미리 집행의 일시와 장소를 통지하는 등으로 압수·수색영장의 집행에 참여할 기회를 별도로 보장할 필요는 없다. ★ⓒ

| 해설 | 압수·수색에 있어서 변호인의 참여권의 성격(= 고유권) : 제219조, 제121조가 규정한 변호인의 참여권은 피압수자의 보호를 위하여 변호인에게 주어진 **고유권**이다. 따라서 설령 피압수자가 수사기관에 압수·수색영장의 집행에 참여하지 않는다는 의사를 명시하였다고 하더라도, 특별한 사정이 없는 한 그 변호인에게는 제219조, 제122조에 따라 미리 집행의 일시와 장소를 통지하는 등으로 압수·수색영장의 집행에 참여할 기회를 별도로 보장하여야 한다(대판 2020.11.26. 2020도10729[국선변호인에 대한 참여통지 누락이 압수·수색 절차의 위반 사유로 문제된 사건]). ☞ 피고인이 수년간 피시방, 노래방 등의 화장실에 몰래카메라를 설치하여 타인의 신체를 촬영한 것이 「성폭력범죄의 처벌 등에 관한 특례법」 위반(카메라등이용촬영)으로 기소된 경우, 수사기관이 그 사무실에서 저장매체를 탐색·복제·출력하는 방법으로 압수·수색영장을 집행하기에 앞서 **피고인의 국선변호인에게 그 집행의 일시와 장소를 통지하는 등으로 절차에 참여할 기회를 제공하지 않은 것은 적법절차 위반에 해당하지만**, 다만, 기록에 나타난 제반 사정에 비추어 위법수집증거의 증거능력을 예외적으로 인정할 수 있는 경우에 해당한다고 볼 여지가 충분하다고 본 사안.

26. 수사기관이 피압수자 측에 참여의 기회를 보장하거나 압수한 전자정보 목록을 교부하지 않는 등 영장주의 원칙과 적법절차를 준수하지 않은 위법한 압수·수색 과정을 통하여 취득한 증거는 위법수집증거에 해당하고, 사후에 법원으로부터 영장이 발부되었다거나 피고인이나 변호인이 이를 증거로 함에 동의하였다고 하여 위법성이 치유되는 것도 아니다. ★ⓒ

| 해설 | 대판 2022.7.28. 2022도2960 등 참조.

27. 주거주, 간수자 또는 이에 준하는 자의 참여가 없었고, 인거인 또는 지방공공단체 직원의 참여도 없어 이 부분 압수·수색은 형사소송법 제219조, 제123조 제2항, 제3항에 위배되나, 압수·수색의 전 과정이 영상녹화된 점 등에 비추어 위 압수·수색과정에서 수집된 증거들은 유죄 인정의 증거로 사용할 수 있는 예외적인 경우에 해당한다.

| 해설 | 대판(숲合) 2015.1.22. 2014도10978[이석기 사건].

28. 통신제한조치를 수사기관이 직접 집행하는 대신 통신기관 등에 위탁하거나 협조를 받아 집행할 수는 없다.

| 해설 | 집행주체가 '대화의 녹음·청취'를 제3자에게 집행을 위탁할 수 있는지 여부(적극) : 집행주체가 제3자의 도움을 받지 않고서는 '대화의 녹음·청취'가 사실상 불가능하거나 곤란한 사정이 있는 경우에는 비례의 원칙에 위배되지 않는 한 제3자에게 집행을 위탁하거나 그로부터 협조를 받아 '대화의 녹음·청취'를 할 수 있고, 그 경우 통신기관 등이 아닌 일반 사인에게 대장을 작성하여 비치할 의무가 있다고 볼 것은 아니다(대판(숲合) 2015.1.22. 2014도10978[이석기 사건]).

29. 검사 또는 사법경찰관은 영장체포, 긴급체포, 현행범인체포에 의하여 체포하거나 구속영장에 의하여 피의자를 구속하는 경우에 필요한 때에는 영장 없이 타인의 주거나 타인이 간수하는 가옥, 건조물, 항공기, 선차 내에서의 피의자 수색을 할 수 있다. 다만, 영장에 따라 피의자를 체포 또는 구속하는 경우의 피의자 수색은 미리 수색영장을 발부받기 어려운 긴급한 사정이 있는 때에 한정한다.

해설 제216조 제1항 제1호 중 제200조의2에 관한 부분 → 헌법불합치 → 개정 : 헌법재판소는 제216조 제1항 제1호에서 수색에 앞서 영장을 발부받기 어려운 긴급한 사정이 있는지에 대한 여부를 구별하지 아니하고 피의자가 소재할 개연성이 있으면 영장 없이 곧바로 타인의 주거 등을 수색할 수 있도록 하는 것은 헌법 제16조 영장주의에 위반된다는 이유로 **헌법불합치 결정**을 하였고(헌재결 2018.4.26. 2015헌바370), 이에 따라 체포·구속영장 집행을 위하여 영장 없이 타인의 주거 등을 수색하려는 경우에는 미리 수색영장을 발부받기 어려운 긴급한 사정이 있어야 한다는 예외사유를 규정하였다(제137조 및 제216조 제1항 제1호). [2019.12.31. 단서 신설] ☞ 따라서 **제216조 제1항 제1호의 영장 없는 피의자 수색**은 ① 피의자가 타인의 주거 등에 소재할 개연성이 소명되고, ② 수색영장을 발부받기 어려운 긴급한 사정이 있는 경우에 한하여 적용된다.
한편, … 적어도 이 사건 헌법불합치결정을 하게 된 당해 사건 및 이 사건 헌법불합치결정 당시에 구법 조항의 위헌 여부가 쟁점이 되어 법원에 계속 중인 사건에 대하여는 이 사건 헌법불합치결정의 소급효가 미친다고 해야 하므로, 비록 현행형사소송법 부칙에 소급적용에 관한 경과조치를 두고 있지 않더라도 이들 사건에 대하여는 구법 조항을 그대로 적용할 수는 없고, **위헌성이 제거된 현행 형사소송법의 규정을 적용하여야 한다**(대판 2011.9.29. 2008두18885 등 참조). 따라서 …(중략)… 이 사건 건조물을 수색하기에 앞서 수색영장을 발부받기 어려운 긴급한 사정이 있었다고 볼 수 없음에도 수색영장 없이 경찰이 이 사건 건조물을 수색한 행위는 적법한 공무집행에 해당하지 아니한다(대판 2021.5.27. 2018도13458). **답** O

30. 경찰관이 피고인 입원 병원의 간호사에게 요구해 치료와는 별도로 의식이 없는 피고인의 혈액을 채취한 후, '치료용으로 채취·보관 중인 피고인의 혈액'에 대한 압수수색영장을 발부받아 혈액을 압수하였다면, 이 혈액과 이를 기초로 한 2차적 증거 모두 유죄의 증거로 삼을 수 있다.

해설 대판 2014.3.28. 2013노3554[도로교통법위반(음주운전)]. ☞ 압수수색영장에 기재된 압수대상인 혈액과 '관련성'이 없어 증거능력이 부인된다는 판시이다. **답** X

31. 형사소송법 제217조 제1항의 긴급체포된 자의 24시간 이내의 영장 없는 압수·수색·검증은 긴급체포 현장이 아닌 장소에서는 적용되지 않는다. ★ⓒ

해설 [1] 형사소송법 제217조 제1항의 취지 및 [2] 긴급체포 현장이 아닌 장소에서도 긴급체포된 자가 소유·소지 또는 보관하는 물건을 대상으로 할 수 있는지 여부(적극) : [1] 형사소송법 제217조 제1항은 수사기관이 피의자를 긴급체포한 상황에서 피의자가 체포되었다는 사실이 공범이나 관련자들에게 알려짐으로써 관련자들이 증거를 파괴하거나 은닉하는 것을 방지하고, 범죄사실과 관련된 증거물을 신속히 확보할 수 있도록 하기 위한 것이다. [2] 이 규정에 따른 압수·수색 또는 검증은 체포현장에서의 압수·수색 또는 검증을 규정하고 있는 형사소송법 제216조 제1항 제2호와 달리, 체포현장이 아닌 장소에서도 긴급체포된 자가 소유·소지 또는 보관하는 물건을 대상으로 할 수 있다(대판 2017.9.12. 2017도10309). **답** X

32. 휴대전화 등 정보저장매체를 제218조에 따라 임의제출받은 경우에는 형사소송법 제215조에 따른 '사건과의 관련성'이 있는 전자정보에 한정하여 압수의 대상이 되는 것은 아니다. ★ⓒ

| 해설 | **정보저장매체를 임의제출받은 경우, 압수의 대상과 범위 → '사건과의 관련성'에 한정** : [1] 수사기관이 제출자의 의사를 쉽게 확인할 수 있음에도 이를 확인하지 않은 채 특정범죄혐의사실과 관련된 전자정보와 그렇지 않은 전자정보가 혼재된 정보저장매체를 임의제출받은 경우, 그 정보저장매체에 저장된 전자정보 전부가 임의제출되어 압수된 것으로 취급할 수는 없다. 제출자의 구체적인 제출범위에 관한 의사를 제대로 확인하지 않는 등의 사유로 인해 임의제출자의 의사에 따른 전자정보 압수의 대상과 범위가 명확하지 않거나 이를 알 수 없는 경우에는 임의제출에 따른 압수의 동기가 된 범죄혐의사실과 관련되고 이를 증명할 수 있는 최소한의 가치가 있는 전자정보에 한하여 **압수의 대상**이 된다. [2] 이때 범죄혐의사실과 관련된 전자정보에는 범죄혐의사실 그 자체 또는 그와 기본적 사실관계가 동일한 범행과 직접 관련되어 있는 것은 물론 범행 동기와 경위, 범행 수단과 방법, 범행 시간과 장소 등을 증명하기 위한 간접증거나 정황증거 등으로 사용될 수 있는 것도 포함될 수 있다. 다만 그 관련성은 임의제출에 따른 압수의 동기가 된 범죄혐의사실의 내용과 수사의 대상, 수사의 경위, 임의제출의 과정 등을 종합하여 구체적·개별적 연관관계가 있는 경우에만 인정되고, 범죄혐의사실과 단순히 동종 또는 유사 범행이라는 사유만으로 관련성이 있다고 할 것은 아니다(대판 2021.8.26. 2021도2205 등 참조). …(중략)… 다만, **피의자가 소유·관리하는 정보저장매체를 피의자 아닌 피해자 등 제3자가 임의제출하는 경우**에는, 그 임의제출 및 그에 따른 수사기관의 압수가 적법하더라도 임의제출의 동기가 된 범죄혐의사실과 구체적·개별적 연관관계가 있는 전자정보에 한하여 압수의 대상이 되는 것으로 더욱 제한적으로 해석하여야 한다(대판(全) 2021.11.18. 2016도348 준강제추행 등[경찰이 '성폭력범죄의 처벌 등에 관한 특례법'위반(카메라등이용촬영)죄의 피해자가 임의제출한 피고인 소유·관리의 휴대전화 2대의 전자정보를 탐색하다가 피해자를 촬영한 휴대전화가 아닌 다른 휴대전화에서 다른 피해자 2명에 대한 동종 범행 등에 관한 1년 전 사진·동영상을 발견하고 영장 없이 이를 복제한 CD를 증거로 제출한 사건 또는 대학교수 여제자 준강제추행 사건]). 답 ✕

33. 피해자 등 제3자가 피의자의 소유·관리에 속하는 정보저장매체를 영장에 의하지 않고 임의제출한 경우에는 피의자에게 참여권을 보장하고 압수한 전자정보 목록을 교부하는 등 피의자의 절차적 권리를 보장하기 위한 적절한 조치가 이루어져야 한다. ★ⓒ

| 해설 | **피해자 등 제3자가 피의자의 소유·관리에 속하는 정보저장매체를 임의제출한 경우 → 피의자의 절차적 권리를 보장하기 위한 적절한 조치 필요**(피의자의 참여권 보장, 피의자에게 전자정보 목록 교부 필요) : 피해자 등 제3자가 피의자의 소유·관리에 속하는 정보저장매체를 영장에 의하지 않고 임의제출한 경우에는 실질적 피압수자인 피의자가 수사기관으로 하여금 그 전자정보 전부를 무제한 탐색하는 데 동의한 것으로 보기 어려울 뿐만 아니라 피의자 스스로 임의제출한 경우 피의자의 참여권 등이 보장되어야 하는 것과 견주어 보더라도 특별한 사정이 없는 한 제219조, 제121조, 제129조에 따라 피의자에게 참여권을 보장하고 압수한 전자정보 목록을 교부하는 등 피의자의 절차적 권리를 보장하기 위한 적절한 조치가 이루어져야 한다(대판(全) 2021.11.18. 2016도348). 답 ○

34. 피의자가 소유·관리하는 정보저장매체를 피의자 아닌 피해자 등 제3자가 임의제출하는 경우에, 임의제출자 아닌 피의자에게도 참여권이 보장되어야 하는 '피의자의 소유·관리에 속하는 정보저장매체'에 해당하는지 여부는 민사법상 권리의 귀속에 따른 법률적·사후적 판단에 의하여야 하고, 피의자가 과거 그 정보저장매체의 이용 내지 개별 전자정보의 생성·이용 등에 관여한 사실이 있거나 그 과정에서 생성된 전자정보에 의해 식별되는 정보주체에 해당한다는 사정이 있는 경우에는 그를 실질적으로 압수·수색을 받는 당사자로 취급하여야 한다. ★

해설 대판(全合) 2021.11.18. 2016도348이 설시한 '피의자의 소유·관리에 속하는 정보저장매체'의 의미 : 정보저장매체를 임의제출한 피압수자에 더하여 임의제출자 아닌 피의자에게도 참여권이 보장되어야 하는 '피의자의 소유·관리에 속하는 정보저장매체'란, 피의자가 압수·수색 당시 또는 이와 시간적으로 근접한 시기까지 해당 정보저장매체를 현실적으로 지배·관리하면서 그 정보저장매체 내 전자정보 전반에 관한 전속적인 관리처분권을 보유·행사하고, 달리 이를 자신의 의사에 따라 제3자에게 양도하거나 포기하지 아니한 경우로써, 피의자를 그 정보저장매체에 저장된 전자정보에 대하여 실질적인 압수·수색 당사자로 평가할 수 있는 경우를 말하는 것이다. **이에 해당하는지 여부**는 민사법상 권리의 귀속에 따른 법률적·사후적 판단이 아니라 압수·수색 당시 외형적·객관적으로 인식 가능한 사실상의 상태를 기준으로 판단하여야 한다. 이러한 정보저장매체의 외형적·객관적 지배·관리 등 상태와 별도로 단지 피의자나 그 밖의 제3자가 과거 그 정보저장매체의 이용 내지 개별 전자정보의 생성·이용 등에 관여한 사실이 있다거나 그 과정에서 생성된 전자정보에 의해 식별되는 정보주체에 해당한다는 사정만으로 그들을 실질적으로 압수·수색을 받는 당사자로 취급하여야 하는 것은 아니다(대판 2022.1.27. 2021도11170. 자본시장과금융투자업에관한법률위반등[제3자가 임의제출한 정보저장매체에 저장된 전자정보 및 금융계좌추적용 압수·수색영장 집행 결과의 증거능력 인정 여부에 관한 사건 또는 정경심 사건]). **답 X**

35. 임의제출된 정보저장매체에서 압수의 대상이 되는 전자정보의 범위를 넘어서는 전자정보에 대해 수사기관이 영장 없이 압수·수색하여 취득한 증거는 위법수집증거에 해당하지만, 사후영장이나 증거동의로 그 위법성이 치유될 수는 있다. ★ⓒ

해설 별건압수의 금지 및 위법수집증거의 위법성 치유 허부(소극) : 만약 전자정보에 대한 압수·수색이 종료되기 전에 범죄혐의사실과 관련된 전자정보를 적법하게 탐색하는 과정에서 별도의 범죄혐의와 관련된 전자정보를 우연히 발견한 경우라면, 수사기관은 더 이상의 추가 탐색을 중단하고 법원으로부터 별도의 범죄혐의에 대한 압수·수색영장을 발부받은 경우에 한하여 그러한 정보에 대하여도 적법하게 압수·수색을 할 수 있다. 따라서 **임의제출된 정보저장매체에서 압수의 대상이 되는 전자정보의 범위를 넘어서는 전자정보**에 대해 수사기관이 영장 없이 압수·수색하여 취득한 증거는 위법수집증거에 해당하고, 사후에 법원으로부터 영장이 발부되었다거나 피고인이나 변호인이 이를 증거로 함에 동의하였다고 하여 그 위법성이 치유되는 것도 아니다(대판(全合) 2021.11.18. 2016도348). **답 X**

36. 경찰이 지하철 내에서 여성을 촬영한 혐의로 임의제출받은 휴대전화를 복원하여 주택에서 몰래 당시 교제 중이던 여성의 나체와 음부를 촬영한 동영상을 발견하고 이를 함께 기소한 경우, 여성의 나체와 음부가 촬영된 사진은 그 증거능력을 인정할 수 없다.

해설 임의제출에 따른 압수의 동기가 된 범죄혐의사실과의 관련성 → 없다고 본 경우 : 공중밀집장소인 지하철 내에서 여성을 촬영한 행위와 다세대 주택에서 몰래 당시 교제 중이던 여성의 나체와 음부를 촬영한 행위는 범행 시간과 장소뿐만 아니라 범행 동기와 경위, 범행 수단과 방법 등을 달리하므로, 간접증거와 정황증거를 포함하는 구체적·개별적 연관관계 있는 관련 증거의 법리에 의하더라도, 여성의 나체와 음부가 촬영된 사진은 임의제출에 따른 압수의 동기가 된 범죄혐의사실과 구체적·개별적 연관관계 있는 전자정보로 보기 어렵고, 위 사진 및 이 사건 휴대전화에서 삭제된 전자정보를 복원하여 이를 **복제한 시디**(CD)는 경찰이 피압수자인 피고인에게 참여의 기회를 부여하지 않은 상태에서 임의로 탐색·복제·출력한 전자정보로서, 피고인에게 압수한 전자정보 목록을 교부하거나 피고인이 그 과정에 참여하지 아니할 의사를 가지고 있는지 여부를 확인한 바가 없으므로, 수사기관이 영장 없이 이를 취득한 이상 증거능력이 없는 이유로 여성의 나체와 음부가 촬영된 사진의 증거능력을 부정한 원심판단에 법리오해의 잘못이 없다(대판 2021.11. 25. 2016도82). 답 O

37. **수사기관이 영장 발부 사유로 된 범죄 혐의사실과 무관한 별개의 증거를 압수하고 별개의 증거를 피압수자에게 환부한 후에 임의제출받아 다시 압수한 경우, 제출에 임의성이 있다는 점에 관하여는 검사가 합리적 의심을 배제할 수 있을 정도로 증명하여야 그 증거능력을 인정할 수 있다.** ★ⓒ

> 해설 [1] 별건압수물의 증거능력(원칙적 소극) : 검사 또는 사법경찰관은 범죄수사에 필요한 때에는 피의자가 죄를 범하였다고 의심할 만한 정황이 있는 경우에 판사로부터 발부받은 영장에 의하여 압수수색을 할 수 있으나, 압수수색은 영장 발부의 사유로 된 범죄 혐의사실과 관련된 증거에 한하여 할 수 있으므로, **영장 발부의 사유로 된 범죄 혐의사실과 무관한 별개의 증거를 압수하였을 경우** 이는 원칙적으로 유죄 인정의 증거로 사용할 수 없다. [2] 별건압수물의 환부 후 다시 임의제출받은 경우에 제출의 임의성의 증명책임(=검사) 및 증거능력 : 다만, 수사기관이 별개의 증거를 피압수자 등에게 환부하고 후에 임의제출받아 다시 압수하였다면 증거를 압수한 최초의 절차 위반행위와 최종적인 증거수집 사이의 **인과관계가 단절**되었다고 평가할 수 있으나, 환부 후 다시 제출하는 과정에서 수사기관의 우월적 지위에 의하여 임의제출 명목으로 실질적으로 강제적인 압수가 행하여질 수 있으므로, 제출에 임의성이 있다는 점에 관하여는 **검사가 합리적 의심을 배제할 수 있을 정도로 증명**하여야 하고, 임의로 제출된 것이라고 볼 수 없는 경우에는 증거능력을 인정할 수 없다(대판 2016.3.10. 2013도11233[별건압수물을 환부한 후 다시 임의제출받은 사건]). 답 O

38. **현행범 체포현장이나 범죄장소에서 소지자 등이 임의로 제출하는 물건을 형사소송법 제218조에 따라 영장 없이 압수할 수는 없다.** ★ⓒ

> 해설 현행범 체포현장이나 범죄장소에서 소지자 등이 임의로 제출하는 물건을 형사소송법 제218조에 따라 영장 없이 압수할 수 있는지 여부(적극) 및 이 경우 검사나 사법경찰관이 사후에 영장을 받아야 하는지 여부(소극) : 피고인이 바지선에 승선하여 밀입국하면서 필로폰을 밀수입하는 범행을 실행 중이거나 실행한 직후에 검찰수사관이 바지선 내 피고인을 발견한 장소 근처에서 필로폰이 발견되자 곧바로 피고인을 체포하였으므로 이는 **현행범 체포로서 적법**하고, 체포 당시 상황에서 피고인이 밀입국하면서 필로폰을 밀수한 현행범인에 해당하지 않는다거나 그에 관한 검찰수사관의 판단이 경험칙에 비추어 현저히 합리성이 없다고 볼 수는 없다. 그리고 검찰수사관이 필로폰을 압수하기 전에 피고인에게 임의제출의 의미, 효과 등에 관하여 고지하였던 점, 피고인도 필로폰 매매 등 동종 범행으로 여러 차례 형사처벌을 받은 전력이 있어 피압수물인 필로폰을 임의제출할 경우 압수되어 돌려받지 못한다는 사정 등을 충분히 알았을 것으로 보이는 점, 피고인이 체포될 당시 필로폰 관련 범행을 부인하였다고 볼 자료가 없고, 검찰수사관이 필로폰을 임의로 제출받기 위하여 피고인을 기망하거나 협박하였다고 볼 아무런 사정이 없는 점 등에 비추어 보면, 피고인은 필로폰의 소지인으로서 이를 임의로 제출하였다고 할 것이므로 그 **필로폰의 압수도 적법**하다(대판 2016.2.18. 2015도13726). ☞ 이 경우에는 검사 또는 사법경찰관은 사후영장을 받을 필요도 없다(대판 2019.11.14. 2019도13290[압수조서상의 '압수경위'란 사건]). 답 X

39. **구 도로교통법 제44조는 제2항에서 음주측정의 원칙적인 방법으로 호흡측정을 규정하고, 제3항에서 위 "측정결과에 불복하는 운전자에 대하여는 그 운전자의 동의를 받아 혈액 채취 등의 방법으로 다시 측정할 수 있다."고 규정하고 있는바, 이 규정들은 음주운전에 대한 수사방법으로서의 혈액 채취에 의한 측정 방법을 운전자가 호흡측정 결과에 불복하는 경우에만 한정하여 허용하려는 취지의 규정이다.**

[해설] 구 도로교통법 제44조 제2항, 제3항의 취지 및 이 규정들이 음주운전에 대한 수사방법으로서의 혈액 채취에 의한 측정 방법을 운전자가 호흡측정 결과에 불복하는 경우에만 한정하여 허용하려는 취지인지 여부(소극) : [1] 구 도로교통법 제44조 제2항, 제3항은 음주운전 혐의가 있는 운전자에게 수사를 위한 호흡측정에도 응할 것을 간접적으로 강제하는 한편 혈액 채취 등의 방법에 의한 재측정을 통하여 호흡측정의 오류로 인한 불이익을 구제받을 수 있는 기회를 보장하는 데 취지가 있으므로, 이 규정들이 음주운전에 대한 수사방법으로서의 혈액 채취에 의한 측정의 방법을 운전자가 호흡측정 결과에 불복하는 경우에만 한정하여 허용하려는 취지의 규정이라고 해석할 수는 없다. [2] 음주운전 혐의에 관하여 호흡측정을 한 결과에 오류가 있다고 인정할 만한 객관적이고 합리적인 사정이 있는 경우라면 측정 결과에 대하여 운전자의 불복이 없더라도 운전자의 자발적인 동의를 얻어 혈액 채취의 방법으로 다시 음주측정을 할 수 있다(대판 2015.7.9. 2014도16051). ☞ 다만, 이 경우 운전자가 일단 호흡측정에 응한 이상 재차 음주측정에 응할 의무까지 당연히 있다고 할 수는 없으므로, **운전자의 혈액 채취에 대한 동의의 임의성을 담보하기 위하여는** 경찰관이 미리 운전자에게 혈액 채취를 거부할 수 있음을 알려주었거나 운전자가 언제든지 자유로이 혈액 채취에 응하지 아니할 수 있었음이 인정되는 등 운전자의 자발적인 의사에 의하여 혈액 채취가 이루어졌다는 것이 객관적인 사정에 의하여 명백한 경우에 한하여 혈액 채취에 의한 측정의 적법성이 인정된다. ☞ 예컨대, 만취운전자의 호흡측정 결과가 매우 낮게 나온 경우 운전자가 불복할 리 없기 때문에 음주운전의 증거를 수집할 수 없는 결과에 이르게 된다. 따라서 대법원은 위 조항이 운전자가 불복하는 경우에만 혈액채취를 허용하려는 취지는 아니라고 하면서 호흡측정의 오류를 시정하는 기능도 있다고 한 것이다. 다만, **운전자의 동의는 필수적 요건**으로 보았다. ✗

40. 통신비밀보호법에 규정된 통신제한조치 중 '전기통신의 감청'에는 이미 수신이 완료된 전기통신에 관하여 남아 있는 기록이나 내용을 열어보는 등의 행위도 이에 포함된다. ★

[해설] 통신비밀보호법에 규정된 통신제한조치 중 '전기통신의 감청'의 의미 및 이미 수신이 완료된 전기통신에 관하여 남아 있는 기록이나 내용을 열어보는 등의 행위가 이에 포함되는지 여부(소극) : 통신비밀보호법에 규정된 '통신제한조치'는 '우편물의 검열 또는 전기통신의 감청'을 말하는 것으로(제3조 제2항), 여기서 '전기통신'은 전화·전자우편·모사전송 등과 같이 유선·무선·광선 및 기타의 전자적 방식에 의하여 모든 종류의 음향·문언·부호 또는 영상을 송신하거나 수신하는 것을 말하고(제2조 제3호), '감청'은 전기통신에 대하여 당사자의 동의 없이 전자장치·기계장치 등을 사용하여 통신의 음향·문언·부호·영상을 청취·공독하여 그 내용을 지득 또는 채록하거나 전기통신의 송·수신을 방해하는 것을 말한다고 규정되어 있다(제2조 제7호). 따라서 '전기통신의 감청'은 '감청'의 개념 규정에 비추어 전기통신이 이루어지고 있는 상황에서 실시간으로 전기통신의 내용을 지득·채록하는 경우와 통신의 송·수신을 직접적으로 방해하는 경우를 의미하는 것이지, 이미 수신이 완료된 전기통신에 관하여 남아 있는 기록이나 내용을 열어보는 등의 행위는 포함하지 않는다(대판 2016.10.13. 2016도8137). ☞ 이는 **압수의 대상**이 된다. ✗

41. 형사소송법 제216조 제3항에 위반한 압수·수색·검증도 사후에 지체없이 압수·수색·검증을 받으면 그 위법성은 치유될 수 있다.

[해설] 사후영장에 의한 위법성의 치유(소극) : 범행 중 또는 범행 직후의 범죄장소에서 영장 없이 압수·수색·검증을 할 수 있도록 규정한 형사소송법 제216조 제3항의 요건 중 어느 하나라도 갖추지 못한 경우, 압수·수색·검증이 위법하며, 이에 대하여 사후에 법원으로부터 영장을 발부받았다고 하여 그 위법성이 치유되지 않는다(대판 2017.11.29. 2014도16080). ✗

42. 압수·수색의 방법으로 소변을 채취하는 경우 수사기관의 노력에도 불구하고 피의자가 인근 병원 응급실 등 소변 채취에 적합한 장소로 이동을 거부하는 때에는, 수사기관은 채뇨장소로 강제로 데려가기 위해서는 별도의 체포영장이 필요하다. ★ⓒ

> **해설** 강제채뇨와 수사기관이 소변 채취에 적합한 장소로 피의자를 데려가기 위한 유형력 행사의 허부 : 압수·수색의 방법으로 소변을 채취하는 경우 압수대상물인 피의자의 소변을 확보하기 위한 수사기관의 노력에도 불구하고, 피의자가 인근 병원 응급실 등 소변 채취에 적합한 장소로 이동하는 것에 동의하지 않거나 저항하는 등 임의동행을 기대할 수 없는 사정이 있는 때에는 수사기관으로서는 소변 채취에 적합한 장소로 피의자를 데려가기 위해서 필요 최소한의 유형력을 행사하는 것이 허용된다. 이는 형사소송법 제219조, **제120조 제1항**에서 정한 '압수·수색영장의 집행에 필요한 처분'에 해당한다고 보아야 한다(대판 2018.7.12. 2018도 6219). ☞ 피고인이 메트암페타민(일명 '필로폰')을 투약하였다는 마약류 관리에 관한 법률 위반(향정) 혐의에 관하여, 피고인의 소변(30cc), 모발(약 80수), 마약류 불법사용 도구 등에 대한 압수·수색·검증영장을 발부받은 다음 경찰관이 피고인의 주거지를 수색하여 사용 흔적이 있는 주사기 4개를 압수하고, 위 영장에 따라 3시간가량 소변과 모발을 제출하도록 설득하였음에도 피고인이 계속 거부하면서 자해를 하자 이를 제압하고 수갑과 포승을 채운 뒤 강제로 병원 응급실로 데려고 가 응급구조사로 하여금 피고인의 신체에서 소변(30cc)을 채취하도록 하여 이를 압수한 사안에서, 피고인의 소변에 대한 압수영장 집행이 적법하다고 본 원심판단을 수긍한 사례. ✗

43. 수사기관은 복제본에 담긴 전자정보를 탐색하여 혐의사실과 관련된 정보('유관정보')를 선별하여 출력하거나 다른 저장매체에 저장하는 등으로 압수를 완료하면 혐의사실과 관련 없는 전자정보('무관정보')를 삭제·폐기하여야 한다.

> **해설** 전자정보 압수 완료 후의 무관정보(→ 삭제·폐기, 새로운 범죄수사를 위한 열람도 불허) : 대판 2023.6.1. 2018도19782[선행 사건의 전자정보 압수·수색 과정에서 생성한 이미징 사본을 선행 사건의 판결 확정 이후 그 공범에 대한 범죄혐의 수사를 위해 새로 탐색·출력한 것이 위법한지 여부가 문제된 사건]. ☞ **전자정보 압수수색 과정에서 생성되는 하드카피나 이미징 형태의 복제본**은 무관정보를 포함하고 있어 압수 완료시 삭제·폐기의 대상이 될 뿐 새로운 범죄 혐의 수사를 위한 수사기관의 추가적인 탐색, 출력의 대상이 될 수 없다는 법리. ○

제4절 수사의 종결

1. 공판정에서 이미 증언을 마친 증인을 검사가 소환한 후 피고인에게 유리한 그 증언 내용을 추궁하여 이를 일방적으로 번복시키는 방식으로 작성한 증언한 증인에 대한 '위증혐의'의 번복 '피의자신문조서'는 피고인이 증거로 함에 동의하더라도 증거능력이 없다. ★ⓒ

> **해설** 공판준비 또는 공판기일에서 증언을 마친 증인을 검사가 소환한 후 피고인에게 유리한 증언 내용을 추궁하여 일방적으로 번복시키는 방식으로 작성한 진술조서의 증거능력 유무(원칙적 소극) 및 증언을 마친 증인을 상대로 검사가 위증 혐의를 조사한 내용을 담은 피의자신문조서의 경우에도 같은 법리가 적용되는지 여부(적극)(= 동의가 없는 한 증거능력 없음) : 공판준비 또는 공판기일에서 이미 증언을 마친 증인을 검사가 소환한 후 피고인에게 유리한 증언 내용을 추궁하여 이를 일방적으로 번복시키는 방식으로 작성한

진술조서를 유죄의 증거로 삼는 것은 당사자주의·공판중심주의·직접주의를 지향하는 현행 형사소송법의 소송구조에 어긋나는 것일 뿐만 아니라, 헌법 제27조가 보장하는 기본권, 즉 법관의 면전에서 모든 증거자료가 조사·진술되고 이에 대하여 피고인이 공격·방어할 수 있는 기회가 실질적으로 부여되는 재판을 받을 권리를 침해하는 것이므로, 이러한 진술조서는 피고인이 **증거로 할 수 있음에 동의하지 아니하는 한** 증거능력이 없고, 그 후 원진술자인 종전 증인이 다시 법정에 출석하여 증언을 하면서 그 진술조서의 성립의 진정함을 인정하고 피고인 측에 반대신문의 기회가 부여되었다고 하더라도 그 증언 자체를 유죄의 증거로 할 수 있음은 별론으로 하고 위와 같은 진술조서의 증거능력이 없다는 결론은 달리할 것이 아니다. 이는 검사가 공판준비 또는 공판기일에서 이미 증언을 마친 증인에게 수사기관에 출석할 것을 요구하여 그 증인을 상대로 위증의 혐의를 조사한 내용을 담은 피의자신문조서의 경우도 마찬가지이다(대판 2013.8. 14. 2012도13665[위증추궁 번복 '피의자신문조서' 또는 소위 지게차절도 사건]). 답 X

2. 제1심에서 피고인에 대하여 무죄판결이 선고되어 검사가 항소한 후, 수사기관이 항소심 공판기일에 증인으로 신청하여 신문할 수 있는 사람을 특별한 사정 없이 미리 수사기관에 소환하여 작성한 진술조서는 피고인이 증거로 할 수 있음에 동의하지 않는 한 증거능력이 없다. ★ⓒ

   해설 1심에서 피고인에 대하여 무죄판결이 선고되어 검사가 항소한 후, 수사기관이 항소심 공판기일에 증인으로 신청하여 신문할 수 있는 사람을 특별한 사정 없이 미리 수사기관에 소환하여 작성한 진술조서의 **증거능력 유무(= 동의가 없는 한 증거능력 없음)** : [1] 제1심에서 피고인에 대하여 무죄판결이 선고되어 검사가 항소한 후, 수사기관이 항소심 공판기일에 증인으로 신청하여 신문할 수 있는 사람을 특별한 사정 없이 미리 수사기관에 소환하여 작성한 진술조서는 피고인이 증거로 할 수 있음에 동의하지 않는 한 증거능력이 없다. 검사가 공소를 제기한 후 참고인을 소환하여 피고인에게 불리한 진술을 기재한 진술조서를 작성하여 이를 공판절차에 증거로 제출할 수 있게 한다면, 피고인과 대등한 당사자의 지위에 있는 검사가 수사기관으로서의 권한을 이용하여 일방적으로 법정 밖에서 유리한 증거를 만들 수 있게 하는 것이므로 당사자주의·공판중심주의·직접심리주의에 반하고 피고인의 공정한 재판을 받을 권리를 침해하기 때문이다. [2] 위 참고인이 나중에 법정에 증인으로 출석하여 위 진술조서의 성립의 진정을 인정하고 피고인 측에 반대신문의 기회가 부여된다 하더라도 위 진술조서의 증거능력을 인정할 수 없음은 마찬가지이다. [3] 위 참고인이 법정에서 위와 같이 증거능력이 없는 진술조서와 같은 취지로 피고인에게 불리한 내용의 진술을 한 경우, 그 진술에 신빙성을 인정하여 유죄의 증거로 삼을 것인지는 증인신문 전 수사기관에서 진술조서가 작성된 경위와 그것이 법정진술에 영향을 미쳤을 가능성 등을 종합적으로 고려하여 신중하게 판단하여야 한다(대판 2019.11.28. 2013도6825[증인신문 예정인 자에 대하여 작성한 진술조서 사건]). 답 O

3. 검사가 공판기일에 증인으로 신청하여 신문할 사람을 특별한 사정없이 미리 수사기관에 소환하여 면담하는 절차를 거친 후 증인이 법정에서 피고인에게 불리한 내용의 진술을 한 경우, 검사가 증인신문 전 면담 과정에서 증인에 대한 회유나 압박, 답변 유도나 암시 등으로 증인의 법정진술에 영향을 미치지 않았다는 점이 담보되어야 증인의 법정진술을 신빙할 수 있다.

   해설 검사의 사전면담이 이루어진 증인의 법정진술의 신빙성 판단 : …(중략)… 형사소송법의 기본원칙에 비추어 보면, 검사가 공판기일에 증인으로 신청하여 신문할 사람을 특별한 사정 없이 미리 수사기관에 소환하여 면담하는 절차를 거친 후 증인이 법정에서 피고인에게 불리한 내용의 진술을 한 경우, 검사가 증인신문 전 면담 과정에서 증인에 대한 회유나 압박, 답변 유도나 암시 등으로 증인의 법정진술에 영향을 미치지 않았다는 점이 담보되어야 증인의 법정진술을 신빙할 수 있다고 할 것이다. 검사가 증인신문 준비 등 필요에 따라 증인을 사전 면담할 수 있다고 하더라도 법원이나 피고인의 관여 없이 일방적으로 사전 면담하는 과정에서 증인이 훈련되거나 유도되어 법정에서 왜곡된 진술을 할 가능성도 배제할 수 없기 때문이다. **증인에 대한 회유나 압박 등이 없었다는 사정**은 검사가 증인의 법정진술이나 면담과정을 기록한 자료 등으로 사전면담 시점, 이유와 방법, 구체적 내용 등을 밝힘으로써 증명하여야 한다(대판 2021.6.10. 2020도15891 특정범죄가중처벌등에관한법률위반(뇌물)[소위 김ㅇ의 사건]). 답 O

4. 경범죄처벌법상의 범칙금 납부기간 도과 전에도 검사는 동일한 범칙행위에 대하여 공소를 제기할 수 있다.

해설 범칙금 납부기간 도과 전 검사가 동일한 범칙행위에 대하여 공소를 제기할 수 있는지 여부(소극) : **경범죄처벌법상 범칙금제도**는 범칙행위에 대하여 형사절차에 앞서 경찰서장의 통고처분에 따라 범칙금을 납부할 경우 이를 납부하는 사람에 대하여는 기소를 하지 않는 처벌의 특례를 마련해 둔 것으로 법원의 재판절차와는 제도적 취지와 법적 성질에서 차이가 있다(대판 2012.9.13. 2012도6612 등 참조). 또한 범칙자가 통고처분을 불이행하였더라도 기소독점주의의 예외를 인정하여 경찰서장의 즉결심판청구를 통하여 공판절차를 거치지 않고 사건을 간이하고 신속·적정하게 처리함으로써 소송경제를 도모하되, 즉결심판 선고 전까지 범칙금을 납부하면 형사처벌을 면할 수 있도록 함으로써 범칙자에 대하여 형사소추와 형사처벌을 면제받을 기회를 부여하고 있다. 따라서 **경찰서장이 범칙행위에 대하여 통고처분을 한 이상**, 범칙자의 위와 같은 절차적 지위를 보장하기 위하여 통고처분에서 정한 범칙금 납부기간까지는 원칙적으로 경찰서장은 즉결심판을 청구할 수 없고, 검사도 동일한 범칙행위에 대하여 공소를 제기할 수 없다고 보아야 한다(대판 2020.4.29. 2017도13409(야간건조물침입절도 등)[범칙금 납부기간 도과 전 공소제기한 사건]; 대판 2020.7.29. 2020도4738; 대판 2023.3.16. 2023도751[이미 발령된 통고처분의 범칙행위와 동일성이 인정되는 공소사실로 기소된 사안]).
☞ 피고인이 음식을 제공받아 편취하였다는 사기 사건에 대하여 경찰서장이 통고처분을 하였고, 위 통고처분에서 정한 범칙금 납부기간이 도과 전 검사가 위 사기 사건에 대하여 공소를 제기한 사안에서, 통고처분을 한 이상 범칙자의 형사소추와 형사처벌을 면제받을 기회를 보장하기 위하여 범칙금 납부기간까지는 원칙적으로 경찰서장은 즉결심판을 청구할 수 없고, 검사도 동일한 범칙행위에 대하여 공소를 제기할 수 없다는 이유로, 위와 같은 공소제기가 법률의 규정에 위반되어 무효인 때에 해당하여 공소를 기각한 원심이 정당하다는 이유로 상고기각한 사례. 답 X

제3장 공 소

제1절 공소제기

1. 검사의 소추재량은 스스로 내재적인 한계를 가지고, 따라서 검사가 자의적으로 공소권을 행사하여 피고인에게 실질적인 불이익을 가함으로써 소추재량을 현저히 일탈하였다고 판단되는 경우에는 이를 공소권남용으로 보아 공소제기의 효력을 부인할 수 있다. ★

   해설 기소편의주의에 따른 검사의 소추재량이 내재적 한계를 가지는지 여부(적극) 및 검사의 공소권 행사를 공소권의 남용으로 보아 공소제기의 효력을 부인할 수 있는 경우(= 공소권남용) : 검사의 소추재량은 공익의 대표자인 검사로 하여금 객관적 입장에서 공소의 제기 및 유지 활동을 하게 하는 것이 형사소추의 적정성 및 합리성을 기할 수 있다고 보기 때문이므로 스스로 내재적인 한계를 가지고, 따라서 검사가 자의적으로 공소권을 행사하여 피고인에게 실질적인 불이익을 가함으로써 소추재량을 현저히 일탈하였다고 판단되는 경우에는 이를 **공소권남용**으로 보아 **공소제기의 효력을 부인할 수 있다**(대판 2017.8.23. 2016도5423 등).
   ☞ 피고인이 중국에 거주하는 갑과 공모하여, 탈북자들의 북한 거주 가족에 대한 송금의뢰 등 중국으로 송금을 원하는 사람들로부터 피고인 등 명의의 계좌로 입금받은 돈을 갑이 지정·관리·사용하는 계좌로 재송금하는 방법으로 무등록 외국환업무를 영위하여 외국환거래법 위반으로 기소된 경우, **검사는 종전에 기소유예 처분을 하였다가 4년여가 지난 시점에 다시 기소하였고, 종전 피의사실과 공소사실 사이에 이를 번복할 만한 사정변경이 없는 점** 등 여러 사정을 종합하면, **위 공소제기는 검사가 공소권을 자의적으로 행사한 것으로서 소추재량을 현저히 일탈하였다**고 보아 공소를 기각한 원심판결이 정당하다는 판시(대판 2021.10.14. 2016도14772(위계공무집행방해·외국환거래법위반) [소위 서울시공무원 유O원 사건]). ○

2. 공소장의 기재가 불명확한 경우 법원은 공소사실의 불특정을 이유로 공소를 기각하여야 한다. ★ⓒ

   해설 공소장의 기재가 불명확한 경우 법원이 취하여야 할 조치(→ 석명권행사와 공소기각) : 공소장의 기재가 불명확한 경우 법원은 **형사소송규칙 제141조**의 규정에 의하여 검사에게 석명을 한 다음, **그래도 검사가 이를 명확하게 하지 않은 때에야** 공소사실의 불특정을 이유로 공소를 기각하여야 하므로(대판 2022.1.13. 2021도13108; 대판 2022.11.17. 2022도8257 등), 원심이 검사에게 공소사실 특정에 관한 석명에 이르지 아니한 채 곧바로 위와 같이 공소사실의 불특정을 이유로 공소기각의 판결을 한 데에는, 공소사실의 특정에 관한 법리를 오해하였거나 심리를 미진한 위법이 있다(대판 2006.5.11. 2004도5972). ✗

제2절 재정신청

1. 고등법원의 재정결정에 대하여는 불복할 수 없으므로, 고등법원의 공소제기결정이나 기각결정에 대하여는 대법원에 재항고가 허용되지 않는다. ★ⓒ

   해설 재정결정에 대한 불복 허부 : 종래에는 재정신청사건을 대폭 확대하면서 고등법원 단심제화 하려는 입법취지에서 고등법원의 재정결정에 대하여는 불복할 수 없도록 하였는데, 헌법재판소가 (구) 형사소송법 제262조 제4항의 "불복할 수 없다"는 부분이, 재정신청 기각결정에 대한 '불복'에 제415조의 '재항고'가 포함되는 것으로 해석하는 한 재정신청인인 청구인들의 재판청구권 및 평등권을 침해하여 위헌이라고 **한정위헌결정**을 하였고(헌재결 2011.11.24. 2008헌마578, 2009헌마41·98(병합)), 이러한 헌법재판소의 한정위헌결정의 취지에 따라 2016년 1월 6일 형사소송법 개정시 고등법원의 공소제기 결정에 대하여는 불복할 수 없지만, **고등법원의 기각결정에 대하여 대법원에 제415조에 따른 즉시항고**(제415조)를 할 수 있도록 하였다. 답 ✕

2. 재정신청 기각결정에 대한 재항고나 그 재항고 기각결정에 대한 즉시항고로서의 재항고에 대한 법정기간 준수 여부는 도달주의 원칙에 따라 판단하여야 하지만, 여기에는 형사소송법 제344조 제1항의 '재소자 피고인에 대한 특칙'이 준용된다. ★ⓒ

   해설 재정신청 기각결정에 대한 즉시항고장의 제출과 재소자특칙 규정의 준용여부(소극) : 법정기간 준수에 대하여 도달주의 원칙을 정하고 재소자 피고인 특칙의 예외를 개별적으로 인정한 형사소송법의 규정 내용과 입법 취지, 재정신청절차가 형사재판절차와 구별되는 특수성, 법정기간 내의 도달주의를 보완할 수 있는 여러 형사소송법상 제도 및 신속한 특급우편제도의 이용 가능성 등을 종합하여 보면, **재정신청 기각결정에 대한 재항고나 그 재항고 기각결정에 대한 즉시항고로서의 재항고에 대한 법정기간의 준수 여부는 도달주의 원칙에 따라 재항고장이나 즉시항고장이 법원에 도달한 시점을 기준으로 판단하여야 하고, 거기에 재소자 피고인 특칙은 준용되지 아니한다**(대결(순합) 2015.7.16. 2013모2347[다수의견]). ☞ 한편 **재정신청서의 제출**에 대하여도 형사소송법에 제344조 제1항과 같은 재소자 특례규정이 없으므로(제260조 제3항 참조), 재정신청의 기간 내에 교도소장에게 제출한 재소자의 재정신청서는 부적법하다(대결 1998.12.14. 98모127). 답 ✕

3. ① 법원이 재정신청서를 송부받은 날부터 형사소송법 제262조 제1항에서 정한 기간 안에 피의자에게 그 사실을 통지하지 아니한 채 공소제기결정을 한 경우, 본안사건에서 위와 같은 잘못을 다툴 수 있다. ★ⓒ
   ② 법원이 재정신청 대상 사건이 아님에도 이를 간과한 채 공소제기결정을 한 경우, 본안사건에서 위와 같은 잘못을 다툴 수 있다.

   해설 ① 법원이 재정신청서를 송부받은 날부터 형사소송법 제262조 제1항에서 정한 기간 안에 피의자에게 그 사실을 통지하지 아니한 채 공소제기결정을 한 경우, 본안사건에서 위와 같은 잘못을 다툴 수 있는지 여부(원칙적 소극) : 법원이 재정신청서를 송부받았음에도 송부받은 날부터 형사소송법 제262조 제1항에서 정한 기간 안에 피의자에게 그 사실을 통지하지 아니한 채 형사소송법 제262조 제2항 제2호에서 정한 공소제기결정을 하였더라도, 그에 따른 공소가 제기되어 본안사건의 절차가 개시된 후에는 다른 특별한 사정이 없는 한 본안사건에서 위와 같은 잘못을 다툴 수 없다(대판 2017.3.9. 2013도16162). ② **법원이 재정신청 대상 사건이 아님에도 이를 간과한 채 제262조 제2항 제2호에 따라 공소제기결정을 하였더라도, 그에 따른 공소가 제기되어 본안사건의 절차가 개시된 후에는 다른 특별한 사정이 없는 한 본안사건에서 위와 같은 잘못을 다툴 수 없다**(대판 2017.11.14. 2017도13465[공선법 제251조의 후보자비방죄로 기소된 사건]). 답 ①✕, ②✕

4. 형사소송법 제262조 제4항에 의하면, "제2항 제1호의 결정이 확정된 사건'에 대하여는 다른 중요한 증거를 발견한 경우를 제외하고는 소추할 수 없다"고 규정하고 있는데, 이러한 재소추의 제한은 고소내용에 관계없이 결정의 대상이 된 사건에 한한다.

해설 재정신청 기각결정과 재소추의 제한 : 형사소송법 제262조 제2항, 제4항과 형사소송법 제262조 제4항 후문의 입법 취지 등에 비추어 보면, 형사소송법 제262조 제4항 후문에서 말하는 '제2항 제1호의 결정이 확정된 사건'은 재정신청사건을 담당하는 법원에서 공소제기의 가능성과 필요성 등에 관한 심리와 판단이 현실적으로 이루어져 재정신청 기각결정의 대상이 된 사건만을 의미한다. 따라서 재정신청 기각결정의 대상이 되지 않은 사건은 형사소송법 제262조 제4항 후문에서 말하는 '제2항 제1호의 결정이 확정된 사건'이라고 할 수 없고, 재정신청 기각결정의 대상이 되지 않은 사건이 고소인의 고소내용에 포함되어 있었다 하더라도 이와 달리 볼 수 없다(대판 2015.9.10. 2012도14775). ☞ 재정신청 기각결정이 확정된 사건에 대하여는 '다른 중요한 증거를 발견한 경우'를 제외하고는 재소추가 제한되는데, 재소추 제한은 고소내용에 관계없이 결정의 대상이 된 사건에 한한다는 판시이다. **정답 O**

5. 형사소송법 제262조 제4항 후문의 '다른 중요한 증거를 발견한 경우'에는 재정신청 기각결정의 정당성에 의문이 제기되거나 범죄피해자의 권리를 보호하기 위하여 형사재판절차를 진행할 필요가 있는 정도의 증거가 있는 경우도 여기에 해당한다.

해설 [1] 형사소송법 제262조 제4항 후문에서 말하는 '다른 중요한 증거를 발견한 경우'의 의미 및 단순히 재정신청 기각결정의 정당성에 의문이 제기되거나 범죄피해자의 권리를 보호하기 위하여 형사재판절차를 진행할 필요가 있는 정도의 증거가 있는 경우가 여기에 해당하는지 여부(소극) [2] 관련 민사판결에서의 사실인정 및 판단이 그 자체로서 새로 발견된 증거에 해당하는지 여부(소극) : [1] 형사소송법 제262조 제4항 후문의 '다른 중요한 증거를 발견한 경우'란 재정신청 기각결정 당시에 제출된 증거에 새로 발견된 증거를 추가하면 충분히 유죄의 확신을 가지게 될 정도의 증거가 있는 경우를 말하고, 단순히 재정신청 기각결정의 정당성에 의문이 제기되거나 범죄피해자의 권리를 보호하기 위하여 형사재판절차를 진행할 필요가 있는 정도의 증거가 있는 경우는 여기에 해당하지 않는다. [2] 그리고 **관련 민사판결에서의 사실인정 및 판단**은, 그러한 사실인정 및 판단의 근거가 된 증거자료가 새로 발견된 증거에 해당할 수 있음은 별론으로 하고, 그 자체가 새로 발견된 증거라고 할 수는 없다(대판 2018.12.28. 2014도17182). **정답 X**

제3절 공소제기의 방식

1. 검사가 공소사실의 일부인 범죄일람표를 전자문서로 작성한 다음 저장매체 자체를 서면인 공소장에 첨부하여 제출한 경우, 공소제기의 효력은 전자문서나 저장매체에 기재된 부분에도 미친다. ★ⓒ

해설 검사가 공소사실의 일부인 범죄일람표를 전자문서로 작성한 다음 저장매체 자체를 서면인 공소장에 첨부하여 제출한 경우, 공소제기의 효력 범위(=서면에 기재된 부분) / 검사가 전자문서나 저장매체를 이용하여 공소를 제기한 경우, 법원이 취할 조치(=석명권 행사) : [1] 검사가 공소사실의 일부인 범죄일람표를 컴퓨터 프로그램을 통하여 열어보거나 출력할 수 있는 전자적 형태의 문서(이하 '전자문서'라 한다)로 작성한 다음 종이문서로 출력하지 않은 채 저장매체 자체를 서면인 공소장에 첨부하여 제출한 경우에는, 서면에 기재된 부분에 한하여 적법하게 공소가 제기된 것으로 보아야 한다. 전자문서나 저장매체를 이용한 공소제기를 허용하는 법규정이 없는 상태에서 저장매체나 전자문서를 형사소송법상 공소장의 일부인 '서면'으로 볼 수 없기 때문이다. 이는 공소사실에 포함시켜야 할 범행 내용이나 피해 목록이 방대하여 전자문서나

CD 등 저장매체를 이용한 공소제기를 허용해야 할 현실적인 필요가 있다거나 피고인과 변호인이 이의를 제기하지 않고 변론에 응하였다고 하여 달리 볼 수 없다. 또한 일반적인 거래관계에서 전자문서나 전자매체를 이용하는 것이 일상화되고 있더라도 그것만으로 전자문서나 전자매체를 이용한 공소제기가 허용된다고 보는 것은 형사소송법 규정의 문언이나 입법 취지에 맞지 않는다.
[2] 따라서 검사가 전자문서나 저장매체를 이용하여 공소를 제기한 경우, 법원은 저장매체에 저장된 전자문서 부분을 제외하고 서면인 공소장에 기재된 부분만으로 공소사실을 판단하여야 한다. 만일 그 기재 내용만으로는 공소사실이 특정되지 않은 부분이 있다면 검사에게 특정을 요구하여야 하고, 그런데도 검사가 특정하지 않는다면 그 부분에 대해서는 공소를 기각할 수밖에 없다(대판 2017.2.15. 2016도19027[범죄일람표 첨부 사건]; 同旨 : 대판 2016.12.15. 2015도3682).

2. 공소사실의 기재는 범죄의 시일, 장소와 방법의 세 가지 특정요소를 종합하여 다른 사실과의 식별이 가능하도록 범죄 구성요건에 해당하는 구체적 사실을 기재하여야 한다.

해설 형사소송법 제254조 제4항의 취지 및 공소사실의 특정 정도 : 형사소송법 제254조 제4항이 "공소사실의 기재는 범죄의 시일, 장소와 방법을 명시하여 사실을 특정할 수 있도록 하여야 한다."라고 규정한 취지는, 심판의 대상을 한정함으로써 심판의 능률과 신속을 꾀함과 동시에 방어의 범위를 특정하여 피고인의 방어권 행사를 쉽게 해 주기 위한 것이므로, 검사로서는 위 세 가지 특정요소를 종합하여 다른 사실과의 식별이 가능하도록 범죄 구성요건에 해당하는 구체적 사실을 기재하여야 한다(대판 2016.5.26. 2015도17674).

3. 공소사실이 특정되지 아니한 부분이 있다면, 법원은 그 부분에 대해서는 공소를 기각할 수밖에 없다. ★ⓒ

해설 [1] 형사소송법 제254조 제4항에서 공소사실의 특정을 요구하는 취지 [2] 공소사실에 특정되지 아니한 부분이 있는 경우, 법원이 취할 조치(=석명 후) : [1] 공소사실의 기재는 범죄의 일시, 장소와 방법을 명시하여 사실을 특정할 수 있도록 하여야 하며(제254조 제4항), 이와 같이 공소사실의 특정을 요구하는 법의 취지는 피고인의 방어권 행사를 쉽게 해주기 위한 데에 있다. [2] 공소사실이 특정되지 아니한 부분이 있다면, 법원은 검사에게 석명을 구하여 특정을 요구하여야 하고, 그럼에도 검사가 이를 특정하지 않는다면 그 부분에 대해서는 공소를 기각할 수밖에 없다(대판 2019.12.24. 2019도10086; 대판 2023.6.1. 2023도3741).

4. 공모공동정범에서 공모는 실행행위에 직접 관여하지 아니한 자에게 다른 공범자의 행위에 대하여 공동정범으로서의 형사책임을 지울 수 있을 정도로 특정되어야 한다.

해설 공모공동정범에서 범죄에 공동가공하여 범죄를 실현하려는 의사결합이 있었다는 사실의 특정 정도 : 공모의 시간·장소·내용 등을 구체적으로 명시하지 아니하였다거나 일부가 다소 불명확하더라도 그와 함께 적시된 다른 사항들에 의하여 공소사실을 특정할 수 있고 피고인의 방어권 행사에 지장이 없다면, 공소사실이 특정되지 아니하였다고 할 수 없다. 그러나 **공모**가 공모공동정범에서의 '범죄 될 사실'인 이상, 범죄에 공동가공하여 범죄를 실현하려는 의사결합이 있었다는 것은, 실행행위에 직접 관여하지 아니한 자에게 다른 공범자의 행위에 대하여 공동정범으로서의 형사책임을 지울 수 있을 정도로 특정되어야 한다(대판 2016.4.29. 2016도2696[관세법위반]).

5. 공소장에 적용법조의 기재에 오기가 있거나 그것이 누락된 경우라 할지라도 피고인의 방어권행사에 실질적 불이익이 없는 한 공소제기의 효력에 영향을 미치지 않는 것이 원칙이므로, 법원은 공소장변경절차를 거치지 않고 곧바로 공소장에 기재되어 있지 않은 법조를 적용할 수 있다.

   해설 적용법조의 표시오류의 효과(= 법원이 올바른 법조 적용 가능) : 대판 2017.7.18. 2013도7896; 대판 2006.4.14. 2005도9743 등.　　답 O

6. 공소사실이 아닌 어느 처벌조항을 준용할지에 관한 해석 및 판단에 있어서는 법원은 검사의 공소장 기재의 적용법조에 구속된다.　★ⓒ

   해설 법원이 검사의 공소장 기재 적용법조에 구속되는지 여부(소극) : 공소장에는 죄명·공소사실과 함께 적용법조를 기재하여야 하지만(제254조) 공소장에 적용법조를 기재하는 이유는 공소사실의 법률적 평가를 명확히 하여 공소의 범위를 확정하는 데 보조기능을 하도록 하고, 피고인의 방어권을 보장하고자 함에 있을 뿐이고, 법률의 해석 및 적용 문제는 법원의 전권이므로, 공소사실이 아닌 어느 처벌조항을 준용할지에 관한 해석 및 판단에 있어서는 법원은 검사의 공소장 기재 적용법조에 구속되지 않는다(대판 2018.7.24. 2018도3443). ☞ '피고인이 승용차를 운전하여 가던 중 피해자가 타고 가던 자전거 앞으로 승용차의 진로를 변경한 후 급하게 정차하여 충돌을 피하려는 피해자의 자전거를 땅바닥에 넘어지게 함으로써, 위험한 물건인 자동차를 이용하여 피해자를 폭행하여 약 2주간의 치료를 요하는 상해를 입게 하였다'는 이 사건 특수폭행치상의 공소사실에 대하여 형법 제257조 제1항의 예에 의해 벌금형을 선택한 **제1심판결**이 옳고, 오히려 제1심판결을 파기하고 형법 제258조의2의 예에 따라 징역형을 선택한 **항소심**이 그르다고 한 사안. ☞ 결국 특수폭행치상의 경우 형법 제258조의2(2016.1.6. 개정형법 제258조의2)의 신설에도 불구하고 종전과 같이 형법 제257조 제1항의 예에 의하여 처벌하는 것으로 해석함이 타당하므로, 법원은 검사의 공소장 기재 적용법조인 특수상해죄에 구속되지 않고 특수폭행치상(제257조 제2항)의 예로 처벌함이 타당하다는 판시.　　답 X

제4절 공소제기의 효과

1. 미수범의 범죄행위는 행위를 종료하지 못하였거나 결과가 발생하지 아니하여 더 이상 범죄가 진행될 수 없는 때에 종료하고, 그때부터 미수범의 공소시효가 진행한다.

   해설 [1] 공소시효의 기산점(=범죄행위가 종료한 때) [2] 미수범의 공소시효 기산점(=행위를 종료하지 못하였거나 결과가 발생하지 아니하여 더 이상 범죄가 진행될 수 없는 때) : [1] 공소시효는 범죄행위가 종료한 때부터 진행한다(제252조 제1항). [2] **미수범**은 범죄의 실행에 착수하여 행위를 종료하지 못하였거나 결과가 발생하지 아니한 때에 처벌받게 되므로(형법 제25조 제1항), **미수범의 범죄행위**는 행위를 종료하지 못하였거나 결과가 발생하지 아니하여 더 이상 범죄가 진행될 수 없는 때에 종료하고, 그때부터 미수범의 공소시효가 진행한다(대판 2017.7.11. 2016도14820).　　답 O

2. 검사가 상해죄로 기소한 여성의 일부 범죄혐의를 폭행으로 변경했는데 기소 당시 이미 그 폭행혐의의 공소시효가 지났다면, 경합범 관계라도 폭행혐의에 대해서는 면소판결을 하고 나머지 상해혐의에 대해서만 유죄판결을 해야 한다.　★ⓒ

| 해설 | 공소장변경과 공소시효 : ① 공소장변경시 공소시효기간의 기준이 되는 법정형은 변경된 범죄사실에 대한 법정형(폭행죄), ② 공소시효 완성여부는 공소장변경시가 아니라 당초의 공소제기시이다. ☞ 아들 결혼문제로 남편과 다툼을 벌이다 손톱으로 할퀴는 등 폭행한 혐의로 기소된 경우, 검찰이 피고인을 상해 혐의로만 기소했다가 1심 진행 중 폭행죄로 적용법조를 바꿔 공소장을 변경했다면 공소시효가 완료된 폭행에 대해서는 면소판결을 해야 한다(대판 2015.10.15. 2015도10779[공소시효와 공소장변경(상해죄→폭행죄)]). 〇

3. 범인이 국외에서 범죄를 저지르고 형사처분을 면할 목적으로 국외에서 체류를 계속하는 경우, 그 기간 동안 공소시효가 정지되는 것은 아니다.

| 해설 | 공소시효 정지사유인 '범인이 형사처분을 면할 목적으로 국외에 있는 경우'의 의미 : 제253조 제2항의 '범인이 형사처분을 면할 목적으로 국외에 있는 경우'는 범인이 국내에서 범죄를 저지르고 형사처분을 면할 목적으로 국외로 도피한 경우에 한정되지 아니하고, 범인이 국외에서 범죄를 저지르고 형사처분을 면할 목적으로 국외에서 체류를 계속하는 경우도 포함된다(대판 2015.6.24. 2015도5916). ✕

4. 중국이 본국인 피고인이 대한민국에서 범행 후 중국으로 출국한 경우, 공소시효의 정지사유로 규정된 '형사처분을 면할 목적'이 인정된다.

| 해설 | 대판 2022.3.31. 2022도857 참조. 〇

5. 피고인이 당해 사건으로 처벌받을 가능성이 있음을 인지하였다고 보기 어려운 경우라면 피고인이 다른 고소사건과 관련하여 형사처분을 면할 목적으로 국외에 있은 경우라고 하더라도 당해 사건의 형사처분을 면할 목적으로 국외에 있었다고 볼 수 없는 여지가 있다.

| 해설 | 다른 사건을 인식하지 못한 경우 : 피고인이 2007.7.11.부터 2009.8.23.까지 및 2009.9.16.부터 2010.6.23.까지 국외에 체류할 당시 다른 고소 사건의 고소로 인하여 이 사건 면소부분 공소사실에 대한 형사처분까지 이루어질 수 있음을 인식하였다고 보이지 아니하므로 설령 피고인이 위 다른 고소 사건의 형사처분을 면할 목적으로 위 기간 국외에 체류한 사실이 인정된다고 하더라도 이 사건 면소부분 공소사실에 대한 공소시효의 정지 여부에 영향을 줄 수 없다고 한 사례(대판 2014.4.24. 2013도9162). 〇

6. 필요적 공범관계에 있는 뇌물공여자(乙)에 대한 공소제기로 뇌물수수자(甲)의 시효진행은 정지된다.
★

| 해설 | 제253조 제2항의 '공범'에 뇌물공여죄와 뇌물수수죄 사이와 같은 대향범 관계에 있는 자가 포함되는지 여부(소극) : [1] 제253조 제2항의 공범을 해석할 때에는 공범 사이의 처벌의 형평이라는 위 조항의 입법취지, … 등 실체법과의 체계적 조화 등의 관점을 종합적으로 고려하여야 하고, 특히 위 조항이 공소제기 효력의 인적 범위를 확장하는 예외를 마련하여 놓은 것이므로 원칙적으로 엄격하게 해석하여야 하고 피고인에게 불리한 방향으로 확장하여 해석해서는 아니 된다.
[2] 뇌물공여죄와 뇌물수수죄 사이와 같은 이른바 대향범 관계에 있는 자는 강학상으로는 필요적 공범이라고 불리고 있으나, 서로 대향된 행위의 존재를 필요로 할 뿐 각자 자신의 구성요건을 실현하고 별도의 형벌규정에 따라 처벌되는 것이어서, 2인 이상이 가공하여 공동의 구성요건을 실현하는 공범관계에 있는 자와는 본질적으로 다르며, 대향범 관계에 있는 자 사이에서는 각자 상대방의 범행에 대하여 형법 총칙의 공범

규정이 적용되지 아니한다(대판 2015.2.12. 2012도4842[제3자뇌물교부]). ☞ 이러한 점들에 비추어 보면, 형사소송법 제253조 제2항에서 말하는 '공범'에는 뇌물공여죄와 뇌물수수죄 사이와 같은 대향범 관계에 있는 자는 포함되지 않는다.   답 X

7. 공소제기 후 피고인이 처벌을 면할 목적으로 국외에 있는 경우, 그 기간 동안 공소시효의 진행이 정지된다. ★

| 해설 | 공소제기 후 피고인이 처벌을 면할 목적으로 국외에 있는 경우, 그 기간 동안 구 형사소송법 제249조 제2항에서 정한 기간의 진행이 정지되는지 여부(소극) : 제249조 제2항 및 제253조 제3항의 법 문언과 취지 등을 종합하면, 제253조 제3항에서 정지의 대상으로 규정한 '공소시효'는 범죄행위가 종료한 때로부터 진행하고 공소의 제기로 정지되는 구 형사소송법 제249조 제1항의 시효를 뜻하고, **그 시효와 별개로** 공소를 제기한 때로부터 일정 기간이 경과하면 공소시효가 완성된 것으로 간주된다고 규정한 **구 형사소송법 제249조 제2항**에서 말하는 '공소시효'는 여기에 포함되지 않는다고 봄이 타당하다. 따라서 **공소제기 후 피고인이 처벌을 면할 목적으로 국외에 있는 경우에도**, 그 기간 동안 구 형사소송법 제249조 제2항에서 정한 기간의 진행이 정지되지는 않는다(대판 2022.9.29. 2020도13547). ☞ **본래의 공소시효**(제249조 제1항)와 공소제기 후 25년 동안 재판이 없는 경우에 공소시효가 완성된 것으로 의제하는 **소위 '재판시효'**(제249조 제2항)는 구별하여야 한다.   답 X

8. 공소시효를 정지·연장·배제하는 내용의 특례조항을 신설하면서 소급적용에 관한 명시적인 경과규정을 두지 아니한 경우에 그 조항을 소급하여 적용할 수 있는지에 관해서는 보편타당한 일반원칙이 존재하지 않고, 적법절차원칙과 소급금지원칙을 천명한 헌법 제12조 제1항과 제13조 제1항의 정신을 바탕으로 하여 법적 안정성과 신뢰보호원칙을 포함한 법치주의 이념을 훼손하지 않는 범위에서 신중히 판단해야 한다.

| 해설 | 대판 2021.2.25. 2020도3694; 대판 2015.5.28. 2015도1362, 2015전도19 등 참조.   답 O

제4장 공 판

제1절 공소장변경

1. 공소사실의 동일성은 그 사실의 기초가 되는 사회적 사실관계가 기본적인 점에서 동일하면 그대로 유지된다 할 것이고, 이러한 기본적 사실관계의 동일성을 판단함에 있어서는 그 사실의 동일성이 갖는 기능을 염두에 두고 피고인의 행위와 그 사회적인 사실관계를 기본으로 하되 규범적 요소도 아울러 고려하여야 한다. ★ⓒ

   해설 공소사실의 동일성의 판단기준(기본적 사실동일설 + '규범적 요소'도 고려) : 대판 2022.9.7. 2022도6993; 대판 2022.12.29. 2022도10660 등. O

2. 포괄일죄에서 공소장변경허가를 결정할 때는 포괄일죄를 구성하는 개개 공소사실별로 종전 것과의 동일성에 초점을 맞추어야 한다.

   해설 무면허운전의 죄수와 포괄일죄에서 공소장변경허가를 결정하는 기준 : [1] 무면허운전으로 인한 **도로교통법 위반죄**는 특별한 경우를 제외하고는 사회통념상 운전한 날을 기준으로 운전한 날마다 1개의 운전행위가 있다고 보는 것이 상당하므로 운전한 날마다 무면허운전으로 인한 도로교통법 위반의 1죄가 성립한다. 한편 **같은 날 무면허운전 행위를 여러 차례 반복한 경우**에는 특별한 사정이 없다면 각 무면허운전 행위를 통틀어 **포괄일죄로 처단**하여야 한다. [2] 포괄일죄에서 공소장변경허가를 결정할 때는 포괄일죄를 구성하는 개개 공소사실별로 종전 것과의 동일성을 따지기보다는 변경된 공소사실이 전체적으로 포괄일죄의 범주 내에 있는지, 즉 단일하고 계속된 범의하에 동종의 범행을 반복하여 행하고 피해법익도 동일한 경우에 해당한다고 볼 수 있는지에 초점을 맞추어야 한다(대판 2022.10.27. 2022도8806). X

3. 기소된 사기 공소사실의 재산상 피해자와 공소장에 기재된 피해자가 다른 것이 판명된 경우, 법원은 무죄판결을 선고하여야 한다.

   해설 기소된 사기 공소사실의 재산상 피해자와 공소장에 기재된 피해자가 다른 것이 판명된 경우, 법원이 취해야 할 조치 : 기소된 공소사실의 재산상 피해자와 공소장에 기재된 피해자가 다른 것이 판명된 경우에는 공소사실의 동일성을 해하지 않고 피고인의 방어권 행사에 실질적 불이익을 주지 않는 한 공소장변경 절차 없이 직권으로 공소장 기재의 피해자와 다른 실제의 피해자를 적시하여 이를 유죄로 인정하여야 한다(대판 2017.6.19. 2013도564).
   ☞ 피고인이 피해자 甲에 대한 대여금 채권이 없음에도 甲 명의의 차용증을 허위로 작성하고 甲 소유의 부동산에 관하여 피고인 앞으로 근저당권설정등기를 마친 다음, 그에 기하여 부동산임의경매를 신청하여 배당금을 교부받아 편취하였다는 내용으로 기소된 사안에서, 공소사실과 동일성이 인정되고 피고인의 방어권 행사에 불이익을 주지 않는 이상 피해자가 공소장에 기재된 甲이 아니라고 하여 곧바로 피고인에게 무죄를 선고할 것이 아니라 진정한 피해자를 가려내어 그 피해자에 대한 사기죄로 처벌하여야 하고, 공소사실에 따른 실제 피해자는 부동산 매수인 乙이므로 乙에 대한 관계에서 사기죄가 성립함에도, 이와 달리 진정한 피해자가 누구인지를 가려내지 않은 채 공소사실을 무죄로 판단한 원심판결에 사기죄의 처분행위, 공소사실의 동일성과 심판 범위에 관한 법리오해의 잘못이 있다고 한 사례. X

4. 피고인 甲이 '1997. 4. 3. 21:50경 서울 용산구 이태원동에 있는 햄버거 가게 화장실에서 피해자 A를 칼로 찔러 乙과 공모하여 A를 살해하였다'는 내용으로 기소되었는데, 선행사건에서 '1997. 2. 초순부터 1997. 4. 3. 22:00경까지 정당한 이유 없이 범죄에 공용될 우려가 있는 위험한 물건인 휴대용 칼을 소지하였고, 1997. 4. 3. 23:00경 乙이 범행 후 햄버거 가게 화장실에 버린 칼을 집어 들고 나와 용산 미8군영 내 하수구에 버려 타인의 형사사건에 관한 증거를 인멸하였다'는 내용의 범죄사실로 유죄판결을 받아 확정된 경우, 살인죄의 공소사실과 선행사건에서 유죄로 확정된 증거인멸죄 등의 범죄사실 사이에 기본적 사실관계의 동일성이 없다. ★ⓒ

해설 형사소송절차에서 두 죄 사이에 공소사실이나 범죄사실의 동일성이 있는지 판단하는 기준 : 형사소송절차에서 두 죄 사이에 공소사실이나 범죄사실의 동일성이 있는지는 기본적 사실관계가 동일한지에 따라 판단하여야 한다. 이는 순수한 사실관계의 동일성이라는 관점에서만 파악할 수 없고, 피고인의 행위와 자연적·사회적 사실관계 이외에 규범적 요소를 고려하여 기본적 사실관계가 실질적으로 동일한지에 따라 결정해야 한다(대판 2017.1.25. 2016도15526[햄버거가게 살인 사건]). ☞ 살인죄와 선행사건에서 유죄로 확정된 증거인멸죄 등은 범행의 일시, 장소와 행위 태양이 서로 다르고, 살인죄는 폭력행위 등 처벌에 관한 법률 위반(우범자)죄나 증거인멸죄와는 보호법익이 서로 다르며 죄질에서도 현저한 차이가 있다. 따라서 이 사건 살인죄의 공소사실과 증거인멸죄 등의 범죄사실 사이에 기본적 사실관계의 동일성을 인정할 수 없다. 증거인멸죄 등에 관한 확정판결의 기판력이 이 사건 살인죄의 공소사실에는 미치지 않는다는 판시. 답 O

5. 법원은 공소사실의 동일성이 인정되는 범위 내에서 공소가 제기된 범죄사실에 포함된 보다 가벼운 범죄사실이 인정되는 경우에 심리의 경과에 비추어 피고인의 방어권행사에 실질적 불이익을 초래할 염려가 없다고 인정되는 때에는 공소장이 변경되지 않았더라도 직권으로 공소장에 기재된 공소사실과 다른 공소사실을 인정할 수 있다.

해설 공소장변경 필요성의 판단기준 → 사실기재설(= 실질적 불이익설) : 법원은 공소사실의 동일성이 인정되는 범위 내에서 공소가 제기된 범죄사실에 포함된 보다 가벼운 범죄사실이 인정되는 경우에 심리의 경과에 비추어 피고인의 방어권행사에 실질적 불이익을 초래할 염려가 없다고 인정되는 때에는 공소장이 변경되지 않았더라도 직권으로 공소장에 기재된 공소사실과 다른 공소사실을 인정할 수 있는 것이다(대판 2021.6.24. 2021도3791 등). ☞ **사실기재설**(= 실질적 불이익설)의 입장. 답 O

6. 피고인의 방어권 행사에 실질적인 불이익을 초래할 염려가 없는 경우에는 법원이 공소장변경절차 없이 일부 다른 사실을 인정하거나 적용법조를 수정하더라도 불고불리의 원칙에 위배되지 않는다.

해설 피고인의 방어권 행사에 실질적인 불이익을 초래할 염려가 없는 경우에는 법원이 공소장변경절차 없이 일부 다른 사실을 인정하거나 적용법조를 수정하더라도 불고불리의 원칙에 위배되지 않는다. 그러나 **피고인의 방어권 행사에 실질적인 불이익을 초래하는지**는 공소사실의 기본적 동일성이라는 요소와 함께 법정형의 경중과 그러한 경중의 차이에 따라 피고인이 자신의 방어에 들일 노력·시간·비용에 관한 판단을 달리할 가능성이 뚜렷한지 여부 등 여러 요소를 종합하여 판단하여야 한다(대판 2019.6.13. 2019도4608). 답 O

7. 법원은 공동정범으로 기소된 범죄사실을 직권으로 공소장변경 없이 방조사실로 인정할 수도 있다.

해설 법원이 공소장변경 없이 직권으로 공동정범으로 기소된 범죄사실을 방조사실로 인정할 수 있는지 여부(한정 적극) : 법원은 공소사실의 동일성이 인정되는 범위 내에서 공소가 제기된 범죄사실보다 가벼운 범죄사실이 인정되는 경우, 그 심리의 경과 등에 비추어 볼 때 피고인의 방어에 실질적인 불이익을 주는 것이 아니라면 공소장변경 없이 직권으로 가벼운 범죄사실을 인정할 수 있으므로, 공동정범으로 기소된 범죄사실을 방조사실로 인정할 수 있다(대판 2018.9.13. 2018도7658). 답 O

8. 법원은 단독범으로 기소된 범죄사실을 직권으로 공소장변경 없이 공동정범으로 인정할 수는 없다. ★ⓒ

   해설 단독범으로 기소된 것을 다른 사람과 공모하여 동일한 내용의 범행을 한 것으로 인정하는 경우에 이로 말미암아 피고인에게 예기치 않은 타격을 주어 방어권 행사에 실질적 불이익을 줄 우려가 없다면 공소장변경이 필요한 것은 아니다(대판 2018.7.12. 2018도5909[요양원의 국민건강보험공단에 대한 허위급여 비용청구 사건]). ☞ 사회복지법인과 요양원의 대표인 피고인(女)이 2009년부터 2016년까지 피해자 국민건강보험공단에 허위로 급여비용을 청구하여 25억 여 원을 편취한 범죄사실로 기소된 사안에서, 피고인이 「남편 A가 사망한 2014. 11.까지는 A가 피고인을 배제한 채 요양원을 운영하였고, 피고인은 A가 사망한 이후에 비로소 요양원 운영에 관여하였을 뿐」이라고 주장하면서 범행을 부인하자, 법원이 「요양원의 원장인 피고인이 남편 A가 사망한 2014. 11.까지는 A와 함께 실질적으로 요양원을 운영하면서 공모하여 피해자 공단을 상대로 사기 범행을 저질렀고, 그 후에는 피고인이 단독으로 이 사건 요양원을 운영하면서 사기 범행을 계속 저질렀다」고 판단하여, 남편 A가 살아 있는 동안의 범행 부분에 관해서는 공소장변경 없이 피고인을 A와 공동정범으로 인정한 사례. [법행18] 답 X

9. 단독범으로 기소된 것을 법원이 공동정범으로 인정하는 경우에는 이 때문에 피고인에게 불의의 타격을 주어 그 방어권의 행사에 실질적 불이익을 줄 우려가 있지 아니하는 경우에는 반드시 공소장변경을 필요로는 것은 아니다. ★ⓒ

   해설 단독범 → 공동정범 : 단독범으로 기소된 것을 법원이 다른 사람과 공모하여 동일한 내용의 범행을 한 것으로 인정하는 경우에는 이 때문에 피고인에게 불의의 타격을 주어 그 방어권의 행사에 실질적 불이익을 줄 우려가 있지 아니하는 경우에는 반드시 공소장변경을 필요로 한다고 할 수 없다(대판 2013.10.24. 2013도5752). 답 O

10. 법원이 특수협박죄로 공소가 제기된 범죄사실을 공소장변경 없이 상습특수협박죄로 처벌할 수 없다.

    해설 법원이 특수협박죄로 공소가 제기된 범죄사실을 공소장변경 없이 상습특수협박죄로 처벌할 수 있는지 여부(원칙적 소극) : 상습특수협박죄는 특수협박죄보다 가중하여 처벌하도록 규정되어 있으므로, 특별한 사정이 없는 한 불고불리의 원칙상 법원이 특수협박죄로 공소가 제기된 범죄사실을 공소장변경 없이 상습특수협박죄로 처벌할 수 없다(대판 2016.10.27. 2016도11880). 답 O

11. 법원이 인정하고자 하는 구성요건을 달리하는 사실이 '공소장에 기재된 공소사실'에 포함되는 경우에는 축소사실을 인정하더라도 일반적으로 방어권행사에 실질적인 불이익을 초래하지 않으므로 「大는 小를 포함한다」는 이론에 의하여 법원은 공소장변경 없이 축소사실을 반드시 인정하여야 할 의무가 있다. ★ⓒ

    해설 축소사실의 인정과 법원의 심판의무(소위 '판결편의주의' 문제) : 판례는 "공소장변경이 없는 경우에 반드시 축소사실을 인정해야 하는 것은 아니나 축소사실의 사안이 중대하여 공소장이 변경되지 않았다는 이유로 이를 처벌하지 않는다면 적정절차에 의한 신속한 실체적 진실의 발견이라는 형사소송의 목적에 비추어 현저히 정의와 형평에 반하는 것으로 인정되는 경우가 아닌 한 법원이 직권으로 그 범죄사실을 인정하지 아니하였다고 하여 위법한 것이라고까지 볼 수는 없다."고 하여(대판 2001.12.11. 2001도4013; 대

2022.4.28. 2021도9041 등), 소위 '**판결편의주의**'를 인정하고 있다. ☞ 판례상 **판결편의주의의 요건**(① 사안이 중대하지 않고, ② 축소사실을 무죄로 인정하여도 현저히 정의에 반하지 않는 경우) ❌

12. 공소장변경 신청시 검사는 반드시 서면, 즉 공소장변경 허가신청서를 법원에 제출하여야 한다. ★

해설 공소장변경 신청방법(서면 또는 구술) : 검사는 원칙적으로 서면, 즉 공소장변경허가신청서를 법원에 제출하여야 한다(규칙 제142조 제1항). 다만, 예외적으로 법원은 피고인이 재정하는 공판정에서는 피고인에게 이익이 되거나 피고인이 동의하는 경우 구술에 의한 공소장변경(규칙 제142조 제5항)을 허가할 수 있다(대판 2013.3.28. 2010도3359). ❌

13. 검사가 형사소송규칙 제142조 제1항에 따라 서면으로 공소장변경신청을 하는 경우에는 같은 조 제5항이 적용되어 구술에 의한 공소장변경신청도 할 수 있다.

해설 형사소송규칙 제142조 제1항, 제5항의 규정 취지 및 검사가 형사소송규칙 제142조 제1항에 따라 서면으로 공소장변경신청을 하는 경우, 같은 조 제5항이 적용될 여지가 있는지 여부(소극) : 형사소송규칙 제142조 제1항은 '검사가 형사소송법 제298조 제1항에 따라 공소장에 기재한 공소사실 또는 적용법조의 추가, 철회 또는 변경(이하 "공소장의 변경")을 하고자 하는 때에는 그 취지를 기재한 공소장변경허가신청서를 법원에 제출하여야 한다.'고 규정하고, 제5항은 '법원은 제1항의 규정에도 불구하고 피고인이 재정하는 공판정에서는 피고인에게 이익이 되거나 피고인이 동의하는 경우 **구술**에 의한 공소장변경을 허가할 수 있다.'고 규정하고 있다. 이는 검사가 공소장변경신청을 하고자 할 때에는 원칙적으로 서면으로 하도록 하고, 예외적으로 피고인이 재정하는 공판정에서 피고인에게 이익이 되거나 피고인이 동의하는 경우에는 구술에 의한 공소장변경신청도 할 수 있도록 한 것이다. 따라서 검사가 형사소송규칙 제142조 제1항에 따라 서면으로 공소장변경신청을 하는 경우에는 같은 조 제5항은 적용될 여지가 **없다**(대판 2017.6.8. 2017도5122). ❌

14. 검사가 구술로 공소장변경허가신청을 하면서 변경하려는 공소사실의 일부만 진술하고 나머지는 전자적 형태의 문서로 저장한 저장매체를 제출한 경우, 공소장변경허가신청의 범위는 공소사실의 내용을 구체적으로 진술한 부분에 한하지만, 법원이 저장매체에 저장된 전자적 형태의 문서 부분에 대해서까지 공소장변경 허가를 한 경우, 저장매체에 저장된 전자적 형태의 문서 부분도 적법하게 공소장변경이 된 것으로 볼 수 있다. ★ⓒ

해설 [1] 검사가 구술로 공소장변경허가신청을 하면서 변경하려는 공소사실의 일부만 진술하고 나머지는 전자적 형태의 문서로 저장한 저장매체를 제출한 경우, 공소장변경허가신청의 범위(=공소사실의 내용을 구체적으로 진술한 부분) 및 [2] 이때 법원이 저장매체에 저장된 전자적 형태의 문서 부분에 대해서까지 공소장변경허가를 한 경우, 적법하게 공소장변경이 된 것인지 여부(소극) : [1] 검사가 공소장을 변경하고자 하는 때에는 그 취지를 기재한 공소장변경허가신청서를 법원에 제출하여야 하고, 다만 피고인이 재정하는 공판정에서 피고인에게 이익이 되거나 피고인이 동의하는 예외적인 경우에 한하여 법원은 구술에 의한 공소장변경을 허가할 수 있다(규칙 제142조 제1항, 제5항). 따라서 검사가 구술에 의한 공소장변경허가신청을 하는 경우에도 변경하고자 하는 공소사실의 내용은 서면에 의하여 신청을 할 때와 마찬가지로 구체적으로 특정하여 진술하여야 하므로, 검사가 구술로 공소장변경허가신청을 하면서 변경하려는 공소사실의 일부만 진술하고 나머지는 전자적 형태의 문서로 저장한 저장매체를 제출하였다면, 공소사실의 내용을 구체적으로 진술한 부분에 한하여 공소장변경허가신청이 된 것으로 볼 수 있을 뿐이다. [2] 그 경우 저장매체에 저장된 전자적 형태의 문서는 공소장변경허가신청이 된 것이라고 할 수 없고, 법원이 그 부분에 대해서까지 공소장변경허가를 하였더라도 적법하게 공소장변경이 된 것으로 볼 수 없다(대판 2016.12.29. 2016도11138; 同旨 : 대판 2017.2.15. 2016도19027[범죄일람표 첨부 사건]). 답 ✕

15. **검사가 제1심판결에 양형부당을 이유로 항소한 다음, 항소심의 제1회 공판기일이 열리기 전 먼저 기소하여 제1심 유죄가 선고된 업무상횡령 공소사실과 상상적 경합관계에 있는 업무상횡령 공소사실을 추가하는 취지임을 밝히며 공소장변경허가신청서를 제출하였으나, 항소심은 공판정 외에서 공소장변경허가신청에 대한 결정을 하지 않았을 뿐만 아니라 공판조서 등 기록에 검사의 위 공소장변경허가신청 또는 위 공소장변경허가신청으로 추가하려 한 공소사실에 대하여 피고인 측의 의견 제출 등 원심에서 공소장변경허가 여부를 결정한 소송절차가 진행되었다는 내용이 없음에도 제1회 공판기일을 진행하여 변론을 종결하고 검사의 항소를 기각하여 제1심판결을 그대로 유지한 것은 위법하다.** ★

| 해설 | 항소심이 공소장변경을 허가했어야 하는지 여부(적극) : 형사소송법 제298조 제1항의 규정에 의하면, '검사는 법원의 허가를 얻어 공소장에 기재한 공소사실 또는 적용법조의 추가ㆍ철회 또는 변경을 할 수 있고', '법원은 공소사실의 동일성을 해하지 아니하는 한도에서 이를 허가하여야 한다.'고 되어 있으므로, 위 규정의 취지는 검사의 공소장변경 신청이 공소사실의 동일성을 해하지 아니하는 한 **법원은 이를 허가하여야 한다는 뜻**으로 해석하여야 한다(대판 2018.12.13. 2018도11711 등 참조). 공소사실의 동일성은 그 사실의 기초가 되는 사회적사실관계가 기본적인 점에서 동일하면 그대로 유지되고, 이러한 기본적 사실관계의 동일성을 판단할 때에는 그 사실의 동일성이 갖는 기능을 염두에 두고 피고인의 행위와 그 사회적인 사실관계를 기본으로 하되 규범적 요소도 아울러 고려하여야 한다. …(중략)… 항소심은 검사가 서면으로 제출한 공소장변경허가신청에 대하여 허가 여부를 결정해야 하고, 나아가 상상적 경합관계에 있는 수죄 가운데 당초 공소를 제기하지 아니한 공소사실을 추가하는 내용의 공소장변경을 허가하여 추가된 공소사실에 대하여 심리ㆍ판단했어야 한다. 이러한 조치 없이 검사의 항소를 기각한 것은 필요한 심리를 다하지 않거나 공소장변경에 관한 법리를 오해하여 판결에 영향을 미친 잘못이 있다(대판 2023.6.15. 2023도3038[검사의 공소장변경허가신청에 대하여 허가 여부를 명시적으로 결정하지 않은 채 절차를 진행한 사건]). ☞ 법원은 검사의 공소장변경허가신청에 대해 결정의 형식으로 이를 허가 또는 불허가 하고, 법원의 허가 여부 결정은 공판정 외에서 별도의 결정서를 작성하여 고지하거나 공판정에서 구술로 하고 공판조서에 기재할 수도 있다. 만일 공소장변경허가 여부 결정을 공판정에서 고지하였다면 그 사실은 공판조서의 필요적 기재사항이다(제51조 제2항 제14호). **공소장변경허가신청이 있음에도 공소장변경 허가 여부 결정을 명시적으로 하지 않은 채 공판절차를 진행하면** 현실적 심판대상이 된 공소사실이 무엇인지 불명확하여 피고인의 방어권 행사에 영향을 줄 수 있으므로 **공소장변경 허가 여부 결정은** 위와 같은 형식으로 명시적인 결정을 하는 것이 바람직하다. 답 ○

16. **약식명령에 대한 피고인만의 정식재판청구 사건에서 재산형이 없이 자유형만 있는 범죄로 공소장변경신청이 있는 경우, 공소사실의 동일성이 인정되더라도 법원은 불이익변경금지원칙 등을 이유로 공소장변경을 불허하여야 한다.** ★ⓒ

| 해설 | 약식명령에 대한 정식재판청구의 사건과 불이익변경금지원칙 및 공소장변경의 허부 : 약식명령에 대하여 피고인만이 정식재판을 청구하였는데, 검사가 당초 사문서위조 및 위조사문서행사의 공소사실로 공소제기하였다가 제1심에서 사서명위조 및 위조사서명행사의 공소사실을 예비적으로 추가하는 내용의 공소장변경을 신청한 사안에서, 두 공소사실은 기초가 되는 사회적 사실관계가 범행의 일시와 장소, 상대방, 행위 태양, 수단과 방법 등 기본적인 점에서 동일할 뿐만 아니라, 주위적 공소사실이 유죄로 되면 예비적 공소

사실은 주위적 공소사실에 흡수되고 주위적 공소사실이 무죄로 될 경우에만 예비적 공소사실의 범죄가 성립할 수 있는 관계에 있어 규범적으로 보아 공소사실의 동일성이 있다고 보이고, 나아가 피고인에 대하여 사서명위조와 위조사서명행사의 범죄사실이 인정되는 경우에는 비록 사서명위조죄와 위조사서명행사죄의 법정형에 유기징역형만 있다 하더라도 형사소송법 제457조의2에서 규정한 불이익변경금지 원칙이 적용되어 벌금형을 선고할 수 있으므로, 위와 같은 불이익변경금지 원칙 등을 이유로 공소장변경을 불허할 것은 아닌데도, 이를 불허한 채 원래의 공소사실에 대하여 무죄를 선고한 제1심판결을 그대로 유지한 원심의 조치에 공소사실의 동일성이나 공소장변경에 관한 법리오해의 위법이 있다고 한 사례(대판 2013.2.28. 2011도14986).

답 X

17. 검사의 서면에 의한 공소장변경허가신청이 있는데도 법원이 피고인 또는 변호인에게 공소장변경허가신청서 부본을 송달·교부하지 않은 채 공소장변경을 허가하고 공소장변경허가신청서에 기재된 공소사실에 관하여 유죄판결을 하였다면, 공소장변경허가신청서 부본을 송달·교부하지 않은 법원의 잘못은 원칙적으로 판결에 영향을 미친 법령위반에 해당한다. ★

해설 공소장변경허가신청서 부본을 피고인 등에게 송달·교부하지 않은 공소장변경(= 법령위반) : 형사소송법 제298조 제3항, 형사소송규칙 제142조 제2항, 제3항에 따르면, 검사가 서면으로 공소장변경신청을 하는 경우 피고인의 수에 상응한 부본을 첨부하여야 하고, 법원은 그 부본을 피고인 또는 변호인에게 즉시 송달하여야 한다. 위와 같은 공소장변경 절차에 관한 법규의 내용과 취지에 비추어 보면, 검사의 서면에 의한 공소장변경허가신청이 있는데도 법원이 피고인 또는 변호인에게 공소장변경허가신청서 부본을 송달·교부하지 않은 채 공소장변경을 허가하고 공소장변경허가신청서에 기재된 공소사실에 관하여 유죄판결을 하였다면, **공소장변경허가신청서 부본을 송달·교부하지 않은 법원의 잘못은** 판결에 영향을 미친 법령위반에 해당한다. **다만,** 공소장변경 내용이 피고인의 방어권과 변호인의 변호권 행사에 지장이 없는 것이거나 피고인과 변호인이 공판기일에서 변경된 공소사실에 대하여 충분히 변론할 기회를 부여받는 등 피고인의 방어권이나 변호인의 변호권이 본질적으로 침해되지 않았다고 볼 만한 특별한 사정이 있다면 판결에 영향을 미친 법령위반이라고 할 수 없다(대판 2021.6.30. 2019도7217 강제추행(인정된 죄명: 공연음란); 대판 2009.6.11. 2009도1830 등 참조).

답 O

제2절 공판정의 심리 등

1. 피고인이 출석한 공판기일에서 증거로 함에 부동의한다는 의견을 진술한 경우에는 그 후 피고인이 출석하지 아니한 공판기일에 변호인만이 출석하여 종전 의견을 번복하여 증거로 함에 동의하였다 하더라도 이는 특별한 사정이 없는 한 효력이 없다.

해설 피고인의 불출석 변호인의 증거동의 : 피고인의 명시한 의사에 반하여 증거로 함에 동의할 수는 없다. 따라서 피고인이 출석한 공판기일에서 증거로 함에 부동의한다는 의견이 진술된 경우에는 그 후 피고인이 출석하지 아니한 공판기일에 변호인만이 출석하여 종전 의견을 번복하여 증거로 함에 동의하였다 하더라도 이는 특별한 사정이 없는 한 효력이 없다고 보아야 한다(대판 2013.3.28. 2013도3).

답 O

2. ① 공개금지사유가 없음에도 공개금지결정에 따라 비공개로 진행된 증인신문절차에 의하여 이루어진 증언은 증거능력이 없다.
② 공개금지결정의 선고가 없는 등으로 공개금지결정의 사유를 알 수 없는 경우에도 비공개로 진행된 증인신문절차에 의하여 이루어진 증언은 증거능력이 없다.

| 해설 | ① **헌법 제27조 제3항** 후문은 "형사피고인은 상당한 이유가 없는 한 지체없이 공개재판을 받을 권리를 가진다."고 규정하여 형사피고인에게 공개재판을 받을 권리가 기본권으로 보장됨을 선언하고 있고, **헌법 제109조와 법원조직법 제57조 제1항**은 재판의 심리와 판결은 공개하되, 다만 심리는 국가의 안전보장·안녕질서 또는 선량한 풍속을 해할 우려가 있는 때에는 결정으로 이를 공개하지 아니할 수 있다고 규정하고 있으며, **법원조직법 제57조 제2항**은 재판의 심리에 관한 공개금지결정은 이유를 개시하여 선고한다고 규정하고 있다. 위 규정들의 취지에 비추어 보면, 헌법 제109조, 법원조직법 제57조 제1항이 정한 공개금지사유가 없음에도 불구하고 재판의 심리에 관한 공개를 금지하기로 결정하였다면 그러한 공개금지결정은 피고인의 공개재판을 받을 권리를 침해한 것으로서 그 절차에 의하여 이루어진 증인의 증언은 증거능력이 없다고 할 것이고, 변호인의 반대신문권이 보장되었더라도 달리 볼 수 없으며, ② 이러한 법리는 공개금지결정의 선고가 없는 등으로 공개금지결정의 사유를 알 수 없는 경우에도 마찬가지라 할 것이다(대판 2015.10.29. 2014도5939[비공개 증언의 증거능력 등] 등 참조). 답 ①○, ②○

3. 원칙적으로 증거의 채부는 법원의 재량이다.

| 해설 | [1] 증거의 채택 여부가 법원의 재량인지 여부(원칙적 적극) [2] 형사사건의 실체를 규명하는 데 가장 직접적이고 핵심적인 증거와 관련하여 법원이 취하여야 할 조치 : 원칙적으로 증거의 채부는 법원의 재량에 의하여 판단할 것이지만, **형사사건의 실체를 규명하는 데 가장 직접적이고 핵심적인 증거**는 법정에서 증거조사를 하기 곤란하거나 부적절한 경우 또는 다른 증거에 비추어 굳이 추가 증거조사를 할 필요가 없다는 등 특별한 사정이 없는 한 공개된 법정에서 그 증거방법에 가장 적합한 방식으로 증거조사를 하고, 이를 통해 형성된 유죄·무죄의 심증에 따라 사건의 실체를 규명하는 것이 형사사건을 처리하는 법원이 마땅히 취하여야 할 조치이고, 그것이 우리 형사소송법이 채택한 증거재판주의, 공판중심주의 및 그 한 요소인 실질적 직접심리주의의 정신에도 부합한다고 할 것이다(대판 2019.11.28. 2015도12742; 대판 2011.11.10. 2011도11115 참조). 답 ○

4. 증거의 채택 여부는 법원의 재량이므로 법원이 불출석한 핵심 증인에 대하여 소재탐지나 구인장 발부 없이 증인채택 결정을 취소하더라도 위법한 것은 아니다. ★ⓒ

| 해설 | 증거의 채택 여부의 법적 성격(= 원칙적 재량) 및 핵심증인에 대한 증인채택결정의 취소의 위법 여부(위법) : 형사소송법이 증인의 법정 출석을 강제할 수 있는 권한을 법원에 부여한 취지는, 다른 증거나 증인의 진술에 비추어 굳이 추가 증인신문을 할 필요가 없다는 등 특별한 사정이 없는 한 사건의 실체를 규명하는 데 가장 직접적이고 핵심적인 증인으로 하여금 공개된 법정에 출석하여 선서 후 증언하도록 하고, 법원은 출석한 증인의 진술을 토대로 형성된 유죄·무죄의 심증에 따라 사건의 실체를 규명하도록 하기 위함이다. 따라서 다른 증거나 증인의 진술에 비추어 굳이 추가 증거조사를 할 필요가 없다는 등 특별한 사정이 없고, 소재탐지나 구인장 발부가 불가능한 것이 아님에도 불구하고, **불출석한 핵심 증인에 대하여 소재탐지나 구인장 발부 없이 증인채택 결정을 취소하는 것**은 법원의 재량을 벗어나는 것으로서 위법하다(대판 2020.12.10. 2020도2623(공직선거법위반)[불출석한 핵심 증인에 대한 증인채택결정 취소 사건]). ☞ 법원이 개개의 증거에 대해 증거결정을 하여 증거조사를 실시하는 여부는 기본적으로 법원의 재량이지만, 「특정범죄신고자 등 보호법」에

따라 보호되는 제보자 증인이 불출석하는 상황에서 소재탐지촉탁 및 구인 결정 등을 하지 않고 증인채택결정을 취소한 경우, 법원의 재량을 벗어나 위법하다고 보아, 법원의 증거결정의 성격을 구체적 사안에서는 기속재량으로 보는 듯한 판례이다.

답 ✕

5. **피고인이 아닌 검사, 변호인, 방청인 등에 대하여는 차폐시설(가림시설) 등을 설치하는 방식으로 증인신문을 할 수 없다.** ★

해설 피고인 외에 검사, 변호인, 방청인 등에 대하여도 차폐시설 등을 설치하는 방식으로 증인신문을 할 수 있는지 여부(적극) : [1] 제165조의2 제3호도 대상을 '피고인 등'이라고 규정하고 있으므로, 법원은 제165조의2 제3호의 요건이 충족될 경우 피고인뿐만 아니라 검사, 변호인, 방청인 등에 대하여도 차폐시설 등을 설치하는 방식으로 증인신문을 할 수 있으며, 이는 규칙 제84조의9에서 피고인과 증인 사이의 차폐시설 설치만을 규정하고 있다고 하여 달리 볼 것이 아니다(대판 2015.5.28. 2014도18006[제165조의2 변호인에 대한 차폐시설 설치 사건]). [2] 변호인에 대한 차폐시설의 설치는, **특정범죄신고자 등 보호법 제7조**에 따라 범죄신고자 등이나 친족 등이 보복을 당할 우려가 있다고 인정되어 조서 등에 인적사항을 기재하지 아니한 범죄신고자 등을 증인으로 신문하는 경우와 같이, 이미 인적사항에 관하여 비밀조치가 취해진 증인이 변호인을 대면하여 진술함으로써 자신의 신분이 노출되는 것에 대하여 심한 심리적인 부담을 느끼는 등의 특별한 사정이 있는 경우에 예외적으로 허용될 수 있을 뿐이다.

답 ✕

6. 본래 증거물이지만 증거서류의 성질도 가지고 있는 이른바 '증거물인 서면'을 조사하기 위해서는 증거서류의 조사방식인 낭독·내용고지 또는 열람의 절차와 증거물의 조사방식인 제시의 절차가 함께 이루어져야 하므로, 원칙적으로 증거신청인으로 하여금 그 서면을 제시하면서 낭독하게 하거나 이에 갈음하여 그 내용을 고지 또는 열람하도록 하여야 한다.

해설 '증거물인 서면'의 증거조사 방식(제시 + 낭독(내용고지 또는 열람)) : 대판 2013.7.26. 2013도2511 [왕재산 사건].

답 ○

7. 항소심에서 변호인이 피고인을 신문하겠다는 의사를 표시한 경우, 재판장은 형사소송규칙 제156조의6 제2항에 의하여 제1심의 피고인신문과 중복되거나 항소이유의 당부를 판단하는 데 필요 없다고 인정하는 때에는 그 신문의 전부 또는 일부를 제한할 수 있으므로, 변호인에게 일체의 피고인신문을 허용하지 않은 것은 소송절차의 법령위반에 해당하지 않는다. ★ⓒ

해설 변호인의 피고인신문의 법적 성격과 침해시 상고이유 여부(적극) : 제370조, 제296조의2 제1항 본문은 "검사 또는 변호인은 증거조사 종료 후에 순차로 피고인에게 공소사실 및 정상에 관하여 필요한 사항을 신문할 수 있다."라고 규정하고 있으므로, 변호인의 피고인신문권은 **변호인의 소송법상 권리**이다. 한편 재판장은 검사 또는 변호인이 **항소심에서 피고인신문을 실시하는 경우** 제1심의 피고인신문과 중복되거나 항소이유의 당부를 판단하는 데 필요 없다고 인정하는 때에는 그 신문의 전부 또는 일부를 제한할 수 있으나(규칙 제156조의6 제2항), **변호인의 본질적 권리를 해할 수는 없다**(법 제370조, 제299조 참조). 따라서 재판장은 변호인이 피고인을 신문하겠다는 의사를 표시한 때에는 피고인을 신문할 수 있도록 조치하여야 하고, **변호인이 피고인을 신문하겠다는 의사를 표시하였음에도 변호인에게 일체의 피고인신문을 허용하지 않은 것은** 변호인의 피고인신문권에 관한 본질적 권리를 해하는 것으로서 소송절차의 법령위반에 해당한다 (대판 2020.12.24. 2020도10778).

답 ✕

8. 피고인이나 변호인에게 최종의견 진술의 기회를 주지 아니한 채 변론을 종결하고 판결을 선고하는 경우, 소송절차의 법령위반에 해당한다.

> **해설** 피고인이나 변호인에게 최종의견 진술의 기회를 주지 아니한 채 변론을 종결하고 판결을 선고하는 경우, 소송절차의 법령위반에 해당하는지 여부(적극) : 형사소송법 제303조는 "재판장은 검사의 의견을 들은 후 피고인과 변호인에게 최종의 의견을 진술할 기회를 주어야 한다."라고 정하고 있으므로, 최종의견 진술의 기회는 피고인과 변호인 모두에게 주어져야 한다. 이러한 최종의견 진술의 기회는 피고인과 변호인의 소송법상 권리로서 피고인과 변호인이 사실관계의 다툼이나 유리한 양형사유를 주장할 수 있는 마지막 기회이므로, 피고인이나 변호인에게 최종의견 진술의 기회를 주지 아니한 채 변론을 종결하고 판결을 선고하는 것은 소송절차의 법령위반에 해당한다(대판 2018.3.29. 2018도327). 답 O

제3절 국민참여재판

1. ① 법원에서 피고인이 국민참여재판을 원하는지에 관한 의사의 확인절차를 거치지 아니한 채 통상의 공판절차로 재판을 진행하였거나 피고인이 법원에 국민참여재판을 신청하였는데도 법원이 이에 대한 배제결정도 하지 않은 채 통상의 공판절차로 재판을 진행하여 이루어진 소송행위는 전부 무효이다.
② 제1심법원이 국민참여재판의 대상이 되는 사건임을 간과하여 이에 관한 피고인의 의사를 확인하지 아니한 채 통상의 공판절차로 재판을 진행한 경우, 항소심에서는 그 하자가 치유될 수 없다. ★©

> **해설** ① 대판 2013.1.31. 2012도13896 등. ② 하자의 치유 허부 및 하자치유의 요건 : 제1심법원이 국민참여재판의 대상이 되는 사건임을 간과하여 이에 관한 피고인의 의사를 확인하지 아니한 채 통상의 공판절차로 재판을 진행하였더라도, 피고인이 항소심에서 국민참여재판을 원하지 아니한다고 하면서 위와 같은 제1심의 절차적 위법을 문제 삼지 아니할 의사를 명백히 표시하는 경우에는 그 **하자가 치유**되어 제1심 공판절차는 전체로서 적법하게 된다고 봄이 상당하고, 다만, **공판절차의 하자가 치유되기 위해서는** 피고인에게 국민참여재판절차 등에 관한 충분한 안내와 그 희망 여부에 관하여 숙고할 수 있는 상당한 시간이 사전에 부여되어야 할 것이다(대판 2013.1.31. 2012도13896 등). 답 ①O, ②×

2. 피고인이 국민참여재판을 원하는 사건에서 성폭력범죄의 처벌 등에 관한 특례법 제2조의 범죄로 인한 피해자 또는 법정대리인이 국민참여재판을 원하지 아니하는 경우 여러 사정을 고려하여 신중하게 판단하여야 하므로, 이러한 사정을 고려함이 없이 성폭력범죄 피해자나 법정대리인이 국민참여재판을 원하지 아니한다는 이유만으로 국민참여재판 배제결정을 하는 것은 바람직하다고 할 수 없다.

> **해설** 국민참여재판 배제결정을 할 때 고려하여야 할 사항 : 그런데 국민참여재판을 도입한 취지나 국민참여재판을 받을 피고인의 권리 등에 비추어 볼 때, 피고인이 국민참여재판을 원하는 사건에서 국민의 형사재판 참여에 관한 법률 제9조 제1항 제3호를 근거로 국민참여재판 배제결정을 하기 위해서는 성폭력범죄 피해자나 법정대리인이 국민참여재판을 원하지 아니하는 구체적인 이유가 무엇인지, 피고인과 피해자의 관계, 피해자의 나이나 정신상태, 국민참여재판을 할 경우 형사소송법과 성폭력범죄의 처벌 등에 관한 특례법 및 아동·청소년의 성보호에 관한 법률 등에서 피해자 보호를 위해 마련한 제도를 활용하더라도 피해자에

대한 추가적인 피해를 방지하기에 부족한지 등 여러 사정을 고려하여 신중하게 판단하여야 한다. 따라서 이러한 사정을 고려함이 없이 성폭력범죄 피해자나 법정대리인이 국민참여재판을 원하지 아니한다는 이유만으로 국민참여재판 배제결정을 하는 것은 바람직하다고 할 수 없다(대결 2016.3.16. 2015모2898[국민참여재판배제결정에대한재항고]).

답 O

3. ① 재판장이 배심원과 예비배심원에게 최초로 설명할 대상에는 검사가 아직 공소장에 의하여 낭독하지 아니한 공소사실 등도 원칙적으로 포함된다.
② 재판장이 최종 설명의무가 있는 사항을 배심원에게 설명하지 않았더라도 위법한 것은 아니다.

| 해설 | ① 국민의 형사재판 참여에 관한 법률은 제42조 제2항에서 "재판장은 배심원과 예비배심원에 대하여 배심원과 예비배심원의 권한·의무·재판절차, 그 밖에 직무수행을 원활히 하는 데 필요한 사항을 설명하여야 한다."라고 하여 재판장의 공판기일에서의 최초 설명의무를 규정하고 있는데, 이러한 재판장의 최초 설명은 재판절차에 익숙하지 아니한 배심원과 예비배심원을 배려하는 차원에서 동 규칙 제35조 제1항에 따라 피고인에게 진술거부권을 고지하기 전에 이루어지는 것으로, 원칙적으로 설명의 대상에 검사가 아직 공소장에 의하여 낭독하지 아니한 공소사실 등이 포함된다고 볼 수 없다(대판 2014.11.13. 2014도8377).
② 재판장의 최종 설명은 배심원이 올바른 평결에 이를 수 있도록 지도하고 조력하는 기능을 담당하는 것으로서 배심원의 평결에 미치는 영향이 크므로, 재판장이 법률 제46조 제1항, 규칙 제37조 제1항에 따라 설명의무가 있는 사항을 설명하지 않는 것은 원칙적으로 위법한 조치이다(대판 2014.11.13. 2014도8377).

답 ①×, ②×

4. 국민참여재판에서 배심원이 만장일치의 의견으로 내린 무죄의 평결이 재판부의 심증에 부합하여 그대로 채택된 경우에는, 항소심에서는 원칙적으로 증거의 취사 및 사실의 인정에 관한 제1심의 판단과 달리 판결할 수 없다. ★ⓒ

| 해설 | 국민참여재판에서의 제1심의 판단과 항소심 : 우리 법이 채택하고 있는 실질적 직접심리주의의 정신에 비추어, 항소심으로서는 제1심 증인이 한 진술의 신빙성 유무에 대한 제1심의 판단이 항소심의 판단과 다르다는 이유만으로 이에 대한 제1심의 판단을 함부로 뒤집어서는 아니 되나, 제1심 증인이 한 진술의 신빙성 유무에 대한 제1심의 판단이 명백하게 잘못되었다고 볼 특별한 사정이 있거나, 제1심의 증거조사 결과와 항소심 변론종결 시까지 추가로 이루어진 증거조사 결과를 종합하면 제1심 증인이 한 진술의 신빙성 유무에 대한 제1심의 판단을 그대로 유지하는 것이 현저히 부당하다고 인정되는 예외적인 경우에는 그러하지 아니하다(대판 2013.4.26. 2013도1222; 대판 2010.3.25. 2009도14065 등).

답 O

제5장 증 거

제1절 개 관

1. **피고인이 고의를 부인하는 경우, 사물의 성질상 범의와 관련성이 있는 간접사실 또는 정황사실을 증명하는 방법으로 이를 증명할 수밖에 없다.**

   해설 피고인이 범죄구성요건의 주관적 요소인 고의를 부인하는 경우, 증명 방법 : 피고인이 범죄구성요건의 주관적 요소인 고의를 부인하는 경우, 범의 자체를 객관적으로 증명할 수는 없으므로 사물의 성질상 범의와 관련성이 있는 간접사실 또는 정황사실을 증명하는 방법으로 이를 증명할 수밖에 없다. 이때 무엇이 관련성이 있는 간접사실 또는 정황사실에 해당하는지는 정상적인 경험칙에 바탕을 두고 치밀한 관찰력이나 분석력으로 사실의 연결상태를 합리적으로 판단하는 방법에 의하여 판단하여야 한다(대판 2017.1.12. 2016도15470).

   ☞ 뇌물수수죄에서 공무원의 직무에 관하여 수수하였다는 범의를 인정하기 위해서는 엄격한 증명이 요구되지만, **피고인이 금품 등을 수수한 사실을 인정하면서도 범의를 부인하는 경우**에는, 범의와 상당한 관련성이 있는 간접사실을 증명하는 방법에 의하여 이를 입증할 수밖에 없는데, 간접사실에 비추어 수수하는 금품이 공무원의 직무에 대한 대가로서의 성질을 가진다는 사정을 피고인이 미필적으로라도 인식하면서 묵인한 채 이를 수수한 것으로 볼 수 있다면 뇌물수수의 범의는 충분히 인정된다(대판 2017.12.22. 2017도11616). ⓔ ○

2. **'공무원의 직무에 속한 사항을 알선한다는 명목'으로 금품을 수수하였다는 범의는 범죄사실을 구성하는 요건으로서 이를 인정하기 위해서는 엄격한 증명이 요구된다.**

   해설 범의 : 범의는 범죄사실을 구성하는 것으로서 이를 인정하기 위해서는 엄격한 증명이 요구되지만, 피고인이 '금품 등을 수수'한 사실을 인정하면서도 범의를 부인하는 경우에는, 이러한 주관적 요소로 되는 사실은 사물의 성질상 범의와 상당한 관련성이 있는 간접사실을 증명하는 방법에 의하여 이를 입증할 수밖에 없고, 무엇이 상당한 관련성이 있는 간접사실에 해당할 것인가는 정상적인 경험칙에 바탕을 두고 치밀한 관찰력이나 분석력에 의하여 사실의 연결상태를 합리적으로 판단하는 방법에 의하여야 한다(대판 2002.3.12. 2001도2064). '공무원의 직무에 속한 사항을 알선한다는 명목'으로 금품을 수수하였다는 범의는 범죄사실을 구성하는 요건으로서 이를 인정하기 위해서는 엄격한 증명이 요구된다(대판 2013.2.15. 2011도13606). ⓔ ○

3. **사기죄의 주관적 구성요건인 편취의 범의는 피고인이 자백하지 않는 이상 범행 전후의 피고인 등의 재력, 환경, 범행의 경위와 내용, 거래의 이행과정 등과 같은 객관적인 사정 등을 종합하여 판단할 수밖에 없다.**

   해설 사기죄의 편취의 범의를 증명하는 방법 : 대판 2015.7.23. 2015도2255. ⓔ ○

4. **자백의 임의성에 다툼이 있을 때에는 검사가 그 임의성의 의문점을 해소하는 입증을 하여야 한다.**
   ★ⓒ

   해설 임의성의 입증책임(검사) : …(중략)… 자백의 임의성에 다툼이 있을 때에는 그 임의성을 의심할 만한 합리적이고, 구체적인 사실을 피고인이 입증할 것이 아니고 검사가 그 임의성의 의문점을 해소하는 입증을 하여야 하고(대판 1998.4.10. 97도3234 등), 검사가 그 임의성의 의문점을 없애는 증명을 하지 못한 경우에는 그 진술증거는 증거능력이 부정된다(대판 2013.7.25. 2011도6380 등). O

5. 형사재판에서 공소가 제기된 범죄사실에 대한 증명책임은 검사에게 있고, 유죄의 인정은 법관으로 하여금 합리적인 의심을 할 여지가 없을 정도로 공소사실이 진실한 것이라는 확신을 가지게 하는 증명력을 가진 엄격한 증거에 의하여야 하며, 이러한 정도의 심증을 형성하는 증거가 없다면 설령 피고인에게 유죄의 의심이 간다 하더라도 피고인의 이익으로 판단할 수밖에 없다.

| 해설 | 범죄사실의 증명의 정도(제307조 제2항. 합리적인 의심이 없는 정도의 증명 = 확신) : 대판 2014.6.12. 2014도3163; 대판 2014.7.24. 2013도13416 등. O

6. 형사소송법 제307조 제2항은 "범죄사실의 인정은 합리적인 의심이 없는 정도의 증명에 이르러야 한다."고 천명하고 있는데, 이는 모든 가능한 의심을 배제할 정도에 이를 것까지 요구하는 것은 아니다.

| 해설 | 대판 2014.5.16. 2013도14656. O

7. 검찰에서의 피고인의 자백이 법정진술과 다르거나 피고인에게 지나치게 불리한 내용인 경우에는 그 자백의 신빙성은 의심스러운 경우에 해당한다.

| 해설 | [1] 자유심증주의의 의미 [2] 간접증거의 증명력 평가 방법 [3] 형사재판에서 자유심증주의의 한계 및 유죄를 인정하기 위한 심증형성의 정도에서 '합리적 의심'의 의미 : 자유심증주의를 규정한 형사소송법 제308조가 증거의 증명력을 법관의 자유판단에 의하도록 한 것은 그것이 실체적 진실발견에 적합하기 때문이므로, 증거판단에 관한 전권을 가지고 있는 사실심 법관은 사실인정을 할 때 공판절차에서 획득된 인식과 조사된 증거를 남김없이 고려하여야 한다. 형사재판에서 심증형성은 반드시 직접증거에 의하여 형성되어야만 하는 것은 아니고 간접증거에 의할 수도 있는 것이며, 간접증거는 이를 개별적·고립적으로 평가하여서는 아니 되고 모든 관점에서 빠짐없이 상호 관련시켜 종합적으로 평가하고, 치밀하고 모순 없는 논증을 거쳐야 한다. 증거의 증명력은 법관의 자유판단에 맡겨져 있으나 그 판단은 논리와 경험칙에 합치하여야 하고, 형사재판에서 유죄로 인정하기 위한 심증형성의 정도는 **합리적인 의심을 할 여지가 없을 정도**여야 하나, 이는 모든 가능한 의심을 배제할 정도에 이를 것까지 요구하는 것은 아니며, 증명력이 있는 것으로 인정되는 증거를 합리적인 근거가 없는 의심을 일으켜 이를 배척하는 것은 자유심증주의의 한계를 벗어나는 것으로 허용될 수 없다. 여기에서 말하는 **합리적 의심**이라 함은 모든 의문, 불신을 포함하는 것이 아니라 논리와 경험칙에 기하여 요증사실과 양립할 수 없는 사실의 개연성에 대한 합리성 있는 의문을 의미하는 것으로서, 피고인에게 유리한 정황을 사실인정과 관련하여 파악한 이성적 추론에 그 근거를 두어야 하는 것이므로 단순히 관념적인 의심이나 추상적인 가능성에 기초한 의심은 합리적 의심에 포함된다고 할 수 없다(대판 2019.10.31. 2018도2642).

☞ 검찰에서의 피고인의 자백이 법정진술과 다르다거나 피고인에게 지나치게 불리한 내용이라는 사유만으로는 그 자백의 신빙성이 의심스럽다고 할 수는 없고, 자백의 신빙성 유무를 판단할 때에는 자백의 진술 내용 자체가 객관적으로 합리성을 띠고 있는지, 자백의 동기나 이유가 무엇이며, 자백에 이르게 된 경위는 어떠한지 그리고 자백 이외의 정황증거 중 자백과 저촉되거나 모순되는 것이 없는지 하는 점 등을 고려하여 피고인의 자백에 형사소송법 제309조에 정한 사유 또는 자백의 동기나 과정에 합리적인 의심을 갖게 할 상황이 있었는지를 판단하여야 한다는 사안. X

8. 호흡측정기에 의한 음주측정치와 혈액검사에 의한 음주측정치가 불일치한 경우, 특별한 사정이 없는 한, 혈액검사에 의한 음주측정치가 호흡측정기에 의한 음주측정치보다 측정 당시의 혈중알콜농도에 더 근접한 음주측정치라고 보는 것이 경험칙에 부합한다.

> **해설** 대판 2004.2.13. 2003도6905; 同旨 : 대판 2013.10.24. 2013도6285 등.   답 O

9. 국회의원이 A로부터 불법정치자금을 수수하였다고 기소된 경우, A가 검찰에서는 유죄, 1심 법정에서는 무죄의 취지로 진술한 경우, 검찰진술의 신빙성을 인정하여 유죄를 선고한 원심에 잘못이 없다. ★ⓒ

> **해설** 자유심증주의(제308조)의 의미와 한계 : 정치자금 공여자가 검찰에서 비자금을 조성하여 피고인에게 정치자금으로 제공한 사실을 시인하였다가, 법정에서 비자금 조성 사실 자체는 인정하면서도 피고인에게 정치자금으로 제공한 사실을 부인하고 그 비자금의 사용처를 달리 주장하였는데, 원심과 제1심이 이러한 비자금의 새로운 사용처에 관한 법정 진술을 믿을 수 없다고 판단한 사안에서, … 정치자금 공여자의 검찰 진술이 전체적으로 신빙성이 있다고 보아 공소사실을 모두 유죄로 인정한 원심의 판단에 자유심증주의의 한계를 벗어나는 등의 잘못이 없다고 한 사례(대결(순습) 2015.7.16. 2013도11650[정자법위반] [한명숙 전 총리 사건] [다수의견]). ☞ **[5인의 반대의견]** 공판중심주의 원칙과 전문법칙의 취지에 비추어 보면, 피고인 아닌 사람이 공판기일에 선서를 하고 증언하면서 수사기관에서 한 진술과 다른 진술을 하는 경우에, … 정치자금 공여자가 법정에서 검찰 진술을 번복하게 된 뚜렷한 사유가 나타나지 않아 검찰 진술의 신빙성을 쉽게 인정할 수 없으며, 그 검찰 진술 중 일부의 경우에는 객관적인 증거나 정황사실에 의하여 신빙성이 뒷받침되지도 않는다는 등의 이유로, 객관적인 증거와 정황사실에 의하여 정치자금 공여자의 검찰 진술의 신빙성이 인정되는 부분을 넘어 모든 공소사실을 유죄로 인정한 원심의 판단에는 자유심증주의의 한계를 벗어나는 등의 위법이 있다.   답 O

10. 항소심으로서는 제1심 증인이 한 진술의 신빙성 유무에 대한 제1심의 판단이 항소심의 판단과 다르다는 이유만으로 이에 대한 제1심의 판단을 함부로 뒤집어서는 아니 된다. ★ⓒ

> **해설** 제1심 증인이 한 진술의 신빙성 유무에 대한 제1심의 판단을 항소심이 뒤집을 수 있는지 여부(공판중심주의 및 직접심리주의 원칙을 근거로 원칙적 소극) : 우리 형사소송법이 채택하고 있는 직접심리주의의 정신에 따라 위와 같은 제1심 증인의 진술에 대한 제1심과 항소심의 신빙성 평가 방법의 차이를 고려해 보면, 제1심판결 내용과 제1심에서 적법하게 증거조사를 거친 증거들에 비추어 제1심 증인이 한 진술의 신빙성 유무에 대한 제1심의 판단이 명백하게 잘못되었다고 볼 특별한 사정이 있거나, 제1심의 증거조사 결과와 항소심 변론종결 시까지 추가로 이루어진 증거조사 결과를 종합하면 제1심 증인이 한 진술의 신빙성 유무에 대한 제1심의 판단을 그대로 유지하는 것이 현저히 부당하다고 인정되는 **예외적인 경우가 아니라면**, 항소심으로서는 제1심 증인이 한 진술의 신빙성 유무에 대한 제1심의 판단이 항소심의 판단과 다르다는 이유만으로 이에 대한 제1심의 판단을 함부로 뒤집어서는 아니 된다(대판 2018.3.29. 2017도7871; 대판 2019.7.24. 2018도17748; 대판 2023.1.12. 2022도14645 등). ☞ 한편, 제1심이 피해자를 증인으로 신문한 후 그 진술의 신빙성이 없다는 전제에서 유사강간 부분을 무죄로 판단하였는데, 원심이 추가 증거조사 없이 피해자 진술의 신빙성을 인정하여 제1심의 판단을 뒤집고 유사강간 부분을 유죄로 판단한 사안에서, 제반 사정에 비추어 제1심 증인인 피해자가 한 진술의 신빙성 유무에 대한 제1심의 판단이 명백하게 잘못되었다고 볼 특별한 사정이 있는 경우에 해당한다고 보아 제1심의 판단을 뒤집고 유사강간 공소사실을 유죄로 판단한 원심을 수긍한 사례가 있다(대판 2021.6.10. 2021도2726; 대판 2022.5.26. 2017도11582(강제추행)[추가 증거조사 없이 피고인신문 후 제1심판결을 뒤집은 사건] 참조).   답 O

제2절 증거능력 제한법리

Ⅰ. 자백배제법칙

1. 사법경찰관이 피의자에게 진술거부권을 행사할 수 있음을 알려 주고 그 행사 여부를 질문하였다 하더라도, 형사소송법 제244조의3 제2항에 규정한 방식에 위반하여 진술거부권 행사 여부에 대한 피의자의 답변이 자필로 기재되어 있지 아니하거나 그 답변 부분에 피의자의 기명날인 또는 서명이 되어 있지 아니한 사법경찰관 작성의 피의자신문조서는 제308조의2의 적법한 절차에 따르지 아니하고 수집한 증거로서 증거능력이 없다. ★ⓒ

   | 해설 | 진술거부권은 고지하였지만 그 답변 기재방식에 위반한 피의자신문조서의 증거능력 : … 특별한 사정이 없는 한 형사소송법 제312조 제3항에서 정한 '적법한 절차와 방식'에 따라 작성된 조서라 할 수 없으므로 그 증거능력을 인정할 수 없다(대판 2013.3.28. 2010도3359[업무상횡령]). 답 ✕

2. 검사 작성의 당해 피고인에 대한 피의자신문조서에 기재된 진술의 임의성에 다툼이 있을 때에 검사가 그 임의성의 의문점을 없애는 증명을 하지 못한 경우에는 그 조서는 유죄 인정의 증거로 사용할 수 없다.

   | 해설 | 자백의 임의성의 입증책임(=검사) : 자백의 임의성에 다툼이 있을 때에는 그 임의성을 의심할 만한 합리적이고, 구체적인 사실을 피고인이 입증할 것이 아니고 검사가 그 임의성의 의문점을 해소하는 입증을 하여야 하고(대판 1998.4.10. 97도3234 등), 검사가 그 임의성의 의문점을 없애는 증명을 하지 못한 경우에는 그 진술증거는 증거능력이 부정된다(대판 2013.7.25. 2011도6380 등). 답 ◯

Ⅱ. 위법수집증거배제법칙

3. 선거관리위원회 위원·직원이 관계인에게 진술이 녹음된다는 사실을 미리 알려 주지 아니한 채 진술을 녹음하였다면, 그와 같은 조사절차에 의하여 수집한 녹음파일 내지 그에 터 잡아 작성된 녹취록은 형사소송법 제308조의2에서 정하는 '적법한 절차에 따르지 아니하고 수집한 증거'에 해당하여 원칙적으로 유죄의 증거로 쓸 수 없다.

   | 해설 | 대판 2014.10.15. 2011도3509[농업협동조합법위반]. ☞ 공직선거법 제272조의2 제1항, 공직선거관리규칙 제146조의3 제3항 및 공직선거법 제272조의2 제6항 참조. 답 ◯

4. 피의자신문 과정에 변호인의 참여권이 침해된 상태에서 작성된 피의자신문조서는 제312조에 정한 '적법한 절차와 방식'에 위반된 증거일 뿐만 아니라, 제308조의2에서 정한 '적법한 절차에 따르지 아니하고 수집한 증거'에 해당하므로 이를 증거로 할 수 없다. ★ⓒ

   | 해설 | 대판 2013.3.28. 2010도3359. ☞ 전문법칙 및 위법수집증거배제법칙에서 증거능력 배제근거를 구하고 있다. 답 ◯

제5장 증 거/제2절 증거능력 제한법리 59

5. X시의 동장직무대리에 있던 甲은 Y시장에게 X시청 전자문서시스템을 통하여 전자우편을 보냈는데, 전자우편의 내용은 甲이 통장 김모 등에게 Y시장을 도와달라고 부탁하였다는 내용을 담고 있는 것이었다. 그런데 X시청 소속 공무원인 제3자가 권한 없이 전자우편에 대한 비밀보호조치를 해제한 후 이 사건 전자우편을 수집하였다. 이렇게 수집된 이 사건 전자우편과 이를 기초로 수집된 참고인진술조서가 甲의 공직선거법위반 혐의에 대한 증거로 제출되었다. 이 전자우편과 이에 기초한 참고인진술조서는 甲의 공선법위반죄에서 증거능력이 있다. ★ⓒ

해설 사인(私人)의 위법수집증거와 위법수집증거배제법칙 적용여부(이익형량설) : 증거수집의 주체가 수사기관이든, 사인이든, 판례의 사안과 같은 일반공무원이든 관계없이, 적법절차에 따르지 않고 수집한 증거는 형사소송법 제308조의2의 위법수집증거배제법칙이 적용되고, 이 경우 증거능력 유무는 공익과 사익의 비교형량을 통하여 판단하는 재량적 위법수집증거배제법칙을 채택한 판례로 평가된다(대판 2013. 11.28. 2010도12244[공선법위반] [동장직무대리의 전자우편 사건] 참조). 답 O

6. 강제연행상태에서의 1차 채뇨 이후 법원이 발부한 압수영장에 기하여 이루어진 2차 채뇨절차에 의하여 수집된 소변감정서 등은 증거능력이 있다. ★ⓒ

해설 대판 2013.3.14. 2012도13611[독수과실의 예외(4)를 인정한 사건]. 답 O

7. 수사기관이 이른바 '미란다 원칙'을 고지하지 않은 채 피고인을 강제로 연행한 상태에서 호흡측정의 방법에 의한 음주측정을 한 다음 그 강제연행 상태로부터 시간적·장소적으로 단절되었다고 볼 수도 없고 피의자의 심적 상태 또한 강제연행 상태로부터 완전히 벗어났다고 볼 수 없는 상황에서 피의자가 호흡측정 결과에 대한 탄핵을 하기 위하여 스스로 혈액채취 방법에 의한 측정을 할 것을 요구하여 혈액채취가 이루어진 경우, 2차적으로 수집된 채혈에 의한 혈중알콜농도 측정결과는 증거능력이 없다. ★ⓒ

해설 대판 2013.3.14. 2010도2094[위법한 체포상태에서 호흡측정 후 자발적 강제채혈 사건]. ☞ 위법수집증거로 증거능력이 없다는 판시이다. 답 O

8. 수사기관이 피의자 甲의 공직선거법 위반 범행을 영장 범죄사실로 하여 발부받은 압수·수색영장의 집행 과정에서 乙, 丙 사이의 대화가 녹음된 녹음파일(이하 '녹음파일')을 압수하여 乙, 丙의 공직선거법 위반 혐의사실을 발견한 경우, 위 녹음파일은 피고인 乙, 丙의 공직선거법 위반의 혐의사실에 대하여 증거능력이 있다. ★ⓒ

해설 대판 2014.1.16. 2013도7101[공선법·정자법위반][관련성 없는 녹음파일 압수 사건]. ☞ 이 사건 녹음파일은, 이 사건 영장에 의하여 압수할 수 있는 물건 내지 전자정보로 볼 수 없어 압수수색의 관련성 요건을 위반하여 증거능력이 없다는 판시이다. 답 X

9. 압수·수색영장의 서명날인란에 법관의 서명만 있고 날인이 없이 발부된 압수·수색영장에 따라 수집한 증거 및 그에 기초하여 획득한 2차적 증거는 그 증거능력을 인정할 수 없다. ★ⓒ

해설 판사의 날인이 누락된 압수·수색영장에 기초하여 수집한 증거가 위법수집증거 해당 여부(소극) : 이 사건 영장은 법관의 서명날인란에 서명만 있고 날인이 없으므로, 형사소송법이 정한 요건을 갖추지 못하여 적법하게 발부되었다고 볼 수 없다(제219조, 제114조 제1항 본문 참조). 그러나 여러 사정을 전체적·종합적으로 고려하면, 유죄 인정의 증거로 사용할 수 있는 경우에 해당한다(대판 2019.7.11. 2018도20504[판사의 서명만 있고 날인이 없는 영장집행사건]). ☞ 피고인들이 피해회사의 영업비밀을 취득·사용 또는 누설하였다는 부정경쟁방지 및 영업비밀보호에 관한 법률 위반(영업비밀누설 등) 등의 공소사실로 기소된 사건에서, 영장담당판사가 발부한 압수수색영장에 법관의 서명만 있고 날인이 없으므로 그 압수수색영장은 형사소송법이 정한 요건을 갖추지 못하여 적법하게 발부되었다고 볼 수 없으나, 이러한 압수수색영장에 따라 압수한 파일 출력물과 이에 기초하여 획득한 2차적 증거인 피의자신문조서, 법정진술 등은 위법수집증거에 해당하지 않고, 위와 같은 압수절차에서 피고인의 참여권 등의 절차 참여를 보장한 취지가 실질적으로 침해되었다고 볼 수 없어 이를 유죄 인정의 증거로 사용할 수 있다고 판단한 사례.　　　　　　　　　　　　　　　　　　　　　　　　　　　　　　　　　　X

Ⅲ. 전문법칙

10. 대화 내용을 녹음한 파일 등의 전자매체는 그 성질상 작성자나 진술자의 서명 혹은 날인이 없을 뿐만 아니라, 녹음자의 의도나 특정한 기술에 의하여 그 내용이 편집·조작될 위험성이 있음을 고려하여 그 대화 내용을 녹음한 원본이거나 혹은 원본으로부터 복사한 사본일 경우에는 복사 과정에서 편집되는 등 인위적 개작 없이 원본의 내용 그대로 복사된 사본임이 입증되어야만 하고, 그러한 입증이 없는 경우에는 쉽게 그 증거능력을 인정할 수 없다.

| 해설 | 대판(全合) 2015.1.22. 2014도10978[이석기 사건] 등.　　　　　　　　　　　　　　　　O

11. 어떤 진술이 기재된 서류가 그 내용의 진실성이 범죄사실에 대한 직접증거로 사용될 때는 전문증거가 되지만, 그와 같은 진술을 하였다는 것 자체 또는 진술의 진실성과 관계없는 간접사실에 대한 정황증거로 사용될 때는 반드시 전문증거가 되는 것이 아니다.　　　　　　　　　　　　　　　　　★

| 해설 | 타인의 진술을 내용으로 하는 진술이 전문증거 또는 본래증거에 해당하는지 판단하는 기준 : 어떤 진술이 기재된 서류가 그 내용의 진실성이 범죄사실에 대한 직접증거로 사용될 때는 **전문증거**가 된다고 하더라도, 그와 같은 진술을 하였다는 것 자체 또는 그 진술의 진실성과 관계없는 간접사실에 대한 정황증거로 사용될 때는 반드시 전문증거가 되는 것은 아니다(대판(全合) 2019.8.29. 2018도2738[국정농단 사건]). ☞ 타인의 진술을 내용으로 하는 진술이 전문증거인지 여부는 요증사실과의 관계에서 정해진다. 원진술의 내용인 사실이 요증사실인 경우에는 **전문증거**이나, 원진술의 존재 자체가 요증사실인 경우에는 **본래증거**이지 전문증거가 아니다.　　　　　　　　　　　　　　　　　　　　　　　　　　　　　　　　　　　　　　O

12. 어떠한 내용의 진술을 하였다는 사실 자체에 대한 정황증거로 사용될 것이라는 이유로 서류의 증거능력을 인정한 다음 그 사실을 다시 진술 내용이나 그 진실성을 증명하는 간접사실로 사용하는 경우에 그 서류는 전문증거가 아니라 본래증거에 해당한다.　　　　　　　　　　　　　　　　　　　★ⓒ

| 해설 | 정황증거를 통한 전문증거 - Backdoor 전문(傳聞)의 금지(전문법칙의 잠탈 불허) : 일반적으로 진술의 진실성이 증거로 사용될 때는 **전문증거**이지만 진술의 존재 자체 또는 진술의 진실성과 관계없는 간접사실에 대한 정황증거로 사용될 때는 **전문증거가 아니다**(대판 2012도2937, 2012도16001 참조). 그러나 설문처럼 어떠한 내용의 진술을 하였다는 사실 자체에 대한 정황증거로 사용될 것이라는 이유로 서류의 증거능력을 인정한 다음 그 사실을 다시 진술 내용이나 그 진실성을 증명하는 간접사실로 사용하는 경우에 그 서류는 **전문증거**에 해당한다(대판(全合) 2019.8.29. 2018도2738[국정농단 사건]). ☞ 왜냐하면 서류가 그곳에 기재된 원

진술의 내용인 사실을 증명하는 데 사용되어 원진술의 내용인 사실이 요증사실이 되기 때문이다. 이러한 경우 형사소송법 제311조부터 제316조까지 정한 요건을 충족하지 못한다면 증거능력이 없다. ✗

13. 법원이 피해자가 양○○에게 '피고인이 추행했다'는 진술을 하였다는 것 자체에 대한 증거로 사용된다는 이유로 증거능력을 인정한 다음 양○○의 위 진술이 피해자의 진술에 부합한다고 보아 양○○의 위 진술을 피해자의 진술 내용의 진실성을 증명하는 간접사실로 사용하는 경우에는, 위 양○○의 법정진술은 피고인의 추행사실에 대한 유죄의 증거로 사용할 수 있다. ★ⓒ

해설 정황증거를 통한 전문증거 – Backdoor 전문(傳聞)의 금지(전문법칙의 잠탈 불허) : 위 양○○의 진술은 전문증거에 해당하고, 형사소송법 제310조의2, 제316조 제2항의 요건(원진술자의 출석·진술불능 및 특신상태)을 갖추지 못하는 한 증거능력이 없다(대판 2021.2.25. 2020도17109["피해자로부터 '피고인이 추행했다'는 취지의 말을 들었다."는 증인의 법정진술이 전문증거에 해당한다는 사건]). ☞ 상세는 앞 문제해설 참조. ✗

14. 녹음파일들이 거기에 녹음된 진술 내용의 진실성을 증명하기 위해 제출된 것이 아니라 그러한 진술이 있었다는 사실 그 자체를 증명하기 위해 제출된 것이므로 녹음파일들에 대해서는 전문법칙이 적용되지 아니한다. ★ⓒ

해설 즉 본래증거에 해당한다(대판 2015.1.22. 2014도10978[이석기 사건] 등). ○

15. 수표를 발행한 후 예금부족 등으로 지급되지 아니하게 하였다는 부정수표단속법위반 공소사실을 증명하기 위하여 제출되는 수표에 대하여는 전문법칙이 적용된다.

해설 수표를 발행한 후 예금부족 등으로 지급되지 아니하게 하였다는 부정수표단속법위반 공소사실을 증명하기 위하여 제출되는 수표에 대하여 전문법칙이 적용되는지 여부(소극) : 피고인이 수표를 발행하였으나 예금부족 또는 거래정지처분으로 지급되지 아니하게 하였다는 부정수표단속법위반의 공소사실을 증명하기 위하여 제출되는 수표는 그 서류의 존재 또는 상태 자체가 증거가 되는 것이어서 **증거물인 서면**에 해당하고 어떠한 사실을 직접 경험한 사람의 진술에 갈음하는 대체물이 아니므로, 증거능력은 증거물의 예에 의하여 판단하여야 하고, 이에 대하여는 형사소송법 제310조의2에서 정한 전문법칙이 적용될 여지가 없다(대판 2015.4.23. 2015도2275). ☞ 부정수표단속법위반죄의 증거로 제출되는 **수표**는 전문법칙이 적용되지 않는다는 판시이다. ✗

16. 형사소송법상 전문법칙의 예외요건인 원진술이 '특히 신빙할 수 있는 상태하에서 행하여진 때'란 그 진술내용이나 조서 또는 서류의 작성에 허위개입의 여지가 거의 없고 그 진술내용의 신용성이나 임의성을 담보할 구체적이고 외부적인 정황이 있는 경우에 한하여 예외적으로 증거능력을 인정하고자 하는 취지이다.

해설 대판 2014.8.26. 2011도6035; 대판 2022.4.28. 2018도3914 등. ○

17. 2020. 2. 4. 개정되어 2022. 2. 1.부터 시행되고 있는 제312조 제1항의 "검사가 작성한 피의자신문조서는 적법한 절차와 방식에 따라 작성된 것으로서 공판준비, 공판기일에 그 피의자였던 피고인 또는 변호인이 그 내용을 인정할 때에 한정하여 증거로 할 수 있다."에서 '그 내용을 인정할 때'란 피의자신문조서의 기재 내용이 진술 내용대로 기재되어 있다는 의미가 아니고 그와 같이 진술한 내용이 실제 사실과 부합한다는 것을 의미한다. ★

> **해설** 검사작성 피의자신문조서의 증거능력 인정요건으로서의 '내용인정'의 의미(= 진술한 내용이 실제 사실과 부합한다는 것) : 대판 2023.4.27. 2023도2102 등. ☞ 피고인이 제1심에서 마약매도의 공소사실을 부인하는 경우에는 증거목록에 피고인이 제1심에서 검사 피의자신문조서에 동의한 것으로 기재되어 있어도 그 중 공소사실을 인정하는 취지의 진술 내용을 인정하지 않았다고 보아야 하고 증거목록에 위와 같이 기재되어 있는 것은 착오 기재이거나 조서를 잘못 정리한 것으로 이해될 뿐 이로써 검사작성 피의자신문조서가 증거능력을 가지게 되는 것은 아니다.
> 답 O

18. 제312조 제1항의 검사작성 피의자신문조서에는 당해 피고인에 대한 피의자신문조서뿐만 아니라 당해 피고인과 공범관계에 있는 공동피고인 또는 공동피의자에 대한 피의자신문조서는 포함되지 않는다. ★ⓒ

> **해설** 제312조 제1항의 적용범위(→ 검사작성 공범에 대한 피의자신문조서에도 적용됨) : 제312조 제1항의 개정취지상(검사와 사경의 상호협력관계, 인권보장 및 공판중심주의 강화), 제312조 제1항은 검사작성 공범에 대한 피의자신문조서에도 적용된다. **개정법 하의 판례**도 제312조 제1항의 검사작성 피의자신문조서에는 당해 피고인에 대한 피의자신문조서뿐만 아니라 당해 피고인과 공범관계에 있는 공동피고인 또는 공동피의자에 대한 피의자신문조서도 **포함**된다고 한다(대판 2023.6.1. 2023도3741; 대판 2023.4.27. 2023도2102 등 참조).
> ☞ 따라서 **검사작성 공범에 대한 피의자신문조서는 당해 피고인이 그 내용을 부인하면 당해 피고인에 대하여 증거능력이 없다.** → 소위 원진술자내용인정설이 아닌 **피고인내용인정설 : 소위 공범에 대한 판례 명제 ❷**
> 답 X

19. 검사작성 당해피고인(甲)과 필요적 공범 또는 대향범 관계에 있는 공동피고인 또는 공동피의자(乙)에 대한 피의자신문조서가 당해 피고인(甲)에 대하여 증거능력이 인정되기 위해서는 제312조 제4항의 요건이 충족되어야 한다. ★ⓒ

> **해설** 검사작성 공범에 대한 피의자신문조서에서 '공범'의 범위 : 형사소송법 제312조 제1항에서 정한 '검사가 작성한 피의자신문조서'란 당해 피고인에 대한 피의자신문조서만이 아니라 당해 피고인과 공범관계에 있는 다른 피고인이나 피의자에 대하여 검사가 작성한 피의자신문조서도 포함되고, 여기서 말하는 '**공범**'에는 형법 총칙의 공범 이외에도 서로 대향된 행위의 존재를 필요로 할 뿐 각자의 구성요건을 실현하고 별도의 형벌 규정에 따라 처벌되는 강학상 필요적 공범 또는 대향범까지 **포함**하며, 따라서 **피고인이 자신과 공범관계에 있는 다른 피고인이나 피의자에 대하여 검사가 작성한 피의자신문조서의 내용을 부인하는 경우에는 형사소송법 제312조 제1항에 따라 유죄의 증거로 쓸 수 없다**(대판 2023.4.27. 2023도2102; 대판 2023.6.1. 2023도3741). ☞ 따라서 **마약매수인**에 대한 검사작성 피의자신문조서는 필요적 공범관계에 있는 **마약매도인**이 그 내용을 부인하면 마약매도인에 대하여 증거능력이 없다.
> 답 X

20. 甲과 공범관계에 있는 乙에 대한 검사작성 피의자신문조서의 경우, 원진술자인 공범 乙이 사망 등으로 진술할 수 없고 특신상태가 증명되면 당해 피고인 甲에 대하여 증거능력이 있게 된다. ★ⓒ

> **해설** 검사작성 당해 피고인과 공범관계에 있는 자에 대한 피의자신문조서의 제314조 적용여부(적극) : 구법 하의 판례는 제312조 제4항의 요건을 충족하지 않은 경우라도 제314조가 적용되어 필요성, 특신상태가 충족되면 증거능력이 인정될 수는 있다는 입장이었지만(대판 2014.8.26. 2011도6035[대질신문 중 공범 사망 사건] 참조), 2020. 2. 4. 개정 형사소송법 제312조 제1항 취지(검사와 사경의 상호협력관계, 인권보장 및 공판중심주의 강화)에 비추어, 검사작성 공범에 대한 피의자신문조서는 당해 피고인이 그 내용을 부인하면 증거능력이 부정되므로 **그 당연한 결과로 원진술자인 공범 등의 사망을 전제로 하는 제314조는 적용되지 않는다**고 보아야 한다. ☞ 아직 개정법 하에서는 제312조 제1항은 제314조가 적용되지 않는다는 명시적인 판례는 보

이지 않지만, 앞으로 사경작성 피의자신문조서에 대한 **제312조 제3항에 관한 판례의 법리가 그대로 타당하게 적용될 것으로 전망된다**(대판(全合) 2004.7.15. 2003도7185 등 참조).　　　　답 O

21. **양벌규정에 따라 기소된 경우, 이러한 법인 또는 개인과 행위자 사이의 관계에서도 형사소송법 제312조 제3항의 공범에 관한 대법원의 법리가 마찬가지로 적용되므로, 당해피고인이 공범에 대한 사법경찰관 작성 피의자신문조서에 대하여 그 내용을 부인하면 증거능력이 인정될 수 없고, 행위자인 공범이 사망하였더라도 제314조가 적용되지는 않는다.**　　★ⓒ

    |해설| [1] 제312조 제3항의 법리 : 형사소송법 제312조 제3항은 검사 이외의 수사기관이 작성한 해당 피고인에 대한 피의자신문조서를 유죄의 증거로 하는 경우뿐만 아니라 검사 이외의 수사기관이 작성한 해당 피고인과 공범관계에 있는 다른 피고인이나 피의자에 대한 피의자신문조서를 해당 피고인에 대한 유죄의 증거로 채택할 경우에도 적용된다. 따라서 **해당 피고인과 공범관계가 있는 다른 피의자에 대하여 검사 이외의 수사기관이 작성한 피의자신문조서**는 그 피의자의 법정진술에 의하여 그 성립의 진정이 인정되는 등 형사소송법 제312조 제4항의 요건을 갖춘 경우라고 하더라도 해당 피고인이 공판기일에서 그 조서의 내용을 부인한 이상 이를 유죄 인정의 증거로 사용할 수 없고, 그 당연한 결과로 위 피의자신문조서에 대하여는 사망 등 사유로 인하여 법정에서 진술할 수 없는 때에 예외적으로 증거능력을 인정하는 규정인 형사소송법 제314조가 적용되지 아니한다(대판(全合) 2004.7.15. 2003도7185 등 참조). [2] **양벌규정상 행위자인 다른 피의자에 대한 사법경찰관 작성의 피의자신문조서가 사업주인 당해 피고인에 대하여 증거능력을 가지기 위한 요건**(제312조 제3항설 중 피고인내용인정설) 및 형사소송법 제314조의 적용 여부(소극) : 그리고 이러한 법리는 공동정범이나 교사범, 방조범 등 공범관계에 있는 자들 사이에서뿐만 아니라, **법인의 대표자나 법인 또는 개인의 대리인, 사용인, 그 밖의 종업원 등 행위자의 위반행위에 대하여 행위자가 아닌 법인 또는 개인이 양벌규정에 따라 기소된 경우**, 이러한 법인 또는 개인과 행위자 사이의 관계에서도 마찬가지로 적용된다고 보아야 한다(대판 2020.6.11. 2016도9367[의료법위반] [양벌규정의 종업원과 사업주는 형사증거법상 공범 내지 이에 준하는 관계에 있다고 보아, 망인인 종업원에 대한 경찰 피의자신문조서는 형사소송법 제312조 제3항 소정의 '검사 이외의 수사기관이 작성한 피의자신문조서'에 해당하므로, 같은 법 제314조에 기초하여 위 경찰 피의자신문조서의 증거능력을 인정할 수 없다고 본 사건]). ☞ 대법원은 이러한 법리를 토대로, 피고인이 운영하는 병원의 사무국장으로 근무하던 공소외인이 저지른 행위에 대하여 피고인이 양벌규정인 의료법 제91조를 적용법조로 기소된 사안에서, **검사가 증거로 제출한 사법경찰관 작성의 (사망한) 공소외인에 대한 피의자신문조서에 관해서는 피고인이 증거동의를 한 바 없고 오히려 그 내용을 부인하였음에도 불구하고,** 원심은 위 피의자신문조서에 대하여는 형사소송법 제312조 제3항이 아니라 형사소송법 제312조 제4항 및 제314조가 적용된다고 보아 그 증거능력을 인정하여 피고인에게 유죄를 인정한 것을 파기한 사례.　　　　답 O

22. **피고인 본인의 진술에 의한 실질적 진정성립의 인정은 공판준비 또는 공판기일에서 한 명시적인 진술에 의하여야 하고, 단지 피고인이 실질적 진정성립에 대하여 이의하지 않았다거나 조서 작성절차와 방식의 적법성을 인정하였다는 것만으로 실질적 진정성립까지 인정한 것으로 보아서는 안 된다.**

    |해설| 대판 2013.3.14. 2011도8325. ☞ 이와 같이 최근 판례는 공판중심주의 강화라는 입장에서 실질적 진정성립의 증명에 대하여 엄격히 해석하는 경향이다.　　　　답 O

23. **'영상녹화물'이란 형사소송법 제221조 제1항 후문 및 형사소송규칙 제134조의2, 제134조의3에 규정된 방식과 절차에 따라 제작되어 조사 신청된 영상녹화물을 의미하므로, 이를 위반한 영상녹화물에 의하여는 특별한 사정이 없는 한 피고인 아닌 자의 진술을 기재한 조서의 실질적 진정성립을 증명할 수 없다.**

    |해설| 대판 2022.6.16. 2022도364.　　　　답 O

24. 수사기관이 참고인을 조사하는 과정에서 형사소송법 제221조 제1항에 따라 작성한 영상녹화물은, 다른 법률에서 달리 규정하고 있는 등의 특별한 사정이 없는 한, 공소사실을 직접 증명할 수 있는 독립적인 증거로 사용될 수는 없다. ★ⓒ

> **해설** 영상녹화물의 독립한 증거능력(원칙적 소극) : 2007. 6.1.법률 제8496호로 개정되기 전의 형사소송법에는 없던 수사기관에 의한 피의자 아닌 자(이하 '참고인') 진술의 영상녹화를 새로 정하면서 그 용도를 참고인에 대한 진술조서의 실질적 진정성립을 증명하거나 참고인의 기억을 환기시키기 위한 것으로 한정하고 있는 현행 형사소송법의 규정 내용을 영상물에 수록된 성범죄 피해자의 진술에 대하여 독립적인 증거능력을 인정하고 있는 **성폭력범죄의 처벌 등에 관한 특례법 제30조 제6항** 또는 **아동·청소년의 성보호에 관한 법률 제26조 제6항**의 규정과 대비하여 보면, 수사기관이 참고인을 조사하는 과정에서 형사소송법 제221조 제1항에 따라 작성한 영상녹화물은, 다른 법률에서 달리 규정하고 있는 등의 특별한 사정이 없는 한, 공소사실을 직접 증명할 수 있는 독립적인 증거로 사용될 수는 없다(대판 2014.7.10. 2012도5041).
> ☞ 다만, **성폭력처벌법 제30조 제6항** → 피고인의 반대신문권 침해를 이유로 **위헌결정**(헌재결 2021.12.23. 2018헌바524)
> 답 O

25. 조사자 또는 조사과정에 참여한 통역인 등의 증언은 형사소송법 제312조 제2항에 규정된 '그 밖의 객관적인 방법'에 해당한다고 볼 수 없다. ★ⓒ

> **해설** '그 밖의 객관적인 방법'에 조사자의 증언 포함 여부(소극) : 검사 작성의 피의자신문조서에 대한 실질적 진정성립을 증명할 수 있는 수단으로서 형사소송법 제312조 제2항에 규정된 '영상녹화물이나 그 밖의 객관적인 방법'이란 형사소송법 및 형사소송규칙에 규정된 방식과 절차에 따라 제작된 영상녹화물 또는 그러한 영상녹화물에 준할 정도로 피고인의 진술을 과학적·기계적·객관적으로 재현해 낼 수 있는 방법만을 의미하고, 그 외에 **조사관 또는 조사과정에 참여한 통역인 등의 증언**은 이에 해당한다고 볼 수 없다(대판 2016.2.18. 2015도16586).
> 답 O

26. 형사소송법 제312조 제4항의 '적법한 절차와 방식에 따라 작성된 것'이란 형사소송법이 피고인 아닌 사람의 진술에 대한 조서 작성 과정에서 지켜야 한다고 정한 여러 절차를 준수하고 조서의 작성 방식에도 어긋나지 않아야 한다는 것을 의미한다.

> **해설** 대판 2017.7.18. 2015도12981, 2015전도218.
> 답 O

27. ① '특히 신빙할 수 있는 상태'란 진술 내용이나 조서 작성에 허위개입의 여지가 거의 없고, 진술 내용의 신빙성이나 임의성을 담보할 구체적이고 외부적인 정황이 있는 것을 말한다. ★
② '특신상태'에 대하여는 검사가 엄격한 증명의 방법으로 증명하여야 한다. ★

> **해설** ① 대판 2014.8.26. 2011도6035; 대판 2022.4.28. 2018도3914 등. ② **특신상태의 증명** : '특신상태'는 증거능력의 요건에 해당하므로 검사가 그 존재에 대하여 구체적으로 주장·증명하여야 하지만, 이는 소송상의 사실에 관한 것이므로 엄격한 증명을 요하지 아니하고 자유로운 증명으로 족하다(대판 2012.7.26. 2012도2937).
> 답 ①O, ②X

28. 수사과정에서 진술조서가 아닌 진술서를 작성·제출받는 경우에는 이러한 수사과정을 기록할 필요는 없다. ★ⓒ

해설 수사과정을 기록(제244조의4)하지 않은 수사과정 진술서의 증거능력(소극) : 형사소송법 제221조 제1항, 제244조의4 제1항, 제3항, 제312조 제4항, 제5항 및 그 입법목적 등을 종합하여 보면, 피고인이 아닌 자가 수사과정에서 진술서를 작성하였지만 수사기관이 그에 대한 조사과정을 기록하지 아니하여 제244조의4 제3항, 제1항에서 정한 절차를 위반한 경우에는, 특별한 사정이 없는 한 '적법한 절차와 방식'에 따라 수사과정에서 진술서가 작성되었다 할 수 없으므로 증거능력을 인정할 수 없다(대판 2015.4.23. 2013도3790[정자법위반] [수사기록 없는 피고인 아닌 자의 수사과정 진술서 사건]). ☞ **수사과정의 진술서에도 수사기록이 필요하다는 판시**(대판 2022.10.27. 2022도9510 참조). ✗

29. 조세범칙조사를 담당하는 세무공무원이 피고인이 된 혐의자 또는 참고인에 대하여 심문한 내용을 기재한 조서는 검사·사법경찰관 등 수사기관이 작성한 조서와 동일하게 형사소송법 제312조에 따라 증거능력의 존부를 판단하여야 한다. ★

해설 조세범칙조사를 담당하는 세무공무원이 피고인이 된 혐의자 또는 참고인에 대하여 심문한 내용을 기재한 조서가 증거능력이 인정되기 위한 요건(→ 제312조가 아닌 제313조) : [1] 조세범 처벌절차법 등 관련 법령에 조세범칙조사를 담당하는 세무공무원에게 압수·수색 및 혐의자 또는 참고인에 대한 심문권한이 부여되어 있어 그 업무의 내용과 실질이 수사절차와 유사한 점이 있고, 이를 기초로 수사기관에 고발하는 경우에는 형사절차로 이행되는 측면이 있다 하여도, 달리 특별한 사정이 없는 한 이를 형사절차의 일환으로 볼 수는 없다. [2] 그러므로 **조세범칙조사를 담당하는 세무공무원이 피고인이 된 혐의자 또는 참고인에 대하여 심문한 내용을 기재한 조서**는 검사·사법경찰관 등 수사기관이 작성한 조서와 동일하게 볼 수 없으므로 형사소송법 제312조에 따라 증거능력의 존부를 판단할 수는 없고, 피고인 또는 피고인이 아닌 자가 작성한 진술서나 그 진술을 기재한 서류에 해당하므로 **형사소송법 제313조**에 따라 공판준비 또는 공판기일에서 작성자·진술자의 진술에 따라 성립의 진정함이 증명되고 나아가 그 진술이 특히 신빙할 수 있는 상태 아래에서 행하여진 때에 한하여 증거능력이 인정된다(대판 2022.12.15. 2022도8824). ✗

30. 피고인이 위험한 물건을 휴대하고 피해자를 폭행하여 치료일수 미상의 상해를 가하였다는 혐의로 기소된 경우, 피해자가 제1심 제2회 공판기일에는 출석하여 검찰의 주신문 전부와 변호인의 반대신문사항 중 절반가량에 대하여 진술한 상태에서 증인신문이 속행되었으나, 그 이후부터 법정에 출석하지 아니하다가 항소심에 이르러 소재불명 상태가 되었다면, 항소심은 피해자에 대한 증인신문조서와 검찰, 경찰 각 진술조서의 증거능력을 인정할 수 있다. ★ⓒ

해설 반대신문권의 기회는 제공되었으나 반대신문사항을 모두 신문하지 못한 경우, 증인의 법정진술이나 그 진술이 기재된 증인신문조서 및 수사기관 작성 조서의 증거능력(원칙적 소극) : 반대신문권의 보장(제161조의2의 증인신문의 교호신문방식, 제310조의2의 전문법칙)은 피고인에게 불리한 주된 증거의 증명력을 탄핵할 수 있는 기회가 보장되어야 한다는 점에서 형식적·절차적인 것이 아니라 실질적·효과적인 것이어야 한다. 따라서 피고인에게 불리한 증거인 증인이 주신문의 경우와 달리 반대신문에 대하여는 답변을 하지 아니하는 등 진술 내용의 모순이나 불합리를 그 증인신문 과정에서 드러내어 이를 탄핵하는 것이 사실상 곤란하였고, 그것이 피고인 또는 변호인에게 책임 있는 사유에 기인한 것이 아닌 경우라면, 관계 법령의 규정 혹은 증인의 특성 기타 공판절차의 특수성에 비추어 이를 정당화할 수 있는 특별한 사정이 존재하지 아니하는 이상, **이와 같이 실질적 반대신문권의 기회가 부여되지 아니한 채 이루어진 증인의 법정진술은 위법한 증거로서 증거능력을 인정하기 어렵다. 이 경우 피고인의 책문권 포기로 그 하자가 치유될 수 있으나, 책문권 포기의 의사는 명시적인 것이어야 한다**(대판 2022.3.17. 2016도17054(특수상해) [피해자가 변호인의 반대신문을 절반가량 남겨둔 상황에서 속행된 증인신문기일에 출석하지 않고 이후 소재불명에 이른 사건]). 답 ✗

31. '성폭력범죄의 처벌 등에 관한 특례법'(이하 '성폭력처벌법') 제30조 제1항에 따라 촬영한 영상물에 수록된 피해자의 진술은 공판준비기일 또는 공판기일에 피해자나 조사 과정에 동석하였던 신뢰관계에 있는 사람 또는 진술조력인의 진술에 의하여 그 성립의 진정함이 인정된 경우에 증거로 할 수 있다. ★ⓒ

해설 성폭력처벌법 제30조 제6항 → 위헌결정 : 자기에게 불리하게 진술한 증인에 대하여 반대신문의 기회를 부여해야 한다는 절차적 권리의 보장은 피고인의 '공정한 재판을 받을 권리'의 핵심적인 내용을 이룬다. 피고인의 반대신문권을 보장하면서도 미성년 피해자를 보호할 수 있는 조화로운 방법을 상정할 수 있는데도, 피고인의 반대신문권을 실질적으로 배제하여 **피고인의 방어권을 과도하게 제한**하는 이 사건 위헌 법률 조항은 피해의 최소성, 법익의 균형성 요건을 충족하지 못하여 과잉금지 원칙을 위반하고 피고인의 공정한 재판을 받을 권리를 침해한다(헌재결 2021.12.23. 2018헌바524). ☞ 따라서 원진술자인 피해자가 아닌 조사 과정에 동석하였던 신뢰관계에 있는 사람 또는 진술조력인의 진술에 의하여 그 성립의 진정을 인정하여 증거능력을 인정할 수 없게 되었다. 답 ✗

32. 피고인 甲이 위력으로써 13세 미만 미성년자인 피해자 A(女, 12세)에게 유사성행위와 추행을 하였다는 성폭력처벌법위반의 공소사실에 대하여, 피고인은 위 영상물과 속기록을 증거로 함에 동의하지 않았고, 조사 과정에 동석하였던 신뢰관계인에 대한 증인신문이 이루어졌을 뿐 원진술자인 A에 대한 증인신문은 이루어지지 않은 경우에도, 법원은 A의 진술과 조사 과정을 촬영한 영상물과 속기록을 '아동·청소년의 성보호에 관한 법률'(이하 '청소년성보호법') 제26조 제6항에 따라 유죄의 증거로 사용할 수 있다. ★ⓒ

해설 청소년성보호법 제26조 제6항 → 위헌의 소지 : 피고인 甲이 위력으로써 13세 미만 미성년자인 피해자 A(女, 12세)에게 유사성행위와 추행을 하였다는 성폭력처벌법위반의 공소사실에 대하여, 원심이 A의 진술과 조사 과정을 촬영한 영상물과 속기록을 중요한 증거로 삼아 유죄로 인정하였는데, 피고인은 위 영상물과 속기록을 증거로 함에 동의하지 않았고, 조사 과정에 동석하였던 신뢰관계인에 대한 증인신문이 이루어졌을 뿐 원진술자인 A에 대한 증인신문은 이루어지지 않은 사안(대판 2022.4.14. 2021도14530·2021전도143). ☞ **헌재결 2021.12.23. 2018헌바524**에서 '성폭력범죄의 처벌 등에 관한 특례법'(이하 '성폭력처벌법') 제30조 제6항에 대하여 피고인의 반대신문권 침해를 이유로 위헌결정을 하였는데, 위 위헌결정의 효력은 결정 당시 법원에 계속 중이던 사건에도 미치므로 위헌 법률 조항은 위 영상물과 속기록의 증거능력을 인정하는 근거가 될 수 없고, 한편 피고인의 범행은 청소년성보호법 제26조 제1항의 아동·청소년대상 성범죄에 해당하므로 같은 법 제26조 제6항에 따라 영상물의 증거능력이 인정될 여지가 있으나, **청소년성보호법 제26조 제6항 중 위헌 법률 조항과 동일한 내용을 규정한 부분**은 위헌결정의 심판대상이 되지 않았지만 위헌 법률 조항에 대한 위헌결정 이유와 마찬가지로 과잉금지 원칙에 위반될 수 있으므로, 청소년성보호법 제26조 제6항의 위헌 여부 또는 그 적용에 따른 위헌적 결과를 피하기 위하여 A를 증인으로 소환하여 진술을 듣고 피고인에게 반대신문권을 행사할 기회를 부여할 필요가 있는지 여부 등에 관하여 심리·판단하였어야 한다는 이유로, 이와 같은 심리에 이르지 않은 채 위 영상물과 속기록을 유죄의 증거로 삼은 원심판결에 법리오해 또는 심리미진의 잘못이 있다고 한 사례. 답 ✗

33. 진술을 요하는 자가 외국에 거주하고 있어 공판정 출석을 거부하면서 출석할 수 없는 사정을 밝히고 있으나, 거주하는 외국의 주소나 연락처 등이 파악되고 해당 국가와 대한민국 간에 국제형사사법공조조약이 체결된 상태인 경우, 형사소송법 제314조 적용을 위해서는 법원이 우선 사법공조의 절차에 의하여 증인을 소환할 수 있는지를 검토해 보아야 하고, 소환을 할 수 없는 경우라도 외국의 법원에 사법공조로 증인신문을 실시하도록 요청하는 등의 절차를 거쳐야 하고, 이러한 절차를 전혀 시도해 보지도 아니한 것은 가능하고 상당한 수단을 다하더라도 진술을 요하는 자를 법정에 출석하게 할 수 없는 사정이 있는 때에 해당한다고 보기 어렵다. ★ⓒ

| 해설 | 외국거주와 사법공조 : 대판 2016.2.18. 2015도17115. 답 O

34. 제314조의 '소재불명'과 관련하여 증인의 법정출석을 위한 가능하고도 충분한 노력을 다하였음에도 불구하고 부득이 증인의 법정출석이 불가능하게 되었다는 사정은 검사가 증명한 경우여야 한다. ★

| 해설 | 소재불명의 입증책임(= 검사) : 대판 2013.4.11. 2013도1435 등. 답 O

35. 검사가 제출한 증인신청서에 휴대전화번호가 기재되어 있고, 수사기록 중 甲에 대한 경찰 진술조서에는 집 전화번호도 기재되어 있으며, 그 이후 작성된 검찰 진술조서에는 위 휴대전화번호와 다른 휴대전화번호가 기재되어 있는데도, 검사가 직접 또는 경찰을 통하여 위 각 전화번호로 甲에게 연락하여 법정 출석의사가 있는지 확인하는 등의 방법으로 甲의 법정 출석을 위하여 상당한 노력을 기울였다는 자료가 보이지 않는 경우, 甲의 법정 출석을 위한 가능하고도 충분한 노력을 다하였음에도 부득이 甲의 법정 출석이 불가능하게 되었다는 사정이 증명된 경우라고 볼 수 없어 형사소송법 제314조의 '소재불명 그 밖에 이에 준하는 사유로 인하여 진술할 수 없는 때'에 해당한다고 인정할 수 없다.

| 해설 | 대판 2013.4.11. 2013도1435. 답 O

36. ① 법정에 출석한 증인이 정당하게 증언거부권을 행사하여 증언거부한 경우는 형사소송법 제314조의 '그 밖에 이에 준하는 사유로 인하여 진술할 수 없는 때'에 해당한다. ★ⓒ
② 법정에 출석한 증인이 정당하지 않은 증언거부를 행사한 경우는 형사소송법 제314조의 '그 밖에 이에 준하는 사유로 인하여 진술할 수 없는 때'에 해당한다. ★ⓒ
③ 피고인이 증거서류의 진정성립을 묻는 검사의 질문에 대하여 진술거부권을 행사하여 진술을 거부한 경우는 형사소송법 제314조의 '그 밖에 이에 준하는 사유로 인하여 진술할 수 없는 때'에 해당한다. ★ⓒ

| 해설 | ① 정당한 증언거부권 행사와 제314조 적용 여부(소극) : 현행 형사소송법 제314조의 문언과 개정 취지, 증언거부권 관련 규정의 내용 등에 비추어 보면, 법정에 출석한 증인이 형사소송법 제148조, 제149조 등에서 정한 바에 따라 정당하게 증언거부권을 행사하여 증언을 거부한 경우는 형사소송법 제314조의 '그 밖에 이에 준하는 사유로 인하여 진술할 수 없는 때'에 해당하지 않는다(대판(全合) 2012.5.17. 2009도6788 [변호사 E-Mail '법률의견서' 사건]).
② 정당하지 않은 증언거부의 행사와 제314조 적용 여부(소극) : 수사기관에서 진술한 참고인이 법정에서 증언을 거부하여 피고인이 반대신문을 하지 못한 경우에는 정당하게 증언거부권을 행사한 것이 아니라도, 피고인이 증인의 증언거부 상황을 초래하였다는 등의 특별한 사정이 없는 한 형사소송법 제314조의 '그

밖에 이에 준하는 사유로 인하여 진술할 수 없는 때'에 해당하지 않는다고 보아야 한다. 따라서 증인이 정당하게 증언거부권을 행사하여 증언을 거부한 경우와 마찬가지로 수사기관에서 그 증인의 진술을 기재한 서류는 증거능력이 없다(대판(全合) 2019.11.21. 2018도13945[증인이 정당한 이유 없이 증언을 거부한 경우, 그의 진술이 기재된 검찰 진술조서는 증거능력이 없다는 사건]).

③ 진술거부권 행사와 제314조 적용 여부(소극) : 현행 형사소송법 제314조의 문언과 개정 취지, 진술거부권 관련 규정의 내용 등에 비추어 보면, 피고인이 증거서류의 진정성립을 묻는 검사의 질문에 대하여 진술거부권을 행사하여 진술을 거부한 경우는 형사소송법 제314조의 '그 밖에 이에 준하는 사유로 인하여 진술할 수 없는 때'에 해당하지 않는다(대판 2013.6.13. 2012도16001[공선법위반 또는 USB메모리 사건]).

답 ①×, ②×, ③×

37.
'특신상태'에서 요구되는 증명의 정도는, 그 진술이 이루어진 구체적인 경위와 상황에 비추어 보아 단순히 적법하고 진술의 임의성이 담보되는 정도를 넘어, 법정에서의 반대신문 등을 통한 검증을 굳이 거치지 않더라도 진술의 신빙성을 충분히 담보할 수 있어 실질적 직접심리주의와 전문법칙에 대한 예외로 평가할 수 있는 정도 – 단지 그러할 개연성이 있다는 정도로는 부족하고 합리적인 의심의 여지를 배제할 정도 – 에 이르러야 한다. ★

| 해설 | 특신상태에 관한 증명의 정도(합리적인 의심의 여지를 배제할 정도) : 대판 2014.2.21. 2013도12652 [성매매사건]; 대판 2017.7.18. 선고 2015도12981, 2015전도218[이른바 대구 대학생 성폭행 사망 사건] 등.

답 ○

38.
업무상 통상문서에 해당하는지를 구체적으로 판단함에 있어서는, 정규적·규칙적으로 이루어지는 업무활동으로부터 나온 것인지, 업무 관행이나 직무상 그 작성이 강제되는 것인지, 정보의 취득 즉시 또는 직후에 문서가 작성되어 정확성이 보장되는지, 기계적으로 기록되는 것이어서 주관적 개입의 여지가 거의 없는 것인지, 사후에 내용의 정확성을 검증할 기회가 있어 신용성이 담보되는지 등을 종합적으로 고려하여야 한다. ★

| 해설 | 제315조 제2호의 업무상 통상문서는 업무의 기계적 반복성으로 인하여 고도의 신용성이 인정되어 반대신문의 필요가 없거나 작성자를 소환해도 서면제출 이상의 의미가 없고, 제315조 3호의 특히 신용할 만한 정황에 의하여 작성된 문서(이하 '특신문서')는 굳이 반대신문 여부가 문제되지 않을 정도로 고도의 신용성의 정황적 보장이 있기 때문에 당연히 증거능력이 인정되는데, 국정원 댓글은 제315조 제2호(통상문서), 제3호(특신문서)에 해당하지 않는다는 사안이다(대판(全合) 2015.7.16. 2015도2625[13:0] [국정원댓글 사건]).

답 ○

39.
이른바 보험사기 사건에서 건강보험심사평가원이 수사기관의 의뢰에 따라 그 보내온 자료를 토대로 입원진료의 적정성에 대한 의견을 제시하는 내용의 '건강보험심사평가원의 입원진료 적정성 여부 등 검토의뢰에 대한 회신' 형사소송법 제315조 제3호의 '기타 특히 신용할 만한 정황에 의하여 작성된 문서'에 해당하여 당연히 증거능력이 인정된다. ★ⓒ

| 해설 | 형사소송법 제315조 제3호에서 규정한 '기타 특히 신용할 만한 정황에 의하여 작성된 문서'의 의미 및 이른바 보험사기 사건에서 건강보험심사평가원이 수사기관의 의뢰에 따라 그 보내온 자료를 토대로 입원진료의 적정성에 대한 의견을 제시하는 내용의 '건강보험심사평가원의 입원진료 적정성 여부 등 검토의

뢰에 대한 회신'이 이에 해당하는지 여부(소극) : 제315조 제3호에서 규정한 '기타 특히 신용할 만한 정황에 의하여 작성된 문서'는 제315조 제1호와 제2호에서 열거된 공권적 증명문서 및 업무상 통상문서에 준하여 '굳이 반대신문의 기회 부여 여부가 문제 되지 않을 정도로 고도의 신용성의 정황적 보장이 있는 문서'를 의미한다(대판(순합) 2015.7.16. 2015도2625). 따라서 사무처리 내역을 계속적, 기계적으로 기재한 문서가 아니라 범죄사실의 인정 여부와 관련 있는 어떠한 의견을 제시하는 내용을 담고 있는 문서는 형사소송법 제315조 제3호에서 규정하는 당연히 증거능력이 있는 서류에 해당한다고 볼 수 없으므로, 이른바 보험사기 사건에서 건강보험심사평가원이 수사기관의 의뢰에 따라 그 보내온 자료를 토대로 입원진료의 적정성에 대한 의견을 제시하는 내용의 **'건강보험심사평가원의 입원진료 적정성 여부 등 검토의뢰에 대한 회신'**은 형사소송법 제315조 제3호의 '기타 특히 신용할 만한 정황에 의하여 작성된 문서'에 해당하지 않는다(대판 2017.12.5. 2017도12671). ✗

> **[Tip] 제315조 제2호, 제3호에 대한 판례의 태도**
>
> ○ 금전출납부, 고객명부, 진찰기록부(진료일지), 자금지출내역을 기재한 업무용 수첩(94' 순합) → 제315조 제2호 통상문서로 봄(단, 진단서 → 부정)
>
> ○ 적부심문조서, 다른 사건(공범) 공판조서, 손님의 싸움 상황을 기록한 업소의 상황일지 → 제315조 제3호 특신문서로 봄(단, 체포·구속인접견부, 외국 수사기관의 회답서 → 부정)

40. 형사소송법 제316조 제2항의 '피고인 아닌 자'에는 공동피고인이나 공범자는 포함되지 않는다. ★ⓒ

해설 형사소송법 제316조 제2항에서 말하는 '피고인 아닌 자'에 공동피고인이나 공범자도 포함되는지 여부(적극) : 형사소송법 제316조 제2항은 피고인 아닌 자가 공판준비 또는 공판기일에서 한 진술이 피고인 아닌 타인의 진술을 그 내용으로 하는 것인 때에는 원진술자가 사망, 질병 기타 사유로 인하여 진술할 수 없고 그 진술이 특히 신빙할 수 있는 상태하에서 행하여진 때에 한하여 이를 증거로 할 수 있다고 규정하고 있는데, 여기서 말하는 '피고인 아닌 자'에는 공동피고인이나 공범자도 포함된다(대판 2018.5.15. 2017도 19499; 대판 2019.11.14. 2019도11552[새마을금고법위반]). ☞ 따라서 당해피고인이 범행을 부인하는 이 사건에서는 원진술자인 공동피고인이 사망, 질병, 외국거주, 소재불명 그 밖에 이에 준하는 사유로 인하여 진술할 수 없는 때에 해당하지 아니하여 공동피고인의 진술을 그 내용으로 하는 공소외인의 이 부분 법정증언은 전문증거로서 증거능력이 없다. ✗

41. 제316조 제2항에서 말하는 '그 진술 또는 작성이 특히 신빙할 수 있는 상태 하에서 행하여졌음'이란 진술 내용이나 조서 또는 서류의 작성에 허위가 개입할 여지가 거의 없고, 진술 내용의 신빙성이나 임의성을 담보할 구체적이고 외부적인 정황이 있는 경우를 말한다.

해설 [1] 전문진술이나 전문진술을 기재한 조서의 증거능력 [2] 형사소송법 제316조 제2항에서 말하는 '그 진술 또는 작성이 특히 신빙할 수 있는 상태 하에서 행하여졌음'의 의미 : [1] 전문진술이나 전문진술을 기재한 조서(= 재전문서류)는 형사소송법 제310조의2에 따라 원칙적으로 증거능력이 없다. 다만 전문진술은 형사소송법 제316조 제2항에 따라 원진술자가 사망, 질병, 외국거주, 소재불명, 그 밖에 이에 준하는 사유로 진술할 수 없고, 그 진술이 특히 신빙할 수 있는 상태 하에서 행하여졌음이 증명된 때에 한하여 예외적으로 증거능력이 있다. 그리고 **전문진술이 기재된 조서**(= 재전문서류)는 제312조 또는 제314조에 따라 증거능력이 인정될 수 있는 경우에 해당하여야 함은 물론 제316조 제2항에 따른 요건을 갖추어야 예외적으로 증거능력이 있다. [2] 제316조 제2항에서 말하는 '**그 진술 또는 작성이 특히 신빙할 수 있는 상태 하에서 행하여졌음**'이란 진술 내용이나 조서 또는 서류의 작성에 허위가 개입할 여지가 거의 없고, 진술 내용의 신빙성이나 임의성을 담보할 구체적이고 외부적인 정황이 있는 경우를 가리킨다(대판 2017.7.18. 선고 2015도12981, 2015전도218[이른바 대구 대학생 성폭행 사망 사건] 등).

Ⅳ. 사진, 녹음테이프 등

42. 제3자가 당사자 일방의 동의를 받고 그 통신의 음향·영상을 청취·녹음하였다 하더라도 그 상대방의 동의가 없었던 이상 통신비밀보호법 제3조 제1항 위반이 된다. ★ⓒ

| 해설 | 제3자가 당사자 일방만의 동의를 얻어 녹음한 경우(위법): 전기통신의 감청은 제3자가 전기통신의 당사자인 송신인과 수신인의 동의를 받지 아니하고 통신비밀보호법 제2조 제7호 소정의 각 행위를 하는 것만을 말한다고 풀이함이 상당하다고 할 것이므로, 전기통신의 **당사자의 일방이 상대방 모르게 녹음하는 것**은 여기의 감청에 해당하지 아니하지만, **제3자의 경우**는 설령 당사자 일방의 동의를 받고 그 통신의 음향·영상을 청취하거나 녹음하였다 하더라도 그 상대방의 동의가 없었던 이상, 사생활 및 통신의 불가침을 국민의 기본권의 하나로 선언하고 있는 헌법규정과 통신비밀의 보호와 통신의 자유 신장을 목적으로 제정된 통신비밀보호법의 취지에 비추어 이는 통신비밀보호법 제3조 제1항 위반이 된다(대판 2022.10.27. 2022도9877).

43. 3인 간의 대화에 있어서 그 중 한 사람이 그 대화를 녹음하는 경우에 다른 두 사람의 발언은 그 녹음자에 대한 관계에서 '타인 간의 대화'라고 할 수 없으므로, 이와 같은 녹음행위가 통신비밀보호법 제3조 제1항에 위배된다고 볼 수는 없다.

| 해설 | 3인 간 대화 녹음(적법): 대판 2006.10.12. 2006도4981; 대판 2014.5.16. 2013도16404[택시기사 비밀녹음·인터넷 방송 사건].

44. 통신비밀보호법에서 보호하는 타인 간의 '대화'에는 사물에서 발생하는 음향도 포함되며, 사람의 목소리라고 하더라도 상대방에게 의사를 전달하는 말이 아닌 비명소리나 탄식 등도 타인 간의 '대화'에 원칙적으로 해당한다. ★ⓒ

| 해설 | 통신비밀보호법에서 보호하는 타인 간의 '대화'에 사물에서 발생하는 음향이 포함되는지 여부(소극) 및 사람의 목소리라고 하더라도 상대방에게 의사를 전달하는 말이 아닌 비명소리나 탄식 등이 타인 간의 '대화'에 해당하는지 여부(원칙적 소극) / 타인 간의 '대화'에 해당하지 않는 사람의 목소리를 녹음하거나 청취하여 형사절차에서 증거로 사용할 수 있는지 판단하는 기준(= 이익형량): 통신비밀보호법 제1조, 제3조 제1항 본문, 제4조, 제14조 제1항, 제2항의 문언, 내용, 체계와 입법 취지 등에 비추어 보면, 통신비밀보호법에서 보호하는 타인 간의 '대화'는 원칙적으로 현장에 있는 당사자들이 육성으로 말을 주고받는 의사소통행위를 가리킨다. 따라서 사람의 육성이 아닌 사물에서 발생하는 음향은 타인 간의 '대화'에 해당하지 않는다. 또한 사람의 목소리라고 하더라도 상대방에게 의사를 전달하는 말이 아닌 단순한 비명소리나 탄식 등은 타인과 의사소통을 하기 위한 것이 아니라면 특별한 사정이 없는 한 타인 간의 '대화'에 해당한다고 볼 수 없다.

한편 국민의 인간으로서의 존엄과 가치를 보장하는 것은 국가기관의 기본적인 의무에 속하고 이는 형사절차에서도 구현되어야 한다. 위와 같은 소리가 비록 통신비밀보호법에서 말하는 타인 간의 '대화'에는 해당하지 않더라도, 형사절차에서 그러한 증거를 사용할 수 있는지는 개별적인 사안에서 효과적인 형사소추와 형사절차상 진실발견이라는 공익과 개인의 인격적 이익 등의 보호이익을 비교형량하여 결정하여야 한다(대판 2017.3.15. 2016도19843). ✗

45. 압수물인 디지털 저장매체로부터 출력한 문건을 증거로 사용하기 위해서는 디지털 저장매체 원본이 압수시부터 문건 출력시까지 변경되지 않았음이 담보돼야 하며, 압수된 디지털 저장매체로부터 출력한 문건을 진술증거로 사용하는 경우 그 내용의 진실성에 관해서는 전문법칙이 적용되므로 형사소송법 제313조 제1항에 따라 그 작성자 또는 진술자의 진술에 의해 성립의 진정함이 증명된 때 한해 이를 증거로 사용할 수 있다. ★ⓒ

해설 대판 2013.6.13. 2012도16001. ☞ 원본과 출력문건 사이의 동일성 인정, 무결성 담보를 전제조건으로, 피고인이 문서의 진정성립에 관한 진술을 거부하고 있는 이상 증거능력이 없다고 한 사안. ○

46. 압수물인 컴퓨터용 디스크 그 밖에 이와 비슷한 정보저장매체에 입력하여 기억된 문자정보 또는 그 출력물을 증거로 사용하기 위해서는 정보저장매체 원본에 저장된 내용과 출력 문건의 동일성이 인정되어야 하고, 이를 위해서는 정보저장매체 원본이 압수 시부터 문건 출력 시까지 변경되지 않았다는 사정, 즉 무결성이 담보되어야 한다. ★ⓒ

해설 대판 2013.7.26. 2013도2511[소위 '왕재산' 사건]. ○

V. 증거동의, 탄핵증거, 자백의 보강법칙

47. 피고인이 출석한 공판기일에서 증거로 하는 데 부동의한다는 의견이 진술된 후 피고인이 출석하지 아니한 공판기일에 변호인만이 출석하여 증거로 하는 데 동의한 경우, 증거동의의 효력이 있다.

해설 **변호인의 동의** : 형사소송법 제318조에 규정된 증거동의의 주체는 소송주체인 검사와 피고인이고, 변호인은 피고인을 대리하여 증거동의에 관한 의견을 낼 수 있을 뿐이므로 피고인의 명시한 의사에 반하여 증거로 함에 동의할 수는 없다. 따라서 피고인이 출석한 공판기일에서 증거로 함에 부동의한다는 의견이 진술된 경우에는 그 후 피고인이 출석하지 아니한 공판기일에 변호인만이 출석하여 종전 의견을 번복하여 증거로 함에 동의하였다 하더라도 이는 특별한 사정이 없는 한 효력이 없다고 보아야 한다(대판 2013.3.28. 2013도3). ✗

48. 증언한 증인에 대한 번복 '진술조서', 번복 '진술서', 번복 '피의자신문조서'는 동의의 대상이 될 수 없다. ★ⓒ

해설 증언한 증인에 대한 번복 '진술조서', 번복 '진술서', 번복 '피의자신문조서'도 동의의 대상이 될 수 있다(대판(숲合) 2000.6.15. 99도1108[위증추궁 번복 '진술조서' 사건]; 대판 2012.6.14. 2012도534[위증추궁 번복 '진술서' 사건]; 대판 2013.8.14. 2012도13665[위증추궁 번복 '피의자신문조서' 사건 또는 지게차절도 사건] 등). ☞ 그러나 그러한 번복진술조서 등이 위법하게 수집된 증거이기 때문에 증거능력이 부정된다고 본다면 문제가 있다. ✗

49. 검사가 탄핵증거로 신청한 체포·구속인접견부 사본은 피고인의 부인진술을 탄핵하는 증거로 할 수 있다. ★

> **해설** 검사가 탄핵증거로 신청한 '체포·구속인접견부'의 탄핵증거 허부(소극) : 검사가 탄핵증거로 신청한 체포·구속인접견부 사본은 피고인의 부인진술을 탄핵한다는 것이므로 결국 검사에게 입증책임이 있는 공소사실 자체를 입증하기 위한 것에 불과하므로 제318조의2 제1항 소정의 피고인의 진술의 증명력을 다투기 위한 탄핵증거로 볼 수 없다(대판 2012.10.25. 2011도5459 등). ✗

50. 피고인이 지하철역 에스컬레이터에서 휴대전화기의 카메라를 이용하여 성명불상 여성 피해자의 치마 속을 몰래 촬영하다가 현행범으로 체포되어 성폭력범죄의 처벌 등에 관한 특례법 위반(카메라등이용촬영)으로 기소된 사안에서, 체포 당시 임의제출 방식으로 압수된 피고인 소유 휴대전화기에 대한 압수조서 중 '압수경위'란에 기재된 내용은 피고인이 범행을 저지르는 현장을 직접 목격한 사람의 진술이 담긴 것으로서 형사소송법 제312조 제5항에서 정한 '피고인이 아닌 자가 수사과정에서 작성한 진술서'에 준하는 것으로 볼 수 있고, 이에 따라 휴대전화기에 대한 임의제출절차가 적법하였는지에 영향을 받지 않는 별개의 독립적인 증거에 해당한다. ★

> **해설** 피고인이 지하철역 에스컬레이터에서 휴대전화기의 카메라를 이용하여 성명불상 여성 피해자의 치마 속을 몰래 촬영하다가 현행범으로 체포되어 성폭력범죄의 처벌 등에 관한 특례법 위반(카메라등이용촬영)으로 기소된 사안에서, 피고인은 공소사실에 대해 자백하고 검사가 제출한 모든 서류에 대하여 증거로 함에 동의하였는데, 그 서류들 중 체포 당시 임의제출 방식으로 압수된 피고인 소유 휴대전화기(이하 '휴대전화기')에 대한 압수조서의 '압수경위'란에 '지하철역 승강장 및 게이트 앞에서 경찰관이 지하철범죄 예방·검거를 위한 비노출 잠복근무 중 검정 재킷, 검정 바지, 흰색 운동화를 착용한 20대가량 남성이 짧은 치마를 입고 에스컬레이터를 올라가는 여성을 쫓아가 뒤에 밀착하여 치마 속으로 휴대폰을 집어넣는 등 해당 여성의 신체를 몰래 촬영하는 행동을 하였다'는 내용이 포함되어 있고, 그 하단에 피고인의 범행을 직접 목격하면서 위 압수조서를 작성한 사법경찰관 및 사법경찰리의 각 기명날인이 들어가 있으므로, **위 압수조서 중 '압수경위'란에 기재된 내용**은 피고인이 범행을 저지르는 현장을 직접 목격한 사람의 진술이 담긴 것으로서 형사소송법 제312조 제5항에서 정한 '피고인이 아닌 자가 수사과정에서 작성한 진술서'에 준하는 것으로 볼 수 있고, 이에 따라 휴대전화기에 대한 임의제출절차가 적법하였는지에 영향을 받지 않는 **별개의 독립적인 증거**에 해당하여, 피고인이 증거로 함에 동의한 이상 유죄를 인정하기 위한 증거로 사용할 수 있을 뿐 아니라 피고인의 자백을 보강하는 증거가 된다고 볼 여지가 많다는 이유로, 이와 달리 피고인의 자백을 뒷받침할 보강증거가 없다고 보아 무죄를 선고한 원심판결에 자백의 보강증거 등에 관한 법리를 오해하거나 필요한 심리를 다하지 아니한 잘못이 있다고 한 사례(대판 2019.11.14. 2019도13290[체포경찰관이 작성한 압수조서상의 '압수경위'란은 실질적으로 제312조 제5항의 '피고인 아닌 자가 수사과정에서 작성한 진술서'에 준하는 것으로 임의제출의 적법 여부에 영향을 받지 않는 별개의 독립증거에 해당한다는 사건]). [법무사 2020] ○

51. 경찰이 피고인의 범행 직후 범행 현장에서 피고인으로부터 위 휴대전화를 임의제출 받아 압수하였다는 내용이 기재된 휴대전화에 대한 임의제출서, 압수조서 등은 이 사건 휴대전화에 저장된 전자정보의 증거능력 여부에 영향을 받지 않는 별개의 독립적인 증거에 해당하므로, 증거동의 이상 유죄의 증거 및 공소사실에 대한 보강증거가 될 여지가 많다. ★

> **해설** 증거동의 압수조서 상에 피고인의 범행장면을 현장에서 목격한 사법경찰관리가 이를 묘사한 진술내용이 포함된 경우, 보강증거의 자격 여부(적극) : 경찰이 피고인의 이 부분(마지막 발각 범행인 순번 26번)

범행 직후 범행 현장에서 피고인으로부터 위 휴대전화를 임의제출 받아 압수하였다는 내용으로서 이 사건 휴대전화에 저장된 전자정보의 증거능력 여부에 영향을 받지 않는 **별개의 독립적인 증거**에 해당하므로, 증거동의한 이상 유죄의 증거 및 이 부분 공소사실에 대한 보강증거가 될 여지가 많다(대판 2022.11.17. 2019도11967).

52. 공판조서의 기재가 명백한 오기인 경우를 제외하고는 공판기일의 소송절차로서 공판조서에 기재된 것은 조서만으로 증명하여야 하고, 그 증명력은 공판조서 이외의 자료에 의한 반증이 허용되지 않는다.

| 해설 | 제56조의 공판조서의 배타적 증명력(대판 2018.8.1. 2018도8651 등).

제6장 재 판

1. **재판장이 주문을 낭독한 이후에는 일단 낭독한 주문의 내용을 정정하여 다시 선고할 수 없다.** ★

   해설 판결 선고의 종료시점과 변경 선고가 가능한 한계 : 판결 선고는 전체적으로 하나의 절차로서 재판장이 판결의 주문을 낭독하고 이유의 요지를 설명한 다음 피고인에게 상소기간 등을 고지하고, 필요한 경우 훈계, 보호관찰 등 관련 서면의 교부까지 마치는 등 선고절차를 마쳤을 때에 비로소 종료된다. 재판장이 주문을 낭독한 이후라도 선고가 종료되기 전까지는 일단 낭독한 주문의 내용을 정정하여 다시 선고할 수 있다(대판 2022.5.13. 2017도3884(무고등) [선고절차에서 피고인의 태도를 문제삼아 선고형을 징역 1년에서 징역 3년으로 변경하여 선고한 사건]). ☞ 그러나 판결 선고절차가 종료되기 전이라도 변경 선고가 무제한 허용된다고 할 수는 없다. 재판장이 일단 주문을 낭독하여 선고 내용이 외부적으로 표시된 이상 재판서에 기재된 주문과 이유를 잘못 낭독하거나 설명하는 등 실수가 있거나 판결 내용에 잘못이 있음이 발견된 경우와 같이 특별한 사정이 있는 경우에 변경 선고가 허용된다. 답 X

2. **법관의 서명날인이 없는 재판서에 의한 판결은 상고이유인 형사소송법 제383조 제1호 소정의 판결에 영향을 미친 법률위반으로서 파기사유가 된다.**

   해설 법관의 서명날인이 없는 재판서에 의한 판결(파기사유) : 형사소송법 제38조에 따르면 재판은 법관이 작성한 재판서에 의해야 하고, 같은 법 제41조는 재판서에는 재판한 법관이 서명날인해야 하며 재판장이 서명날인할 수 없는 때에는 다른 법관이 그 사유를 부기하고 서명날인하도록 되어 있다. 따라서 법관의 서명날인이 없는 재판서에 의한 판결은 **상고이유**인 법 제383조 제1호 소정의 판결에 영향을 미친 법률위반으로서 파기사유가 된다(대판 2015.8.19. 2015도10417 [법관의 서명날인이 없는 재판서에 의한 판결 사건]). 답 O

3. **피고인에 대하여 무죄판결을 선고하는 때에도 공소사실에 부합하는 증거를 배척하는 이유를 구체적으로 설시하여야 한다.**

   해설 무죄판결에 명시하여야 할 이유 : 유죄판결에 명시할 이유를 명확히 규정하고 있는 형사소송법 제323조와 달리 제325조는 '피고사건이 범죄로 되지 아니하거나 범죄사실의 증명이 없는 때에는 판결로써 무죄를 선고하여야 한다.'고 규정하고 있을 뿐, 무죄판결에 명시하여야 할 이유를 구체적으로 규정하고 있지 않다. 그러나 법 제39조 전단은 '재판에는 이유를 명시하여야 한다.'고 규정하고 있으므로, 피고인에 대하여 무죄판결을 선고하는 때에도 공소사실에 부합하는 증거를 배척하는 이유까지 일일이 설시할 필요는 없다고 하더라도, 그 증거들을 배척한 취지를 합리적인 범위 내에서 기재하여야 한다(대판 2014.11.13. 2014도6341). ☞ 만일 주문에서 무죄를 선고하고도 그 판결이유에는 이에 관한 아무런 판단을 기재하지 아니하였다면, 법 제361조의5 제11호 전단의 항소이유 또는 제383조 제1호의 상고이유로 할 수 있고, 이 사건과 같이 주문으로부터는 판단의 유무가 명확히 판명되지 아니하는 경우라도 이유 중에 판단을 하지 않은 경우에는 재판의 누락이 있다고 보아야 한다. 답 X

4. **법원은, 형벌에 관한 법령이 헌법재판소의 위헌결정으로 인하여 소급하여 그 효력을 상실하였거나 법원에서 위헌·무효로 선언된 경우 또는 형벌에 관한 법령이 재심판결 당시 폐지되었다 하더라도 그 '폐지'가 당초부터 헌법에 위배되어 효력이 없는 법령에 대한 것이었다면 법 제325조 전단이 규정하는 '범죄로 되지 아니한 때'의 무죄사유에 해당하는 것이 아니라, 법 제326조 제4호의 면소사유에 해당한다.** ★ⓒ

| 해설 | 무죄판결의 사유인 '피고사건이 범죄로 되지 아니하는 때' : 형벌에 관한 법령이 헌법재판소의 위헌결정으로 인하여 소급하여 그 효력을 상실하였거나 법원에서 위헌·무효로 선언된 경우, 당해 법령을 적용하여 공소가 제기된 피고사건에 대하여 같은 법 제325조에 따라 무죄를 선고하여야 한다. 나아가 형벌에 관한 법령이 재심판결 당시 폐지되었다 하더라도 그 '폐지'가 당초부터 헌법에 위배되어 효력이 없는 법령에 대한 것이었다면 같은 법 제325조 전단이 규정하는 '범죄로 되지 아니한 때'의 무죄사유에 해당하는 것이지, 같은 법 제326조 제4호의 면소사유에 해당한다고 할 수 없다(대판(全) 2010.12.16. 2010도5986[대통령긴급조치위반·반공법위반]; 대판(全) 2013.5.16. 2011도2631[대통령 긴급조치 제4호 위반 사건] 등). ❌

5. 해당 형벌법규 자체 또는 그로부터 수권 내지 위임을 받은 법령이 아닌 다른 법령이 변경된 경우 형법 제1조 제2항과 형사소송법 제326조 제4호를 적용하려면, 해당 형벌법규에 따른 범죄의 성립 및 처벌과 직접적으로 관련된 형사법적 관점의 변화를 주된 근거로 하는 법령의 변경에 해당하여야 하므로, 이와 관련이 없는 법령의 변경으로 인하여 해당 형벌법규의 가벌성에 영향을 미치게 되는 경우에는 형법 제1조 제2항과 형사소송법 제326조 제4호가 적용되지 않는다. ★

| 해설 | 법률의 변경과 형법 제1조 제2항과 형사소송법 제326조 제4호의 적용범위 : [1] 종래 판례는 형법 제1조 제2항과 형사소송법 제326조 제4호의 적용 범위를 제한적으로 해석하여, 개별 사건에서 해당 법령 변경의 동기를 두 가지 유형으로 준별하고 법령 변경의 동기가 종래의 처벌 자체가 부당하였다거나 또는 과형이 과중하였다는 반성적 고려에 따른 경우에만 재판시법을 적용하였다(대판 2010.1.28. 2009도882; 대판 2005.7.28. 2005도3442 등). → 소위 '동기설'. [2] 그 후 전원합의체판례는 범죄의 성립과 처벌에 관하여 규정한 형벌법규 자체 또는 그로부터 수권 내지 위임을 받은 법령의 변경에 따라 범죄를 구성하지 아니하게 되거나 형이 가벼워진 경우에는, 종전 법령이 범죄로 정하여 처벌한 것이 부당하였다거나 과형이 과중하였다는 반성적 고려에 따라 변경된 것인지 여부를 따지지 않고 원칙적으로 형법 제1조 제2항과 형사소송법 제326조 제4호가 적용된다는 입장으로 변경하였다(대판(全) 2022.12.22. 2020도16420[전동킥보드 음주운전 사건][다수의견]). ☞ 다만, 이러한 손송에 의하는 경우에도 해당 형벌법규 자체 또는 그로부터 수권 내지 위임을 받은 법령이 아닌 다른 법령이 변경된 경우에는 해당 형벌법규에 따른 범죄 성립의 요건과 구조, 형벌법규와 변경된 법령과의 관계, 법령 변경의 내용·경위·보호목적·입법취지 등을 종합적으로 고려하여, 법령의 변경이 해당 형벌법규에 따른 범죄의 성립 및 처벌과 직접적으로 관련된 형사법적 관점의 변화를 주된 근거로 한다고 해석할 수 있을 때 형법 제1조 제2항과 형사소송법 제326조 제4호를 적용할 수 있다(대판(全) 2022.12.22. 2020도16420 및 대판 2023.2.23. 2022도6434[법무사의 개인회생·파산 관련 법률사무 위임 사건] 참조). ⭕

6. 포괄일죄인 영업범에서 공소제기된 범죄사실과 공판심리 중에 추가로 발견된 범죄사실 사이에 그 범죄사실들과 동일성이 인정되는 또 다른 범죄사실에 대한 유죄의 확정판결이 있는 경우, 추가로 발견된 확정판결 후의 범죄사실은 공소제기된 범죄사실과 분단된다. ★

| 해설 | [1] 포괄일죄인 영업범에서 공소제기된 범죄사실과 공판심리 중에 추가로 발견된 범죄사실 사이에 그 범죄사실들과 동일성이 인정되는 또 다른 범죄사실에 대한 유죄의 확정판결이 있는 경우, 추가로 발견된 확정판결 후의 범죄사실은 공소제기된 범죄사실과 분단되는지 여부(적극) : 포괄일죄인 영업범에서 공소제기의 효력은 공소가 제기된 범죄사실과 동일성이 인정되는 범죄사실의 전체에 미치므로, 공판심리 중에 그 범죄사실과 동일성이 인정되는 범죄사실이 추가로 발견된 경우에 검사는 공소장변경절차에 의하여 그 범죄사실을 공소사실로 추가할 수 있다. 그러나 공소제기된 범죄사실과 추가로 발견된 범죄사실 사이에 그 범죄사실들과 동일성이 인정되는 또 다른 범죄사실에 대한 유죄의 확정판결이 있는 때에는, 추가로 발견된 확정판결 후의 범죄사실은 공소제기된 범죄사실과 분단되어 동일성이 없는 별개의 범죄가 된다.

[2] 이때 공소장변경절차에 의하여 확정판결 후의 범죄사실을 공소사실로 추가할 수 있는지 여부(소극) : 따라서 이때 검사는 공소장변경절차에 의하여 확정판결 후의 범죄사실을 공소사실로 추가할 수는 없고 별개의 독립된 범죄로 공소를 제기하여야 한다(대판 2017.4.28. 2016도21342[식품위생법위반]). 답 O

7. ① 가정폭력범죄의 처벌 등에 관한 특례법(이하 '가정폭력처벌법')에 따른 보호처분의 결정이 확정된 동일한 사건에 대하여 다시 공소제기가 되면 법원은 면소판결을 하여야 한다.
② 가정폭력처벌법에 따른 불처분결정이 확정된 동일한 사건에 대하여 다시 공소가 제기되거나 법원이 이에 대하여 유죄판결을 선고하면 이중처벌금지의 원칙 내지 일사부재리의 원칙에 위배된다.

해설 [1] 가정폭력처벌법에 따른 보호처분의 효력 및 [2] 불처분결정의 효력 : [1] 가정폭력처벌법에 따른 보호처분의 결정이 확정된 경우에는 원칙적으로 가정폭력행위자에 대하여 같은 범죄사실로 다시 공소를 제기할 수 없으나(가정폭력처벌법 제16조), 보호처분은 확정판결이 아니고 따라서 기판력도 없으므로, **보호처분을 받은 사건과 동일한 사건에 대하여 다시 공소제기가 되었다면** 이에 대해서는 면소판결을 할 것이 아니라 공소제기의 절차가 법률의 규정에 위배하여 무효인 때에 해당한 경우이므로 형사소송법 제327조 제2호의 규정에 의하여 공소기각의 판결을 하여야 한다. [2] 그러나 **가정폭력처벌법은 불처분결정**에 대해서는 그와 같은 규정을 두고 있지 않을 뿐만 아니라, 가정폭력범죄에 대한 공소시효에 관하여 불처분결정이 확정된 때에는 그때부터 공소시효가 진행된다고 규정하고 있으므로(가정폭력처벌법 제17조 제1항), **가정폭력처벌법은 불처분결정이 확정된 가정폭력범죄라 하더라도** 일정한 경우 공소가 제기될 수 있음을 전제로 하고 있다. 따라서 가정폭력처벌법 제37조 제1항 제1호의 **불처분결정이 확정된 후에 검사가 동일한 범죄사실에 대하여 다시 공소를 제기하였다거나 법원이 이에 대하여 유죄판결을 선고하였더라도** 이중처벌금지의 원칙 내지 일사부재리의 원칙에 위배된다고 할 수 없다(대판 2017.8.23. 2016도5423).

답 ①×, ②×

제7장 상소 등

Ⅰ. 상소 일반

1. 피고인이 소송이 계속 중인 사실을 알면서도 법원에 거주지 변경신고를 하지 않았다 하더라도, 잘못된 공시송달에 터 잡아 피고인의 진술 없이 공판이 진행되고 피고인이 출석하지 않은 기일에 판결이 선고된 이상, 피고인은 자기 또는 대리인이 책임질 수 없는 사유로 상소제기기간 내에 상소를 하지 못한 것이다.

   해설 대결 2014.10.16. 2014모1557[상소권회복기각결정에대한재항고] [인도네시아 무단출국 사건]. ☞ 따라서 상소권회복청구제도(제345조)로 구제받을 수 있다는 판시이다. 답 ○

2. 피고인에 대하여 공시송달의 방법에 의하여 공소장 등이 송달되고 피고인이 불출석한 가운데 판결이 선고되어 확정된 후 검거되어 수용된 경우에는, 특별한 사정이 없는 한 그 판결에 의한 형의 집행으로 수용된 날부터 7일 이내에 상소권회복청구와 상소를 하여야 한다.

   해설 [1] 상소권회복청구의 방식 [2] 피고인에 대하여 공시송달 방법에 의하여 공소장 등이 송달되고 피고인이 불출석한 가운데 판결이 선고되어 확정된 후 검거되어 수용된 경우, 상소를 하지 못한 책임질 수 없는 사유가 종지한 날(=원칙적으로 그 판결에 의한 형의 집행으로 수용된 날) : [1] 상소권회복의 청구는 사유가 종지한 날로부터 상소의 제기기간에 상당한 기간 내에 서면으로 원심법원에 제출하여야 하고, 그 청구와 동시에 상소를 제기하여야 한다(제346조 제1항, 제3항). [2] 피고인에 대하여 공시송달의 방법에 의하여 공소장 등이 송달되고 피고인이 불출석한 가운데 판결이 선고되어 확정된 후 검거되어 수용된 경우에는, 특별한 사정이 없는 한 그 판결에 의한 형의 집행으로 수용된 날 상소권회복청구의 대상판결이 선고된 사실을 알았다 할 것이고, 그로써 상소를 하지 못한 책임질 수 없는 사유가 종지하였다고 보아야 한다(대결 2016.7.29. 2015모1991 참조). 따라서 그날부터 상소제기기간 내에 상소권회복청구와 상소를 하지 않았다면 그 상소권회복청구는 방식을 위배한 것으로서 허가될 수 없다(대결 2017.9.22. 2017모2521, 대결 2005.2.14. 2005모21 등 참조). ☞ 한편, 피고인에 대하여 공시송달로 공소장 등이 송달되고 피고인이 불출석한 가운데 판결이 선고되어 검사만이 양형부당을 이유로 항소하고 항소이유서를 제출하였는데, 피고인이 별건으로 구속되자 원심법원이 피고인에게 소송기록접수통지서와 검사의 항소이유서를 함께 송달하였고, 피고인이 소송기록접수통지서와 검사의 항소이유서 등을 통해서 대상판결의 선고일자, 사건번호, 죄명과 선고형량 등을 알게 된 경우에는, 특별한 사정이 없는 한 소송기록접수통지서와 검사의 항소이유서를 송달받은 날 상소권회복청구의 대상판결이 선고된 사실을 알았다고 할 것이고, 그로써 상소권회복청구의 사유가 종지되었다고 보아야 한다. 따라서 그날부터 상소 제기기간 내에 상소권회복청구와 상소를 하지 않았다면 상소권회복청구를 할 수 없다(대판 2019.2.14. 2018도15109). 답 ○

3. 제1심판결에 대하여 검사의 항소에 의한 항소심판결이 선고된 후 피고인이 동일한 제1심판결에 대하여 항소권 회복청구를 하는 경우, 법원은 결정으로 이를 기각하여야 한다. ★ⓒ

   해설 제1심판결에 대하여 검사의 항소에 의한 항소심판결이 선고된 후 피고인이 동일한 제1심판결에 대하여 항소권 회복청구를 하는 경우, 법원이 취할 조치(=기각결정) : 제1심판결에 대하여 피고인 또는 검사가 항소하여 항소법원이 판결을 선고한 후에는 상고법원으로부터 사건이 환송 또는 이송되는 경우 등을 제외하고는 항소법원이 다시 항소심 소송절차를 진행하여 판결을 선고할 수 없다. 따라서 항소심판결이 선고되면 제1심판결에 대한 항소권이 소멸되어 제1심판결에 대한 항소권 회복청구와 항소는 적법하다고 볼 수 없다. 이는 제1심 재판 또는 항소심 재판이 소송촉진 등에 관한 특례법이나 형사소송법 등에 따라 피고인이 출석하지 않은 가운데 불출석 재판으로 진행된 경우에도 마찬가지이다.

따라서 제1심판결에 대하여 검사의 항소에 의한 항소심판결이 선고된 후 피고인이 동일한 제1심판결에 대하여 항소권 회복청구를 하는 경우 이는 적법하다고 볼 수 없어 형사소송법 제347조 제1항에 따라 결정으로 이를 기각하여야 한다(대결 2017.3.30. 2016모2874). 답 O

4. 소송촉진 등에 관한 특례법 제23조에 따라 피고인의 진술 없이 유죄를 선고하여 확정된 제1심판결에 대하여, 피고인이 재심을 청구하지 아니하고 항소권회복을 청구하여 인용되었는데, 사유 중에 피고인이 책임을 질 수 없는 사유로 공판절차에 출석할 수 없었던 사정이 포함되어 있더라도, 이를 형사소송법 제361조의5 제13호에서 정한 '재심청구의 사유가 있는 때'에 해당하는 항소이유를 주장한 것으로 볼 수는 없다.

| 해설 | 소촉법 특례규정(제23조)에 따라 피고인의 진술 없이 유죄를 선고하여 확정된 제1심판결에 대하여, 피고인이 재심규정에 의하여 재심을 청구하지 아니하고 피고인 또는 대리인이 책임질 수 없는 사유로 항소제기기간 내에 항소를 제기할 수 없었음을 이유로 항소권회복을 청구하여 인용된 경우에, 사유 중에 피고인이 책임을 질 수 없는 사유로 공판절차에 출석할 수 없었던 사정을 포함하고 있다면, 재심 규정에 의하여 재심청구의 사유가 있음을 주장한 것으로서 제361조의5 제13호에서 정한 '재심청구의 사유가 있는 때'에 해당하는 항소이유를 주장한 것으로 봄이 타당하다. ☞ 따라서 **항소심**으로서는 재심 규정에 의한 재심청구의 사유가 있는지를 살펴야 하고 사유가 있다고 인정된다면 다시 공소장 부본 등을 송달하는 등 새로 소송절차를 진행한 다음 제1심판결을 파기하고 새로운 심리 결과에 따라 다시 판결하여야 한다(대판 2015.11.26. 2015도8243). 답 X

5. 면소판결에 대하여 무죄판결인 실체판결이 선고되어야 한다고 주장하면서 상고할 수 없는 것이 원칙이지만, 재심이 개시된 사건에서 형벌에 관한 법령이 재심판결 당시 폐지되었다 하더라도 그 '폐지'가 당초부터 헌법에 위배되어 효력이 없는 법령에 대한 것이었다면, 이 경우에는 피고인에게 무죄를 선고하여야 하므로 면소판결에 대하여 상고가 가능하다. ★ⓒ

| 해설 | **면소판결과 상소(원칙적 소극)** : 면소판결에 대하여 무죄판결인 실체판결이 선고되어야 한다고 주장하면서 상고할 수 없는 것이 원칙이지만, (위와 같은 경우에는) 이와 달리 면소를 할 수 없고 피고인에게 무죄의 선고를 하여야 하므로 면소를 선고한 판결에 대하여 상고가 가능하다(대판(全) 2010.12.16. 2010도5986). 답 O

6. 형법 제37조 전단 경합범 관계에 있는 공소사실 중 일부에 대하여 유죄, 나머지 부분에 대하여 무죄를 선고한 제1심판결에 대하여 검사만이 항소하면서 무죄 부분에 관하여는 항소이유를 기재하고 유죄 부분에 관하여는 이를 기재하지 않았으나 항소 범위는 '전부'로 표시하였다면, 이러한 경우 제1심판결 전부가 이심되어 항소심의 심판대상이 되므로, 항소심이 제1심판결 무죄 부분을 유죄로 인정하는 때에는 제1심판결 전부를 파기하고 경합범 관계에 있는 공소사실 전부에 대하여 하나의 형을 선고하여야 한다.

| 해설 | 대판 2014.3.27. 2014도342. 답 O

7. 수개의 범죄사실에 대하여 항소심이 일부는 유죄, 일부는 무죄의 판결을 하고, 그 판결에 대하여 피고인 및 검사 쌍방이 상고를 제기하였으나, 유죄 부분에 대한 피고인의 상고는 이유 없고 무죄 부분에 대한 검사의 상고만 이유 있는 경우, 항소심이 유죄로 인정한 죄와 무죄로 인정한 죄가 「형법」 제37조 전단의 경합범 관계에 있다면 항소심판결의 유죄 부분도 무죄 부분과 함께 파기되어야 한다.

| 해설 | 쌍방이 상고하였지만, 유죄 부분에 대한 피고인의 상고는 이유 없고 무죄 부분에 대한 검사의 상고만 이유 있는 경우(전부파기) : 대판 2014.3.27. 2014도342; 대판 2011.2.24. 2010도15989; 대판 2000.11.28. 2000도2123 참조.

답 O

8. 포괄일죄로 기소된 사건에 대하여, 일부무죄 일부유죄의 판결에 대하여 피고인만 유죄부분에 대하여 상고하였으나 이후 상고심에서 모든 범죄가 실체적 경합범관계에 있음이 판명되었다면, 형법 제37조 전단의 경합범 관계가 있어 하나의 형이 선고되어야 하므로, 피고인이 상고하지 않은 일부무죄 부분도 상소불가분의 원칙에 따라 상고심에 이심되기는 하지만, 이미 당사자 간의 공방으로부터 벗어나 사실상 심판대상에서 이탈되므로, 상고심은 무죄부분에 대하여는 심판할 수 없다. ★©

| 해설 | 포괄일죄로 기소된 사건이 경합범으로 판명된 경우 : 대판 2013.7.25. 2011도12482[상표법위반 사건].

답 O

9. 죄명이나 적용법조가 약식명령의 경우보다 불이익하게 변경되었다고 하더라도 선고한 형이 약식명령과 같거나 약식명령보다 가벼운 경우에는 불이익변경금지원칙에 위배된 조치라고 할 수 없다.

| 해설 | 불이익변경금지의 원칙 : 피고인이(만) 상소한 사건과 피고인을 위하여 상소한 사건에 대하여는 상소심은 원심판결의 형보다 중한 형을 선고하지 못한다는 원칙을 말한다(제368조, 제396조 제2항). 엄밀한 의미에서는 **중형변경금지의 원칙**이라고 함이 정확한 표현이다(대판 2021.5.6. 2021도1282). 불이익변경이 금지되는 것은 형의 선고에 한한다. 따라서 판결주문에 선고된 형이 중하게 변경되지 않는 한 사실인정, 법령적용, 죄명선택 등이 중하게 변경되어도 이 원칙에 반하지 않는다. 그 결과 상소심은 인정사실에 대하여 법정형 이하의 형을 선고해야 할 경우도 있다(대판 2013.2.28. 2011도14986).

답 O

10. 약식명령에 대하여 피고인만이 정식재판을 청구하였는데, 검사가 당초 사문서위조 및 위조사문서행사의 공소사실을 제1심에서 사서명위조 및 위조사서명행사의 공소사실을 예비적으로 추가하는 내용의 공소장변경을 신청한 경우, 두 공소사실이 동일성이 있더라도 사서명위조죄와 위조사서명행사죄의 법정형에 유기징역형만 있으므로, 불이익변경금지 원칙의 취지상 공소장변경을 불허하여야 한다. ★©

| 해설 | 약식명령에 대한 정식재판절차에서 공소장변경(허용)과 불이익변경금지원칙 적용 여부(적극) : 위와 같은 공소장변경을 신청한 경우, 두 공소사실은 기초가 되는 사회적 사실관계가 범행의 일시와 장소, 상대방, 행위 태양, 수단과 방법 등 기본적인 점에서 동일할 뿐만 아니라, 주위적 공소사실이 유죄로 되면 예비적 공소사실은 주위적 공소사실에 흡수되고 주위적 공소사실이 무죄로 될 경우에만 예비적 공소사실의 범죄가 성립할 수 있는 관계에 있어 규범적으로 보아 공소사실의 동일성이 있다고 보이고, 나아가 피고인에 대하여 사서명위조와 위조사서명행사의 범죄사실이 인정되는 경우에는 비록 사서명위조죄와 위조사서명행사죄의 법정형에 유기징역형만 있다 하더라도 제457조의2에서 규정한 불이익변경금지 원칙이 적용되어 벌금형을 선고할 수 있으므로, **위와 같은 불이익변경금지 원칙 등을 이유로 공소장변경을 불허할 것은 아닌데도**, 이를 불허한 채 원래의 공소사실에 대하여 무죄를 선고한 제1심판결을 그대로 유지한 원심의 조치에 공소사실의 동일성이나 공소장변경에 관한 법리오해의 위법이 있다(대판 2013.2.23. 2011도14986).

답 X

11. 제1심의 징역 1년 6월 및 추징 2천 6백만 원의 선고에 대하여 피고인만 항소하였는데, 제2심이 징역 1년 6월에 집행유예 3년, 추징 2천 6백만 원 및 벌금 5천만 원 선고한 경우, 불이익변경금지원칙에 위배되지 않는다. ★ⓒ

> **해설** 자유형을 집행유예하면서 벌금형을 추가하는 경우 : 집행유예의 실효나 취소가능성, 벌금미납시 노역장유치 가능성과 그 기간 등을 전체적·실질적으로 고찰할 때 제2심이 선고한 형은 제1심이 선고한 형보다 무거워 피고인에게 불이익하다(대판 2013.12.12. 2012도7198). 답 ✗

12. 제1심이 소송비용의 부담을 명하는 재판을 하지 않아 항소심이 피고인에게 제1심 및 항소심 소송비용의 부담을 명한 조치는 불이익변경금지의 원칙에 위배되지 않는다.

> **해설** 소송비용 부담의 재판에 불이익변경금지 원칙이 적용되는지 여부(소극) : 형사소송법 제186조 제1항은 "형의 선고를 하는 때에는 피고인에게 소송비용의 전부 또는 일부를 부담하게 하여야 한다."라고 정하고 있고, 같은 법 제191조 제1항은 "재판으로 소송절차가 종료되는 경우에 피고인에게 소송비용을 부담하게 하는 때에는 직권으로 재판하여야 한다."라고 정하고 있다. 소송비용의 부담은 형이 아니고 실질적인 의미에서 형에 준하여 평가되어야 할 것도 아니므로 불이익변경금지 원칙이 적용되지 않는다(대판 2018.4.10. 2018도1736). 답 ○

13. 피고인이 제1심판결 선고시 소년에 해당하여 부정기형을 선고받았지만, 피고인만이 항소한 항소심에서 피고인이 성년에 이르러 항소심이 제1심의 부정기형을 정기형으로 변경해야 할 경우, 불이익변경금지 원칙 위반 여부는 부정기형의 단기가 경과하면 가석방의 가능성이 있으므로 부정기형의 단기를 기준으로 판단하여야 한다. ★ⓒ

> **해설** 불이익변경금지원칙과 부정기형, 정기형(단기표준설 → 중간형설) : 종래 판례는 단기표준설의 입장이었지만(대판 2006.4.14. 2006도734 등), 최근 전원합의체판결은 "부정기형을 정기형으로 변경할 때 불이익변경금지 원칙의 위반 여부는 부정기형의 장기와 단기의 중간형을 기준으로 삼는 것이 부정기형의 장기 또는 단기를 기준으로 삼는 것보다 상대적으로 우월한 기준으로 평가될 수 있음은 분명하다고 볼 수 있다."고 하여(대판(전합) 2020.10.22. 2020도4140), 중간형설의 입장으로 변경하였다. ☞ 제1심에서 선고한 징역 장기 15년, 단기 7년의 부정기형 대신 정기형을 선고함에 있어 불이익변경금지 원칙 위반 여부를 판단하는 기준은 부정기형의 장기인 15년과 단기인 7년의 중간형, 즉 징역 11년[= (15 + 7)/2]이 되어야 한다는 판시. 답 ✗

14. 약식명령에 대해 피고인이 정식재판을 청구하여 제1심이 동일한 벌금형을 선고한 데 대하여 피고인만 항소한 경우, 항소심이 제1심과 동일한 벌금형을 선고하면서 성폭력 치료프로그램 이수명령을 병과한 것은 불이익변경금지원칙에 위배되지 않는다.

> **해설** 성폭력 치료프로그램 이수명령의 병과 → 불이익변경 : 아동·청소년의 성보호에 관한 법률 위반(성매수 등) 범행에 대하여 벌금 200만 원의 약식명령이 발령되자 피고인이 정식재판을 청구하였는데, 제1심 및 원심이 벌금 200만 원을 선고하면서 20시간의 성폭력 치료프로그램 이수명령을 병과한 사안에서, 약식명령에서 정한 벌금형과 동일한 벌금형을 선고하면서 새로 이수명령을 병과한 것은 전체적·실질적으로 볼 때 피고인에게 불이익하게 변경한 것이어서 허용되지 않는다(대판 2014.8.20. 2014도3390; 대판 2015.9.15. 2015도11362). ☞ 피고인만 항소하였는데, 항소심이 제1심과 동일한 형과 함께 3년간의 취업제한 명령을 선고한 경우도 불이익변경금지원칙에 관한 법리오해의 잘못이 있다(대판 2019.10.17. 2019도4192). 답 ✗

15. 조리상 상고심판결의 파기이유가 된 사실상의 판단에는 파기판결의 기속력이 미치지 않는다.

> **해설** 파기판결의 기속력과 그 배제 : 법원조직법 제8조는 "상급법원 재판에서의 판단은 해당 사건에 관하여 하급심을 기속한다."라고 규정하고, 민사소송법 제436조 제2항 후문도 상고법원이 파기의 이유로 삼은 사실상 및 법률상의 판단은 하급심을 기속한다는 취지를 규정하고 있다. 형사소송법에는 이에 상응하는 명문의 규정이 없지만, 법률심을 원칙으로 하는 상고심은 형사소송법 제383조 또는 제384조에 의하여 사실인정에 관한 원심판결의 당부에 관하여 제한적으로 개입할 수 있으므로 **조리상 상고심판결의 파기이유가 된 사실상의 판단도** 기속력을 가진다. 따라서 상고심으로부터 형사사건을 환송받은 법원은 그 사건의 재판에서 상고법원이 파기이유로 한 사실상 및 법률상의 판단에 대하여 환송 후의 심리과정에서 새로운 증거가 제시되어 기속적 판단의 기초가 된 증거관계에 변동이 생기지 않는 한 이에 기속된다(대판 2017.11.9. 2015도17068, 2015전도260). 답 ✗

16. 상고심으로부터 파기환송받은 법원은 상고심 판결의 파기이유가 된 사실상·법률상의 판단에 기속되는 것이 원칙이지만, 파기이유를 피하여 새로운 증거 등에 따라 환송 전 판결과 같은 결론은 물론 그보다 무거운 결론을 내리더라도 위법한 것은 아니다. ★ⓒ

> **해설** [1] 환송판결의 기속력, [2] 원심이 환송 전 원심보다 높은 형을 선고한 것이 불이익변경금지의 원칙에 반하는지 여부 등 : [1] 상급법원 재판에서 한 판단은 해당 사건에 관하여 하급심을 기속한다(법원조직법 제8조). 따라서 상고심으로부터 형사사건을 환송받은 법원은 환송 후의 심리과정에서 새로운 증거가 제시되어 기속력 있는 판단의 기초가 된 증거관계에 변동이 생기지 않는 한 그 사건의 재판에서 상고법원이 파기이유로 제시한 사실상·법률상의 판단에 기속된다(대판 2009.4.9. 2008도10572 등 참조). [2] 환송받은 법원은 상고심 판결의 파기이유가 된 사실상·법률상의 판단에 기속되지만, 파기이유를 피하여 새로운 증거 등에 따라 환송 전 판결과 같은 결론은 물론 그보다 무거운 결론을 내리더라도 위법하지 않다(대판(순합) 2018.4.19. 2017도14322[국가정보원 사이버팀의 인터넷 댓글 게시 등 사건 = 국정원 댓글 사건의 완결판]). 답 ○

Ⅱ. 항소, 상고, 항고 등

17. 피고인과 국선변호인이 모두 법정기간 내에 항소이유서를 제출하지 아니하였더라도, 국선변호인이 항소이유서를 제출하지 아니한 데 대하여 피고인에게 귀책사유가 있음이 특별히 밝혀지지 않는 한, 항소법원이 종전 국선변호인의 선정을 취소하고 새로운 국선변호인을 선정하여 소송기록접수통지를 하기 이전에 피고인 스스로 변호인을 선임한 경우 새로운 사선변호인에게도 다시 소송기록접수통지를 하여 그 통지를 받은 때로부터 형사소송법 제361조의3 제1항의 기간 내에 피고인을 위하여 항소이유서를 제출하도록 하여야 한다. ★ⓒ

> **해설** 피고인과 국선변호인이 모두 법정기간 내에 항소이유서를 제출하지 아니하였으나 국선변호인이 항소이유서를 제출하지 아니한 데 대하여 피고인에게 귀책사유가 없는 경우, 항소법원은 종전 국선변호인의 선정을 취소하고 새로운 국선변호인을 선정하여 소송기록접수통지를 하기 이전에 피고인 스스로 선임한 사선변호인에 대하여도 마찬가지로 적용되는지 여부(적극) : … 피고인과 국선변호인이 모두 법정기간 내에 항소이유서를 제출하지 아니하였더라도, 국선변호인이 항소이유서를 제출하지 아니한 데 대하여 피고인에게 귀책사유가 있음이 특별히 밝혀지지 않는 한, 항소법원은 종전 국선변호인의 선정을 취소하고 새

로운 국선변호인을 선정하여 다시 소송기록접수통지를 함으로써 새로운 변호인으로 하여금 그 통지를 받은 때로부터 형사소송법 제361조의3 제1항의 기간 내에 피고인을 위하여 항소이유서를 제출하도록 하여야 한다. 그리고 이러한 법리는 항소법원이 종전 국선변호인의 선정을 취소하고 새로운 국선변호인을 선정하여 소송기록접수통지를 하기 이전에 피고인 스스로 변호인을 선임한 경우 그 사선변호인에 대하여도 마찬가지로 적용되어야 한다(대판 2019.7.10. 2019도4221). O

18. 필요적 변호사건에서 항소법원이 국선변호인을 선정하고 항소인인 피고인과 그 변호인에게 소송기록접수통지를 한 다음 피고인이 사선변호인을 선임함에 따라 항소법원이 국선변호인의 선정을 취소한 경우에는 새로 선임된 사선변호인에게 다시 같은 통지를 하여야 하고, 이때 항소이유서 제출기간의 기산일은 새로 선임된 사선변호인이 소송기록접수통지를 받은 날부터이다. ★ⓒ

해설 [1] 필요적 변호사건에서 항소법원이 국선변호인을 선정하고 항소인인 피고인과 그 변호인에게 소송기록접수통지를 한 다음 피고인이 사선변호인을 선임함에 따라 항소법원이 국선변호인의 선정을 취소한 경우, 새로 선임된 사선변호인에게 다시 같은 통지를 하여야 하는지 여부(소극) [2] 이때 항소이유서 제출기간의 기산일(=국선변호인 또는 피고인이 소송기록접수통지를 받은 날) [3] 항소이유서 제출기간 내에 피고인이 책임질 수 없는 사유로 국선변호인이 변경되면 그 국선변호인에게도 소송기록접수통지를 하도록 정한 형사소송규칙 제156조의2 제3항을 새로 선임된 사선변호인의 경우까지 확대적용하거나 유추적용할 수 있는지 여부(소극) : [다수의견] [1] 형사소송법은 항소법원이 항소인인 피고인에게 소송기록접수통지를 하기 전에 변호인의 선임이 있는 때에는 변호인에게도 소송기록접수통지를 하도록 정하고 있으므로(제361조의2 제2항), 피고인에게 소송기록접수통지를 한 다음에 변호인이 선임된 경우에는 변호인에게 다시 같은 통지를 할 필요가 없다. 이는 필요적 변호사건에서 항소법원이 국선변호인을 선정하고 피고인과 그 변호인에게 소송기록접수통지를 한 다음 피고인이 사선변호인을 선임함에 따라 항소법원이 국선변호인의 선정을 취소한 경우에도 마찬가지이다. [2] 이러한 경우 **항소이유서 제출기간**은 국선변호인 또는 피고인이 소송기록접수통지를 받은 날부터 계산하여야 한다. [3] 한편 **형사소송규칙 제156조의2 제3항**은 항소이유서 제출기간 내에 피고인이 책임질 수 없는 사유로 국선변호인이 변경되면 그 국선변호인에게도 소송기록접수통지를 하여야 한다고 정하고 있는데, 이 규정을 새로 선임된 사선변호인의 경우까지 확대해서 적용하거나 유추적용할 수는 없다. 결국, 형사소송법이나 그 규칙을 개정하여 명시적인 근거규정을 두지 않는 이상 현행 법규의 해석론으로는 **필요적 변호사건에서 항소법원이 국선변호인을 선정하고 피고인과 국선변호인에게 소송기록접수통지를 한 다음 피고인이 사선변호인을 선임함에 따라 국선변호인의 선정을 취소한 경우 항소법원은 사선변호인에게 다시 소송기록접수통지를 할 의무가 없다고 보아야 한다**(대판(全) 2018.11.22. 2015도1065). X

19. 송달명의인이 체포 또는 구속된 날 소송기록접수통지서 등의 송달서류가 송달명의인의 종전 주·거소에 송달되었다면 송달의 효력은 발생하지 않는 것으로 보아야 한다. ★

해설 송달명의인이 체포 또는 구속된 날 소송기록접수통지서 등의 송달서류가 송달명의인의 종전 주·거소에 송달된 경우, 송달의 효력 발생 여부를 결정하는 기준 : 형사소송법 제65조, 민사소송법 제182조에 의하면 교도소·구치소 또는 국가경찰관서의 유치장에 수감된 사람에게 할 송달을 교도소·구치소 또는 국가경찰관서의 장에게 하지 아니하고 수감되기 전의 종전 주·거소에 하였다면 부적법하여 무효이고, 법원이 피고인의 수감 사실을 모른 채 종전 주·거소에 송달하였다고 하여도 마찬가지로 송달의 효력은 발생하지 않는다. 그리고 **송달명의인이 체포 또는 구속된 날 소송기록접수통지서 등의 송달서류가 송달명의인의 종전**

주·거소에 송달되었다면 송달의 효력 발생 여부는 체포 또는 구속된 시각과 송달된 시각의 선후에 의하여 결정하되, 선후관계가 명백하지 않다면 송달의 효력은 발생하지 않는 것으로 보아야 한다(대결 2017.11.7. 2017모2162).
답 ✕

20. 피고인의 항소대리권자인 배우자가 피고인을 위하여 항소를 하여 법원이 소송기록접수통지를 그 배우자에게 한 경우에는, 항소이유서제출기간은 그 배우자가 기록통지를 받은 날부터 진행한다. ★ⓒ

해설 [1] 항소이유서 부제출을 이유로 항소기각의 결정을 하기 위한 요건 [2] 피고인의 항소대리권자인 배우자가 피고인을 위하여 항소한 경우, 소송기록접수통지를 항소인인 피고인에게 하여야 하는지 여부(적극) : [1] 형사소송법 제361조의4, 제361조의3, 제361조의2에 따르면, 항소인이나 변호인이 항소법원으로부터 소송기록접수통지를 받은 날로부터 20일 이내에 항소이유서를 제출하지 않고 항소장에도 항소이유의 기재가 없는 경우에는 결정으로 항소를 기각할 수 있도록 정하고 있다. 그러나 항소이유서 부제출을 이유로 항소기각의 결정을 하기 위해서는 항소인이 적법한 소송기록접수통지서를 받고서도 정당한 이유 없이 20일 이내에 항소이유서를 제출하지 않았어야 한다. [2] **피고인의 항소대리권자인 배우자가 피고인을 위하여 항소한 경우**(제341조)**에도 소송기록접수통지는 항소인인 피고인에게 하여야 하는데**(제361조의2), 피고인이 적법하게 소송기록접수통지서를 받지 못하였다면 항소이유서 제출기간이 지났다는 이유로 항소기각결정을 하는 것은 **위법**하다(대결 2018.3.29. 2018모642).
답 ✕

21. 항소이유서 제출기간 경과 전이라도 항소사건을 심판할 수 있다. ★ⓒ

해설 항소이유서 제출기간이 경과하기 전에 항소사건을 심판할 수 있는지 여부(소극) : 형사소송법 제361조의3, 제364조 등의 규정에 의하면 항소심의 구조는 피고인 또는 변호인이 법정기간 내에 제출한 항소이유서에 의하여 심판되는 것이고, 이미 항소이유서를 제출하였더라도 항소이유를 추가·변경·철회할 수 있으므로, 항소이유서 제출기간의 경과를 기다리지 않고는 항소사건을 심판할 수 없다(대판 2018.11.29. 2018도12896 등). ☞ 항소이유서 제출기간 내에 변론이 종결되었는데 그 후 위 제출기간 내에 항소이유서가 제출된 경우, 특별한 사정이 없는 한 항소심법원으로서는 변론을 재개하여 그 항소이유의 주장에 대해서도 심리를 해 보아야 한다.
답 ✕

22. 기존 사건에 새로 병합된 사건에 대한 항소이유서 제출기간이 경과하지 아니한 상태에서 변론이 종결되었고, 이후 위 제출기간 내에 새로운 주장이 포함된 항소이유서가 제출되었음에도 불구하고, 변론을 재개하여 위 주장에 대해서 심리를 해 보지 않은 채 단지 판결의 선고만 위 제출기간 이후에 한 항소심법원의 조치는 위법하다.

해설 항소이유서 제출기간의 경과 전 항소사건을 심판 허부(소극) : 형사소송법 제361조의3, 제364조 등의 규정에 의하면 항소심의 구조는 피고인 또는 변호인이 법정기간 내에 제출한 항소이유서에 의하여 심판되는 것이고, 이미 항소이유서를 제출하였더라도 항소이유를 추가·변경·철회할 수 있으므로, 항소이유서 제출기간의 경과를 기다리지 않고는 항소사건을 심판할 수 없다(대판 2007.1.25. 2006도8591 등 참조). 따라서 항소이유서 제출기간 내에 변론이 종결되었는데 그 후 위 제출기간 내에 항소이유서가 제출되었다면, 특별한 사정이 없는 한 항소심법원으로서는 변론을 재개하여 그 항소이유의 주장에 대해서도 심리를 해 보아야 한다(대판 2015.4.9. 2015도1466).
답 ○

23. 검사가 제1심 유죄판결 또는 일부 유죄, 일부 무죄로 판단한 제1심판결 전부에 대하여 항소하면서, 항소장이나 항소이유서에 단순히 '양형부당'이라는 문구만 기재하였을 뿐 그 구체적인 이유를 기재하지 않았다면, 이는 적법한 항소이유의 기재라고 볼 수 없다. ★ⓒ

해설 검사가 항소이유란에 '사실오인 및 법리오해' 또는 항소의 범위란에 '전부', 항소의 이유란에 '사실오인 및 심리미진, 양형부당'이라고만 기재한 경우(검사의 항소이유서의 추상적 기재는 → 엄격히 해석하여 위법) : 형사소송법 제361조의5는 제15호, 형사소송규칙 제155조 … 규정에 의하면, 검사가 제1심 유죄판결 또는 일부 유죄, 일부 무죄로 판단한 제1심판결 전부에 대하여 항소하면서, 항소장이나 항소이유서에 단순히 '양형부당'이라는 문구만 기재하였을 뿐 그 구체적인 이유를 기재하지 않았다면, 이는 적법한 항소이유의 기재라고 볼 수 없다. 한편 검사가 항소한 경우 양형부당의 사유는 직권조사사유나 직권심판사항에 해당하지도 않는다. 그러므로 위와 같은 경우 항소심은 검사의 항소에 의해서든 직권에 의해서든 제1심판결의 양형이 부당한지 여부에 관하여 심리·판단할 수 없고, 따라서 제1심판결의 유죄 부분의 형이 너무 가볍다는 이유로 파기하고 그보다 무거운 형을 선고하는 것은 허용되지 **않는다**(대판 2017.3.15. 2016도19824; 대판 2020.7.9. 2020도2795; 대판 2020.8.27. 2020도8615 등). 답 O

24. 제1심법원에서 이미 증거능력이 있었던 증거는 항소심에서 다시 증거조사를 할 필요가 없이 증거능력이 그대로 유지된다.

해설 제1심법원에서 이미 증거능력이 있었던 증거는 항소심에서 다시 증거조사를 할 필요가 없이 증거능력이 그대로 유지되는지 여부(적극) 및 이때 항소법원 재판장이 취해야 할 조치 : 형사소송법 제364조 제3항은 "제1심법원에서 증거로 할 수 있었던 증거는 항소법원에서도 증거로 할 수 있다."라고 정하고 있다. 따라서 제1심법원에서 이미 증거능력이 있었던 증거는 항소심에서도 증거능력이 그대로 유지되어 심판의 기초가 될 수 있고, 다시 증거조사를 할 필요가 없다(대판 2018.8.1. 2018도8651 등). 다만 항소법원의 재판장은 증거조사 절차에 들어가기에 앞서 제1심의 증거관계와 증거조사 결과의 요지를 고지하여야 한다(규칙 제156조의5 제1항). 답 O

25. 검사가 일부 유죄, 일부 무죄가 선고된 제1심판결 전부에 대하여 항소하면서 검사가 항소장이나 법정기간 내에 제출된 항소이유서에서 유죄 부분에 대하여 양형부당 주장을 하였으나, 항소이유 주장이 실질적으로 구두변론을 거쳐 심리되지 아니한 경우, 항소심은 제1심판결의 형보다 중한 형을 선고하는 것은 허용되지 않는다.

해설 검사가 일부 유죄, 일부 무죄가 선고된 제1심판결 전부에 대하여 항소하면서 유죄 부분에 대하여 항소이유를 주장하지 아니한 경우, 항소심이 제1심판결의 형보다 중한 형을 선고할 수 있는지 여부(소극), 이러한 법리는 검사가 항소장이나 법정기간 내에 제출된 항소이유서에서 유죄 부분에 대하여 양형부당 주장을 하였으나 실질적으로 구두변론을 거쳐 심리되지 아니한 경우에도 마찬가지로 적용되는지 여부(적극) : 검사가 일부 유죄, 일부 무죄가 선고된 제1심판결 전부에 대하여 항소하면서 유죄 부분에 대하여는 아무런 항소이유도 주장하지 않은 경우에는, 유죄 부분에 대하여 법정기간 내에 항소이유서를 제출하지 않은 것이 되고, 그 경우 설령 제1심의 양형이 가벼워 부당하다 하더라도 그와 같은 사유는 형사소송법 제361조의4 제1항 단서의 직권조사사유나 같은 법 제364조 제2항의 직권심판사항에 해당하지 않으므로, 항소심이 제1심판결의 형보다 중한 형을 선고하는 것은 허용되지 않는데, 이러한 법리는 검사가 유죄 부분에 대하여 아무런 항소이유를 주장하지 않은 경우뿐만 아니라 검사가 항소장이나 법정기간 내에 제출된 항소이유서에서 유죄 부분에 대하여 양형부당 주장을 하였으나, 항소이유 주장이 실질적으로 구두변론을 거쳐 심리되지 아니한 경우에도 마찬가지로 적용된다(대판 2015.12.10. 2015도11696). ☞ 실질적 공판중심주의와 피고인의 방어권을 강조한 판시이다.

답 O

26. 피고인의 변호인이 공판정에서 구술로 항소를 취하하였는데, 피고인은 이에 대한 아무런 의견도 진술하지 아니하고 최후진술을 마친 경우, 항소취하는 유효하다.

해설 변호인의 구술에 의한 항소취하와 피고인의 동의 여부(명시적) : 변호인은 피고인의 동의를 얻어 상소를 취하할 수 있으므로(제351조, 제341조), 변호인의 상소취하에 피고인의 동의가 없다면 그 상소취하의 효력은 발생하지 아니한다. 한편 변호인이 상소취하를 할 때 원칙적으로 피고인은 이에 동의하는 취지의 서면을 제출하여야 하나(규칙 제153조 제2항), 피고인은 공판정에서 구술로써 상소취하를 할 수 있으므로(제352조 제1항 단서), 변호인의 상소취하에 대한 피고인의 동의도 공판정에서 구술로써 할 수 있다. 다만 상소를 취하하거나 상소의 취하에 동의한 자는 다시 상소를 하지 못하는 제한을 받게 되므로(제354조), 상소취하에 대한 피고인의 구술 동의는 명시적으로 이루어져야만 한다(대판 2015.9.10. 2015도7821[변호인의 항소취하와 피고인의 묵묵부답 사건]).

답 X

27. 항소심에서 피고인의 출석 없이 개정하려면 불출석이 2회 이상 계속되어야 한다. ★ⓒ

해설 항소심에서의 불출석 재판의 요건(= 적법한 기일통지 받고 + 2회 연속 불출석) : 형사소송법 제370조, 제276조에 의하면 항소심에서도 공판기일에 피고인의 출석 없이는 개정하지 못하나, 같은 법 제365조가 피고인이 항소심 공판기일에 출석하지 아니한 때에는 다시 기일을 정하고, 피고인이 정당한 사유 없이 다시 정한 기일에도 출석하지 아니한 때에는 피고인의 진술 없이 판결할 수 있도록 정하고 있으므로 피고인의 출석 없이 개정하려면 불출석이 2회 이상 계속된 바가 있어야 한다(대판 2016.4.29. 2016도2210).

답 O

28. 제365조에 따라 항소심에서 피고인 진술 없이 판결하기 위해서는 피고인이 적법한 공판기일 통지를 받고서 2회에 걸쳐 정당한 사유 없이 출정하지 아니함을 필요로 하는바, 여기의 '적법한 공판기일 통지'란 소환장의 송달(제76조) 및 소환장 송달의 의제(제268조)의 경우에 한정되는 것이 아니라 적어도 피고인의 이름·죄명·출석 일시·출석 장소가 명시된 공판기일 변경명령을 송달받은 경우(제270조)도 포함된다. ★

해설 대판 2022.11.10. 2022도7940 참조.

답 O

29. 피고인이 제1심에서 도로교통법 위반(음주운전)죄로 유죄판결을 받고 항소한 후 항소심 제1회, 제2회 공판기일에 출석하였고, 제3회 공판기일에 변호인만이 출석하고 피고인은 건강상 이유를 들어 출석하지 않았으나, 제4회 공판기일에 변호인과 함께 출석하자 원심은 변론을 종결하고 제5회 공판기일인 선고기일을 지정하여 고지하였는데, 피고인과 변호인이 모두 제5회 공판기일에 출석하지 아니하자 항소심이 피고인의 출석 없이 공판기일을 개정하여 피고인의 항소를 기각하는 판결을 선고한 경우, 항소심의 조치에는 소송절차에 관한 형사소송법 제365조를 위반한 잘못이 없다. ★ⓒ

해설 항소심에서 피고인이 불출석한 상태에서 그 진술 없이 판결하기 위한 요건(= 적법한 기일통지 + 2회 연속 불출석) : 항소심에서도 피고인의 출석 없이는 개정하지 못하는 것이 원칙이다(제370조, 제276조). 다만, 피고인이 항소심 공판기일에 출정하지 않아 다시 기일을 정하였는데도 정당한 사유 없이 그 기일에도 출정하지 않은 때에는 피고인의 진술 없이 판결할 수 있다(제365조). 이와 같이 피고인이 불출석한 상태에서 그 진술 없이 판결할 수 있기 위해서는 피고인이 적법한 공판기일 통지를 받고서도 2회 연속으로 정당한 이유 없이 출정하지 않은 경우에 해당하여야 한다(대판 2019.10.31. 2019도5426; 대판 2023.2.23. 2022도15288 등). ☞ 피고인이 고지된 선고기일인 제5회 공판기일에 출석하지 않았더라도 제4회 공판기일에 출석한 이상 2회 연속으로 정당한 이유 없이 출정하지 않은 경우에 해당하지 않아 형사소송법 제365조 제2항에 따라 제5회 공판기일을 개정할 수 없는데, 그런데도 피고인의 출석 없이 제5회 공판기일을 개정하여 판결을 선고한 원심의 조치에 소송절차에 관한 형사소송법 제365조에 반하여 판결에 영향을 미친 잘못이 있다고 한 사례. ✗

30. 피고인이 항소심에 소송이 계속된 사실을 알면서도 법원에 거주지 변경신고를 하지 않아 그로 인하여 송달불능이 되어 법원이 공시송달의 방법에 의한 송달을 한 경우, 적법한 공시송달에 해당한다. ★ⓒ

해설 형사소송법 제63조 제1항에 의하면, 피고인에 대한 공시송달은 피고인의 주거, 사무소, 현재지를 알 수 없는 때에 한하여 이를 할 수 있으므로, 기록상 피고인의 집 전화번호 또는 휴대전화번호 등이 나타나 있는 경우에는 위 전화번호로 연락하여 송달받을 장소를 확인하여 보는 등의 시도를 해 보아야 하고, 그러한 조치를 취하지 아니한 채 곧바로 공시송달의 방법에 의한 송달을 하고 피고인의 진술 없이 판결을 하는 것은 형사소송법 제63조 제1항, 제365조에 위배되어 허용되지 아니한다(대판 2015.1.15. 2014도14781). ✗

31. 항소심이 심리과정에서 심증의 형성에 영향을 미칠 만한 객관적 사유가 새로 드러난 것이 없음에도 제1심의 판단을 재평가하여 사후심적으로 판단하여 뒤집고자 할 때에는, 제1심의 증거가치 판단이 명백히 잘못되었다거나 사실인정에 이르는 논증이 논리와 경험법칙에 어긋나는 등으로 그 판단을 그대로 유지하는 것이 현저히 부당하다고 볼 만한 합리적인 사정이 있어야 하고, 그러한 예외적 사정도 없이 제1심의 사실인정에 관한 판단을 함부로 뒤집어서는 안 된다.

해설 항소심이 심리과정에서 심증 형성에 영향을 미칠 만한 객관적 사유가 새로 드러난 것이 없음에도 제1심의 사실인정에 관한 판단을 재평가하여 사후심적으로 판단하여 뒤집을 수 있는지 여부(원칙적 소극) : 현행 형사소송법상 항소심은 속심을 기반으로 하되 사후심적 요소도 상당 부분 들어 있는 이른바 사후심적 속심의 성격을 가지므로 항소심에서 제1심판결의 당부를 판단할 때에는 그러한 심급구조의 특성을 고려하여야 한다. 그러므로 항소심이 심리과정에서 심증의 형성에 영향을 미칠 만한 객관적 사유가 새로 드러난 것이 없음에도 제1심의 판단을 재평가하여 사후심적으로 판단하여 뒤집고자 할 때에는, 제1심의 증거가치 판단이 명백히 잘못되었다거나 사실인정에 이르는 논증이 논리와 경험법칙에 어긋나는 등으로 그 판단을 그대로 유지하는 것이 현저히 부당하다고 볼 만한 합리적인 사정이 있어야 하고, 그러한 예외적 사정도 없이 제1심의 사실인정에 관한 판단을 함부로 뒤집어서는 안 된다. 그것이 형사사건의 실체에 관한 유죄·무죄의 심증은 법정 심리에 의하여 형성하여야 한다는 공판중심주의, 그리고 법관의 면전에서 직접 조사한 증거만을 재판의 기초로 삼는 것을 원칙으로 하는 실질적 직접심리주의의 정신에 부합한다(대판 2017.3.22. 2016도18031). ○

32. 증인 진술의 신빙성 유무에 대한 제1심의 판단이 명백하게 잘못되었다고 볼 특별한 사정이 있거나 또는 제1심의 판단을 그대로 유지하는 것이 현저히 부당하다고 인정되는 예외적인 경우가 아니라면, 항소심으로서는 제1심 증인이 한 진술의 신빙성 유무에 대한 제1심의 판단이 항소심의 판단과 다르다는 이유만으로 이에 대한 제1심의 판단을 함부로 뒤집어서는 아니 된다.

해설 대판 2013.4.26. 2013도1222 등. ○

33. 검사와 피고인 양쪽이 상소를 제기하였는데, 어느 일방의 상소는 이유 없으나 다른 일방의 상소가 이유 있어 원판결을 파기하고 다시 판결하는 경우, 이유 없는 상소에 대하여도 주문에서 상소를 기각하는 표시를 할 필요는 없다.

> **해설** 검사와 피고인 양쪽이 상소를 제기하였는데, 어느 일방의 상소는 이유 없으나 다른 일방의 상소가 이유 있어 원판결을 파기하고 다시 판결하는 경우, 이유 없는 상소에 대하여도 주문에서 상소를 기각하는 표시를 하여야 하는지 여부(소극) : 검사와 피고인 양쪽이 상소를 제기한 경우, 어느 일방의 상소는 이유 없으나 다른 일방의 상소가 이유 있어 원판결을 파기하고 다시 판결하는 때에는 이유 없는 상소에 대해서는 판결이유 중에서 그 이유가 없다는 점을 적으면 충분하고 주문에서 그 상소를 기각해야 하는 것은 아니다(대판 2020.6.25. 2019도17995). ○

34. 공동피고인을 위한 공통파기란 항소심, 상고심에서 피고인을 위하여 원심판결을 파기하는 경우에 파기의 이유가 항소·상고한 공동피고인에게 공통되는 때에는, 그 공동피고인에게도 원심판결을 파기하여야 한다는 원칙을 말하는데, 여기의 '항소한 공동피고인'은 제1심의 공동피고인으로서 자신이 항소한 경우는 포함되지만, 그에 대하여 검사만 항소한 경우는 포함되지 않는다. ★

> **해설** 제364조의2에서 정한 '항소한 공동피고인'에 검사만 항소한 경우도 포함되는지 여부(적극) : 제364조의2는 항소법원이 피고인을 위하여 원심판결을 파기하는 경우에 파기의 이유가 항소한 공동피고인에게 공통되는 때에는 그 공동피고인에 대하여도 원심판결을 파기하여야 함을 규정하였는데, 이는 공동피고인 상호 간의 재판의 공평을 도모하려는 취지이다. 이와 같은 형사소송법 제364조의2의 규정 내용과 입법 목적·취지를 고려하면, 위 조항에서 정한 '항소한 공동피고인'은 제1심의 공동피고인으로서 자신이 항소한 경우는 물론 그에 대하여 검사만 항소한 경우까지도 포함한다(대판 2022.7.28. 2021도10579). ✕

35. 상고심은 항소심에서 심판대상으로 되었던 사항에 한하여 상고이유의 범위 내에서 그 당부만을 심사하여야 하며, 항소인이 항소이유로 주장하거나 항소심이 직권으로 심판대상으로 삼아 판단한 사항 이외의 사유를 상고이유로 삼을 수는 없다. ★ⓒ

> **해설** 이른바 '상고이유의 제한법리' 등 : 상고심은 항소심판결에 대한 사후심으로서 항소심에서 심판대상으로 되었던 사항에 한하여 상고이유의 범위 내에서 그 당부만을 심사하여야 한다. 그 결과 항소인이 항소이유로 주장하거나 항소심이 직권으로 심판대상으로 삼아 판단한 사항 이외의 사유는 상고이유로 삼을 수 없고 이를 다시 상고심의 심판범위에 포함시키는 것은 상고심의 사후심 구조에 반한다. 이러한 점에서 이른바 '상고이유 제한에 관한 법리'는 형사소송법이 상고심을 사후심으로 규정한 데에 따른 귀결이라고 할 수 있다(대판(숲숨) 2019.3.21. 2017도16593[처방전 없는 한약 조제·판매 사건]). ○

36. 피고인이 유죄가 인정된 제1심판결에 대하여 항소하지 않거나 양형부당만을 이유로 항소하고 검사는 양형부당만을 이유로 항소하였는데, 항소심이 검사의 항소를 받아들여 제1심판결을 파기하고 그보다 높은 형을 선고한 경우, 피고인이 항소심의 심판대상이 되지 않았던 법령위반 등 새로운 사항을 상고이유로 삼아 상고하는 것은 적법하다. ★ⓒ

> **해설** 피고인이 유죄가 인정된 제1심판결에 대하여 항소하지 않거나 양형부당만을 이유로 항소하고 검사는 양형부당만을 이유로 항소하였는데, 항소심이 검사의 항소를 받아들여 제1심판결을 파기하고 그보다

높은 형을 선고한 경우, 피고인이 항소심의 심판대상이 되지 않았던 법령위반 등 새로운 사항을 상고이유로 삼아 상고하는 것이 적법한지 여부(소극) : 양형이 원칙적으로 재량 판단이라는 점을 감안한다면, **항소심이 검사의 양형부당에 관한 항소를 받아들임으로써 제1심판결을 파기하고 보다 높은 형을 선고한 것은** 심급제도하에서 양형 요소라는 동일한 심판대상에 관해 서로 다른 법원에서 고유의 권한으로 반복하여 심사가 이루어짐에 따라 부득이하게 발생된 결과라고 봄이 타당하다. 따라서 제1심과 항소심 사이의 양형 판단이 피고인에게 불리한 내용으로 달라졌다는 사정변경이 사후심 구조에 따른 상고이유 제한 법리의 타당성 등에 영향을 미칠 만한 것이라고 보기는 어렵다(대판(全合) 2019.3.21. 2017도16593[처방전 없는 한약 조제·판매 사건]). ❌

37. 검사가 사실오인 또는 양형부당만을 이유로 상고하는 것은 허용되지 않는다.

해설 제383조 제4호의 상고이유와 검사의 사실오인 또는 양형부당만을 이유로 한 상고의 허부(소극) : 제383조 제4호는 특히 중한 형이 선고된 사건에 있어서 중대한 사실오인과 심히 부당한 형의 양정이 있는 경우의 피고인의 구제를 상고심에 맡긴 것이라고 할 수 있다. 따라서 이 상고이유는 특히 중한 형을 선고받은 피고인의 이익을 위하여 피고인이 상고하는 경우에만 적용되며, 검사가 사실오인 또는 양형부당만을 이유로 상고하는 것은 허용되지 **않는다**(대판 2022.4.28. 2021도16719(살인등)[정인이 사건]). ⭕

38. 제1심과 비교하여 양형의 조건에 변화가 없고 제1심의 양형이 재량의 합리적인 범위를 벗어나지 아니하는 경우에는 이를 존중함이 타당하며, 제1심의 형량이 재량의 합리적인 범위 내에 속함에도 항소심의 견해와 다소 다르다는 이유만으로 제1심판결을 파기하여 제1심과 별로 차이 없는 형을 선고하는 것은 자제함이 바람직하다.

해설 항소심의 양형판단 : 대판(全合) 2015.7.23. 2015도3260. ☞ 그렇지만 제1심의 양형심리 과정에서 나타난 양형의 조건이 되는 사항과 양형기준 등을 종합하여 볼 때에 제1심의 양형판단이 재량의 합리적인 한계를 벗어났다고 평가되거나, 항소심의 양형심리 과정에서 새로이 현출된 자료를 종합하면 제1심의 양형판단을 그대로 유지하는 것이 부당하다고 인정되는 등의 사정이 있는 경우에는, 항소심은 형의 양정이 부당한 제1심판결을 파기하여야 한다.
☞ 상황의 변화가 없는 경우, 항소심은 제1심 양형 파기를 자제해야 하며, 또 이 같은 원심의 판단에 그 근거가 된 양형자료와 그에 관한 판단 내용이 모순 없이 설시되어 있는 경우에는 양형의 조건이 되는 사유에 관해 일일이 명시하지 아니하여도 위법하지 않아, 상고이유가 아니라는 판시이다. ⭕

39. 법률의 해석·적용을 그르친 나머지 피고인을 유죄로 잘못 인정한 원심판결에 대하여 검사만이 상고를 제기한 경우, 상고법원이 직권으로 심판하여 무죄의 취지로 원심판결을 파기할 수는 없다.

해설 법률의 해석·적용을 그르친 나머지 피고인을 유죄로 잘못 인정한 원심판결에 대하여 검사만이 상고를 제기한 경우, 상고법원이 직권으로 심판하여 무죄의 취지로 원심판결을 파기할 수 있는지 여부(적극) : 상고법원은 판결에 영향을 미친 법률의 위반이 있는 경우에는 상고이유서에 포함되지 아니한 때에도 직권으로 심판할 수 있는바(제384조, 제383조 제1호), 이는 법률의 해석·적용을 그르친 나머지 피고인을 유죄로 잘못 인정한 원심판결에 대하여 피고인은 상고를 제기하지 아니하고 검사만이 다른 사유를 들어 상고를 제기하였고, 검사의 상고가 피고인의 이익을 위하여 제기된 것이 아님이 명백한 경우라 하더라도 마찬가지이다(대판 2016.10.27. 2015도16764). ❌

40. 공동피고인을 위한 파기에 관한 형사소송법 제364조의2의 규정은 공동피고인 사이에서 파기의 이유가 공통되는 해당 범죄사실이 동일한 소송절차에서 병합심리된 경우에만 적용될 것은 아니다. ★

해설 형사소송법 제364조의2의 취지 및 위 규정은 공동피고인 사이에서 파기의 이유가 공통되는 해당 범죄사실이 동일한 소송절차에서 병합심리된 경우에만 적용되는지 여부(적극) : 형사소송법 제364조의2는 "피고인을 위하여 원심판결을 파기하는 경우에 파기의 이유가 항소한 공동피고인에게 공통되는 때에는 그 공동피고인에게 대하여도 원심판결을 파기하여야 한다."라고 정하고 있고, 이는 공동피고인 상호 간의 재판의 공평을 도모하려는 취지이다. 위와 같은 형사소송법 제364조의2의 규정 내용과 입법 목적을 고려하면, 위 규정은 공동피고인 사이에서 파기의 이유가 공통되는 해당 범죄사실이 동일한 소송절차에서 병합심리된 경우에만 적용된다고 보는 것이 타당하다(대판(全슴) 2019.8.29. 2018도14303[공무원과 비공무원이 공모한, 기업 대표 등에 대한 뇌물수수와 강요 등 사건]). ✗

41. 피고인의 신병확보를 위한 구속 등 소송절차가 법령에 위반된 경우, 판결에 영향을 미친 위법으로서 상고이유가 된다.

해설 피고인의 신병확보를 위한 구속 등 소송절차가 법령에 위반된 경우, 판결에 영향을 미친 위법으로서 상고이유가 되는지 여부(한정 소극) : 판결내용 자체가 아니고 다만 피고인의 신병확보를 위한 구속 등 소송절차가 법령에 위반된 경우에는, 그로 인하여 피고인의 방어권이나 변호인의 조력을 받을 권리가 본질적으로 침해되고 판결의 정당성마저 인정하기 어렵다고 보이는 정도에 이르지 않는 한, 그것 자체만으로는 판결에 영향을 미친 위법이라고 할 수 없다(대판 2019.2.28. 2018도19034). ✗

42. 소송촉진 등에 관한 특례법 제23조에 따라 피고인이 불출석한 채로 진행된 제1심의 재판에 대하여 검사만 항소하고 항소심도 피고인 불출석 재판으로 진행한 후에 검사의 항소를 기각하여 제1심 유죄판결이 확정되었는데, 피고인이 귀책사유 없이 제1심과 항소심 공판절차에 출석할 수 없었고 상고권회복에 의한 상고를 제기한 경우, 형사소송법 제383조 제3호에서 상고이유로 정한 '재심청구의 사유가 있는 때'에 해당한다. ★

해설 대판 2016.10.27. 2016도11969 및 대판(全슴) 2015.6.25. 2014도17252, 대판 2015.8.27. 2015도1054 등 참조. ○

43. 형사소송법 제411조는 당사자에게 항고에 관하여 그 이유서를 제출하거나 의견을 진술하고 유리한 증거를 제출할 기회를 부여하려는 데 취지가 있으므로, 항고심에서 항고인이 항고에 대한 의견진술을 한 경우에는 위와 같은 기회가 있었다고 봄이 상당하므로 형사소송법 제411조를 위반하였다고 볼 수 없다.

해설 형사소송법 제411조의 취지 및 항고심에서 항고인이 항고에 대한 의견진술을 한 경우, 형사소송법 제411조를 위반한 것인지 여부(소극) : 형사소송법 제411조는 당사자에게 항고에 관하여 그 이유서를 제출하거나 의견을 진술하고 유리한 증거를 제출할 기회를 부여하려는 데 취지가 있으므로, 항고심에서 항고인이 항고에 대한 의견진술을 한 경우에는 위와 같은 기회가 있었다고 봄이 상당하므로 형사소송법 제411조를 위반하였다고 볼 수 없다(대결 2019.1.4. 2018모3621). ○

44. 집행유예취소결정에 대한 즉시항고권회복청구서의 제출에는 재소자특칙은 적용되지 않는다.

> 해설 집행유예취소결정에 대한 즉시항고권회복청구와 재소자특칙 규정(제344조 제1항)의 적용 여부(적극) : 즉시항고도 상소의 일종이므로 재소자특칙은 집행유예취소결정에 대한 즉시항고권회복청구서의 제출에도 마찬가지로 적용된다(대결 2022.10.27. 2022모1004). ✗

45. 전자정보에 대하여 현장에서의 저장매체 압수·이미징·탐색·복제 및 출력행위 등 일련의 행위가 모두 진행되어 압수·수색이 종료된 경우, 전체 압수·수색 과정을 단계적·개별적으로 구분하여 위법이나 취소 여부를 판단할 것이 아니라 당해 과정 전체를 하나의 절차로 파악하여 그 과정에서 나타난 위법이 압수·수색 절차 전체를 위법하게 할 정도로 중대한지 여부에 따라 전체적으로 압수·수색 처분을 취소할 것인지를 가려야 한다. ★ⓒ

> 해설 준항고의 취소범위(= 전체적) : 전자정보에 대하여 현장에서의 저장매체 압수·이미징·탐색·복제 및 출력행위 등 일련의 행위가 모두 진행되어 압수·수색이 종료된 경우, 전체 압수·수색 과정을 단계적·개별적으로 구분하여 위법이나 취소 여부를 판단할 것이 아니라 당해 과정 전체를 하나의 절차로 파악하여 그 과정에서 나타난 위법이 압수·수색 절차 전체를 위법하게 할 정도로 중대한지 여부에 따라 **전체적으로 압수·수색 처분을 취소할 것인지를 가려야** 한다(대결(全) 2015.7.16. 2011모1839[10:3] [종근당 사건]). ○

46. 피고인의 비약적 상고와 검사의 항소가 경합하여 피고인의 비약적 상고에 상고의 효력이 상실되는 경우에는 피고인의 비약적 상고에 항소로서의 효력을 인정할 수 없다. ★ⓒ

> 해설 피고인의 비약적 상고와 검사의 항소가 경합하여 피고인의 비약적 상고에 상고의 효력이 상실되는 경우, 피고인의 비약적 상고에 항소로서의 효력을 인정할 수 있는지 여부(적극) : 법 제372조, 제373조 및 관련 규정의 내용과 취지, 비약적 상고와 항소가 제1심판결에 대한 상소권 행사로서 갖는 공통성, 이와 관련된 피고인의 불복의사, 피고인의 상소권 보장의 취지 및 그에 대한 제한의 범위와 정도, 피고인의 재판청구권을 보장하는 헌법합치적 해석의 필요성 등을 종합하여 보면, **제1심판결에 대하여 피고인은 비약적 상고를, 검사는 항소를 각각 제기하여 이들이 경합한 경우** 피고인의 비약적 상고에 상고의 효력이 인정되지는 않더라도, 피고인의 비약적 상고가 항소기간 준수 등 항소로서의 적법요건을 모두 갖추었고, 피고인이 자신의 비약적 상고에 상고의 효력이 인정되지 않는 때에도 항소심에서는 제1심판결을 다툴 의사가 없었다고 볼 만한 특별한 사정이 없다면, **피고인의 비약적 상고에 항소로서의 효력이 인정된다**(대판(全) 2022.5.19. 2021도17131[다수의견] [피고인이 제기한 비약적 상고에 항소제기의 효력을 인정할 수 있는지가 문제된 사건]).
> ☞ 대법원은 全合을 통하여, 피고인의 비약적 상고와 검사의 항소가 경합하여 피고인의 비약적 상고의 효력이 상실되는 경우 피고인의 비약적 상고에 피고인의 항소로서의 효력을 부정해 오던 대판 2005.7.8. 2005도2967 등 종전 판례를 변경하여, 피고인의 비약적 상고에 항소로서의 효력을 인정할 수 있다고 판시. ✗

Ⅲ. 재심 등

47. 면소판결을 대상으로 한 재심청구도 적법하다.

> 해설 재심이 허용되는 대상 판결 및 면소판결을 대상으로 한 재심청구가 적법한지 여부(소극) : 재심은 형사소송법 제420조, 제421조 제1항의 규정에 의하여 유죄 확정판결 및 유죄판결에 대한 항소 또는 상고

를 기각한 확정판결에 대하여만 허용된다(대결 2018.5.2. 2015모3243[긴급조치 제9호 관련 재심사건]). 따라서 **면소판결**은 유죄 확정판결이라 할 수 없으므로 면소판결을 대상으로 한 재심청구는 부적법하다(대결 2021. 4.2. 2020모2071[대통령긴급조치 제9호 위반에 대한 면소판결에 재심을 청구한 사건]).

48. 소송촉진 등에 관한 특례법 제23조에 따라 진행된 제1심의 불출석 재판에 대하여 검사만 항소하고 항소심도 불출석 재판으로 진행한 후에 제1심판결을 파기하고 새로 또는 다시 유죄판결을 선고하여 유죄판결이 확정된 경우에도, 재심 규정을 유추 적용하여 귀책사유 없이 제1심과 항소심의 공판절차에 출석할 수 없었던 피고인은 재심 규정이 정한 기간 내에 항소심 법원에 유죄판결에 대한 재심을 청구할 수 있다. ★ⓒ

│해설│ 소송촉진 등에 관한 특례법 제23조에 따라 진행된 제1심의 불출석 재판에 대하여 검사만 항소하고 항소심도 불출석 재판으로 진행한 후에 제1심판결을 파기하고 새로 또는 다시 유죄판결을 선고하여 유죄판결이 확정된 경우, 같은 법 제23조의2 제1항을 유추 적용하여 항소심 법원에 재심을 청구할 수 있는지 여부(적극) / 이때 피고인이 상고권회복에 의한 상고를 제기하여 위 사유를 상고이유로 주장하는 경우, 형사소송법 제383조 제3호에서 상고이유로 정한 원심판결에 '재심청구의 사유가 있는 때'에 해당하는지 여부(적극) 및 위 사유로 파기되는 사건을 환송받아 다시 항소심 절차를 진행하는 원심이 취해야 할 조치 : 소송촉진 등에 관한 특례법(이하 '소송촉진법') 제23조(이하 '특례 규정')와 소송촉진법 제23조의2 제1항(이하 '재심 규정')의 내용 및 입법 취지, 헌법 및 형사소송법에서 정한 피고인의 공정한 재판을 받을 권리 및 방어권의 내용, 적법절차를 선언한 헌법 정신, 귀책사유 없이 불출석한 상태에서 제1심과 항소심에서 유죄판결을 받은 피고인의 공정한 재판을 받을 권리를 실질적으로 보호할 필요성 등의 여러 사정들을 종합하여 보면, 특례 규정에 따라 진행된 제1심의 불출석 재판에 대하여 검사만 항소하고 항소심도 불출석 재판으로 진행한 후에 제1심판결을 파기하고 새로 또는 다시 유죄판결을 선고하여 유죄판결이 확정된 경우에도, 재심 규정을 유추 적용하여 귀책사유 없이 제1심과 항소심의 공판절차에 출석할 수 없었던 피고인은 재심 규정이 정한 기간 내에 **항소심 법원**에 유죄판결에 대한 재심을 청구할 수 있다(대판(全) 2015.6.25. 2014도17252[다수의견]; 대판 2017.5.17. 2017도4267; 대판 2017.5.30. 2017도4243 등).

49. 소송촉진법 제23조 규정에 따라 진행된 제1심의 불출석 재판에 대하여 검사만 항소하고 항소심도 불출석 재판으로 진행한 후에 제1심판결을 파기하고 새로 또는 다시 유죄판결을 선고하여 유죄판결이 확정된 경우, 피고인이 재심을 청구하지 않고 상고권회복에 의한 상고를 제기하여 위 사유를 상고이유로 주장한다면, 이는 형사소송법 제383조 제3호에서 상고이유로 정한 원심판결에 '재심청구의 사유가 있는 때'에 해당한다고 볼 수 있으므로 원심판결에 대한 파기사유가 될 수 있다. ★ⓒ

│해설│ 나아가 위 사유로 파기되는 사건을 환송받아 다시 항소심 절차를 진행하는 원심으로서는 피고인의 귀책사유 없이 특례 규정에 의하여 제1심이 진행되었다는 파기환송 판결 취지에 따라, 제1심판결에 형사소송법 제361조의5 제13호의 항소이유에 해당하는 재심 규정에 의한 재심청구의 사유가 있어 직권 파기 사유에 해당한다고 보고, 다시 공소장 부본 등을 송달하는 등 새로 소송절차를 진행한 다음 새로운 심리 결과에 따라 다시 판결을 하여야 한다(대판(全) 2015.6.25. 2014도17252[다수의견]; 대판 2017.6.8. 2017도3606 등).

50. 특별사면으로 형 선고의 효력이 상실된 유죄의 확정판결은 재심청구의 대상이 될 수 없다. ★ⓒ

│해설│ 특별사면으로 형 선고의 효력이 상실된 유죄의 확정판결이 형사소송법 제420조의 '유죄의 확정판결'로서 재심청구의 대상 여부(적극) : 유죄판결 확정 후에 형 선고의 효력을 상실케 하는 특별사면이 있었

다고 하더라도, 형 선고의 법률적 효과만 장래를 향하여 소멸될 뿐이고 확정된 유죄판결에서 이루어진 사실인정과 그에 따른 유죄 판단까지 없어지는 것은 아니므로, 유죄판결은 형 선고의 효력만 상실된 채로 여전히 존재하는 것으로 보아야 하고, … 특별사면으로 형 선고의 효력이 상실된 유죄의 확정판결도 형사소송법 제420조의 '유죄의 확정판결'에 해당하여 재심청구의 대상이 될 수 있다(대판(全) 2015.5.21. 2011도1932 [특별사면 재심청구 사건]).

답 X

51. 재심대상판결 확정 후에 형 선고의 효력을 상실케 하는 특별사면이 있었다고 하더라도, 재심개시결정이 확정되어 재심심판절차를 진행하는 법원은 그 심급에 따라 다시 심판하여 실체에 관한 유·무죄 등의 판단을 해야지, 특별사면이 있음을 들어 면소판결을 하여서는 아니 된다.

해설 재심개시결정 이전에 특별사면이 있었더라도 재심개시결정 확정 후 재심심판절차를 진행하는 법원은 면소판결이 아닌 실체에 관한 유·무죄 등의 판단을 해야 하는지(적극) : 면소판결 사유인 형사소송법 제326조 제2호의 '사면이 있는 때'에서 말하는 '사면'이란 일반사면을 의미할 뿐(대판 2000.2.11. 99도2983 참조), 형을 선고받아 확정된 자를 상대로 이루어지는 **특별사면**은 여기에 해당하지 **않**으므로, 재심대상판결 확정 후에 형 선고의 효력을 상실케 하는 특별사면이 있었다고 하더라도, 재심개시결정이 확정되어 재심심판절차를 진행하는 법원은 그 심급에 따라 다시 실체에 관한 유·무죄 등의 판단을 해야지, 위 특별사면이 있음을 들어 면소판결을 하여서는 아니 된다(대판(全) 2015.5.21. 2011도1932[특별사면 재심청구 사건]).

답 O

52. 특별사면으로 형 선고의 효력이 상실된 유죄의 확정판결에 대하여 재심개시결정이 이루어져 재심심판법원이 심급에 따라 다시 심판한 결과 유죄로 인정되는 경우에는, 피고인에 대하여 다시 형을 선고하거나 피고인의 항소를 기각하여 제1심판결을 유지시켜야 한다.

해설 특별사면으로 형 선고의 효력이 상실된 유죄의 확정판결에 대하여 재심개시결정이 이루어져 다시 심판한 결과 유죄로 인정되는 경우, 재심심판법원이 선고할 주문(= 피고인에 대하여 형을 선고하지 아니한다) : 특별사면으로 형 선고의 효력이 상실된 유죄의 확정판결에 대하여 재심개시결정이 이루어져 재심심판법원이 심급에 따라 다시 심판한 결과 **무죄로 인정되는 경우**라면 무죄를 선고하여야 하겠지만, 그와 달리 **유죄로 인정되는 경우**에는, 피고인에 대하여 다시 형을 선고하거나 피고인의 항소를 기각하여 제1심판결을 유지시키는 것은 이미 형 선고의 효력을 상실하게 하는 특별사면을 받은 피고인의 법적 지위를 해치는 결과가 되어 이익재심과 불이익변경금지의 원칙에 반하게 되므로, 재심심판법원으로서는 '피고인에 대하여 형을 선고하지 아니한다'는 주문을 선고할 수밖에 없다(대판(全) 2015.5.21. 2011도1932[특별사면 재심청구 사건]).

답 X

53. 형사소송법 제420조 제4호의 '원판결의 증거된 재판'이란 원판결의 이유 중에서 증거로 채택되어 죄로 되는 사실을 인정하는 데 인용된 다른 재판을 뜻한다.

해설 형사소송법 제420조 제4호의 '원판결의 증거된 재판이 확정재판에 의하여 변경된 때' : '원판결의 증거된 재판'이라 함은 원판결의 이유 중에서 증거로 채택되어 죄로 되는 사실을 인정하는 데 인용된 다른 재판을 뜻한다(대판 2019.4.11. 2018도17909).

답 O

54. 형사소송법 제420조 제5호 재심사유의 '원판결이 인정한 죄보다 경한 죄를 인정할 경우'란 원판결에서 인정한 죄와는 별개의 경한 죄를 말하고, 원판결에서 인정한 죄 자체에는 변함이 없고 다만 양형상의 자료에 변동을 가져올 사유에 불과한 것은 여기에 해당하지 않는다.

| 해설 | 대판 2017.11.9. 2017도14769.

55. 항소심의 유죄판결에 대한 상고심 재판 계속 중 피고인이 사망하여 공소기각결정이 확정된 경우, 재심절차의 전제가 되는 '유죄의 확정판결'이 존재하지 아니하므로, 이때 피고인 등이 항소심의 유죄판결을 대상으로 재심을 청구하여 재심개시결정이 확정된 경우, 재심절차를 진행하는 법원으로서는 심판대상이 없어 아무런 재판을 할 수 없다.

| 해설 | 재심개시결정은 재심을 개시할 수 없는 항소심의 유죄판결을 대상으로 한 것이므로, 재심개시결정에 따라 재심절차를 진행하는 법원으로서는 심판의 대상이 없어 아무런 재판을 할 수 없다(대판 2013.6.27. 2011도7931).

56. 약식명령에 대한 정식재판 절차에서 유죄판결이 선고되어 확정되었음에도 불구하고 피고인 등이 약식명령에 대하여 재심을 청구하여 재심개시결정이 확정된 경우, 재심절차를 진행하는 법원은 심판대상이 없어 아무런 재판을 할 수 없다.

| 해설 | 재심개시결정은 이미 효력을 상실하여 재심을 개시할 수 없는 약식명령을 대상으로 한 것이므로, 그 재심개시결정에 따라 재심절차를 진행하는 법원으로서는 심판의 대상이 없어 아무런 재판을 할 수 없다(대판 2013.4.11. 2011도10626).

57. 재심개시결정 확정 사건에서 '다시' 심판한다는 것은 재심대상판결의 당부를 심사하는 것을 의미한다.

| 해설 | 재심개시결정 확정 사건에서 '다시' 심판한다는 의미 : 형사소송법 제438조 제1항은 "재심개시의 결정이 확정한 사건에 대하여는 제436조의 경우 외에는 법원은 그 심급에 따라 다시 심판을 하여야 한다."고 규정하고 있다. 여기서 '다시' 심판한다는 것은 재심대상판결의 당부를 심사하는 것이 아니라 피고 사건 자체를 처음부터 새로 심판하는 것을 의미하므로, 재심대상판결이 상소심을 거쳐 확정되었더라도 재심사건에서는 재심대상판결의 기초가 된 증거와 재심사건의 심리과정에서 제출된 증거를 모두 종합하여 공소사실이 인정되는지를 새로이 판단하여야 한다(대판 2015.5.14. 2014도2946[자살방조][유서대필 사건]). ✕

58. 면소판결에 대하여 무죄판결인 실체판결이 선고되어야 한다고 주장하면서 상고할 수 없는 것이 원칙이지만, 형벌에 관한 법령이 헌법재판소의 위헌결정으로 인하여 소급하여 그 효력을 상실하였거나 법원에서 위헌·무효로 선언된 경우, 나아가 형벌에 관한 법령이 재심판결 당시 폐지되었다 하더라도 그 '폐지'가 당초부터 헌법에 위배되어 효력이 없는 법령에 대한 것이었다면, 면소를 할 수 없고 피고인에게 무죄의 선고를 하여야 하므로 면소를 선고한 판결에 대하여 상고가 가능하다. ★ⓒ

| 해설 | 면소판결에 대한 상고 허부(예외적 허용) : 대판(全合) 2010.12.16. 2010도5986[대통령긴급조치 위반·반공법위반]; 同旨 : 대판(全合) 2013.5.16. 2011도2631[대통령 긴급조치 제4호 위반 사건].

59. 형벌에 관한 법령이 당초부터 헌법에 위반되어 법원에서 위헌·무효라고 선언한 때에는 재심사유에 해당한다.

> 해설 | 대결 2013.4.18. 2010모363. ☞ 재항고인에 대한 재심대상판결의 공소사실은 긴급조치 제9호를 형벌법령으로 한 것임이 분명하고, 대법원 2013.4.18. 자 2011초기689 전원합의체 결정에서 긴급조치 제9호가 당초부터 위헌·무효라고 판단된 이상, 이는 '유죄의 선고를 받은 자에 대하여 무죄를 인정할 명백한 증거가 새로 발견된 때'에 해당하므로, 결국 재심대상판결에는 형사소송법 제420조 제5호 소정의 재심사유가 있다.   ⓐ O

60. 경합범 관계에 있는 수 개의 범죄사실을 유죄로 인정하여 1개의 형을 선고한 불가분의 확정판결 중 일부 범죄사실에 대하여만 재심청구의 이유가 있는 경우, 재심법원은 그 전부를 심판범위로 삼아야 한다.   ★ⓒ

> 해설 | 경합범 관계에 있는 수 개의 범죄사실을 유죄로 인정하여 1개의 형을 선고한 불가분의 확정판결 중 일부 범죄사실에 대하여만 재심청구의 이유가 있는 것으로 인정된 경우, 재심법원의 심판 범위(=일부) : 경합범 관계에 있는 수 개의 범죄사실을 유죄로 인정하여 1개의 형을 선고한 불가분의 확정판결에서 그중 일부의 범죄사실에 대하여만 재심청구의 이유가 있는 것으로 인정된 경우에는 형식적으로는 1개의 형이 선고된 판결에 대한 것이어서 그 판결 전부에 대하여 재심개시의 결정을 할 수밖에 없지만, 비상구제수단인 재심제도의 본질상 **재심사유가 없는 범죄사실**에 대하여는 재심개시결정의 효력이 그 부분을 형식적으로 심판의 대상에 포함시키는 데에 그칠 뿐이므로, 재심법원은 그 부분에 대하여는 이를 다시 심리하여 유죄인정을 파기할 수 없고, 다만 그 부분에 관하여 새로이 양형을 하여야 하므로 양형을 위하여 필요한 범위에 한하여만 심리할 수 있을 뿐이다(대판 2018.12.13. 2016도1397; 대판 2019.1.31. 2018도6185 등).   ⓐ X

61. 수사기관이 영장주의를 배제하는 위헌적 법령에 따라 영장 없는 체포·구금을 한 경우에도 불법체포·감금의 직무범죄가 인정되는 경우에 준하는 것으로 보아 형사소송법 제420조 제7호의 재심사유가 있다고 보아야 한다.

> 해설 | 대결 2018.5.2. 2015모3243.   ⓐ O

62. 재심심판절차에서도 원칙적으로 공소장변경은 허용되고, 재심대상사건에 일반 절차로 진행 중인 별개의 형사사건을 병합하여 심리하는 것도 허용된다.   ★ⓒ

> 해설 | 재심절차에서 공소장변경 허부(소극) : 재심의 취지와 특성, 형사소송법의 이익재심 원칙과 재심심판절차에 관한 특칙 등에 비추어 보면, 재심심판절차에서는 특별한 사정이 없는 한 검사가 재심대상사건과 별개의 공소사실을 추가하는 내용으로 공소장을 변경하는 것은 허용되지 않고, 재심대상사건에 일반 절차로 진행 중인 별개의 형사사건을 병합하여 심리하는 것도 허용되지 않는다(대판(승합) 2019.6.20. 2018도20698).   ⓐ X

63. 재심청구를 받은 법원은 필요하다고 인정한 때에는 형사소송법 제431조에 의하여 직권으로 재심청구의 이유에 대한 사실조사를 할 수 있으며, 소송당사자에게도 사실조사신청권이 있다.   ★

> 해설 | 재심청구에 대한 재판에서 소송당사자에게 사실조사신청권이 있는지 여부(소극) : 재심청구를 받은 **법원**은 필요하다고 인정한 때에는 제431조에 의하여 직권으로 재심청구의 이유에 대한 사실조사를 할

수 있으나, **소송당사자**에게 사실조사신청권이 있는 것이 아니다. 그러므로 당사자가 재심청구의 이유에 관한 사실조사신청을 한 경우에도 이는 단지 법원의 직권발동을 촉구하는 의미밖에 없는 것이므로, 법원은 이 신청에 대하여는 재판을 할 필요가 없고 설령 법원이 이 신청을 배척하였다고 하여도 당사자에게 이를 고지할 필요가 없다(대결 2021.3.12. 2019모3554). ✕

64. 경합범 관계에 있는 수 개의 범죄사실을 유죄로 인정하여 1개의 형을 선고한 불가분의 확정판결에서 그중 일부의 범죄사실에 대하여만 재심청구의 이유가 있는 것으로 인정되었으나 형식적으로는 1개의 형이 선고된 판결에 대한 것이어서 그 판결 전부에 대하여 재심개시의 결정을 한 경우, 재심법원은 재심사유가 없는 범죄에 대하여는 새로이 양형을 하여야 하는 것이므로 이를 헌법상 이중처벌금지의 원칙을 위반한 것이라고 할 수 없고, 다만 불이익변경의 금지 원칙이 적용되어 원판결의 형보다 중한 형을 선고하지 못할 뿐이다. ★ⓒ

| 해설 | 재심판결과 불이익변경금지의 원칙 : 대판 2018.2.28. 2015도15782. ○

65. 재심판결에서 피고인에게 또다시 집행유예를 선고할 경우 그 집행유예 기간의 시기는 재심판결의 확정일이 아니라 재심대상판결의 확정일로 보아야 한다. ★

| 해설 | 재심심판절차는 원판결의 당부를 심사하는 종전 소송절차의 후속 절차가 아니라 사건 자체를 처음부터 다시 심판하는 완전히 새로운 소송절차로서 재심판결이 확정되면 원판결은 당연히 효력을 잃는다. … 그러므로 재심판결이 확정됨에 따라 원판결이나 그 부수처분의 법률적 효과가 상실되고 형 선고가 있었다는 기왕의 사실 자체의 효과가 소멸하는 것은 재심의 본질상 당연한 것으로서, 원판결의 효력 상실 그 자체로 인하여 피고인이 어떠한 불이익을 입는다 하더라도 이를 두고 재심에서 보호되어야 할 피고인의 법적 지위를 해치는 것이라고 볼 것은 아니다(대판 2018.2.28. 2015도15782 등 참조). 한편 우리 형법이 **집행유예 기간의 시기**에 관하여 명문의 규정을 두고 있지는 않지만, 형사소송법 제459조가 "재판은 이 법률에 특별한 규정이 없으면 확정한 후에 집행한다."라고 규정한 취지나 집행유예 제도의 본질 등에 비추어 보면 집행유예를 함에 있어 그 집행유예 기간의 시기는 집행유예를 선고한 판결 확정일로 하여야 한다(대판 2019. 2.28. 2018도13382 등). ✕

66. 재심판결에서 피고인에게 또다시 집행유예를 선고할 경우 그 집행유예 기간의 시기는 재심대상판결의 확정일이 아니라 재심판결의 확정일로 보아야 하고, 그로 인하여 재심대상판결이 선고한 집행유예의 실효 효과까지 없어진다고 하더라도, 이는 재심판결이 확정되면 재심대상판결은 효력을 잃게 되는 재심의 본질상 당연한 결과이므로, 재심판결에서 정한 형이 재심대상판결의 형보다 중하지 않은 이상 불이익변경금지의 원칙이나 이익재심의 원칙에 반하지 않는다.

| 해설 | 대판 2019.2.28. 2018도13382. ☞ 피고인이 재심대상판결에서 정한 집행유예의 기간 중 특정범죄 가중처벌 등에 관한 법률 위반(보복협박등)죄로 징역 6개월을 선고받아 그 판결이 확정됨으로써 위 집행유예가 실효되고 피고인에 대하여 유예된 형이 집행되었는데, 재심판결인 원심판결에서 새로이 형을 정하고 원심판결 확정일을 기산일로 하는 집행유예를 다시 선고한 사안에서, **재심판결에서 피고인에게 또다시 집행유예를 선고할 경우 그 집행유예 기간의 시기는 재심대상판결의 확정일이 아니라 재심판결의 확정일로 보아야 하고**, 그로 인하여 재심대상판결이 선고한 집행유예의 실효 효과까지 없어지더라도, 재심판결이 확정되면 재심대상판결은 효력을 잃게 되는 재심의 본질상 당연한 결과이므로, 재심판결에서 정한 형이 재심대상판결의 형보다 중하지 않은 이상 불이익변경금지원칙이나 이익재심원칙에 반하지 않는다고 본 원심판결이 정당하다고 한 사례(同旨 : 대판 2018.10.25. 2018도13150 등). ○

67. 상습범으로 유죄의 확정판결을 받은 사람이 그 후 동일한 습벽에 의해 후행범죄를 저질렀는데 유죄의 확정판결에 대하여 재심이 개시된 경우, 동일한 습벽에 의한 후행범죄가 재심대상판결에 대한 재심판결 선고 전에 범하여졌다면 재심판결의 기판력은 후행범죄에도 미친다. ★ⓒ

| 해설 | 상습범으로 유죄의 확정판결을 받은 사람이 그 후 동일한 습벽에 의해 후행범죄를 저질렀는데 유죄의 확정판결에 대하여 재심이 개시된 경우, 동일한 습벽에 의한 후행범죄가 재심대상판결에 대한 재심판결 선고 전에 범하여졌다면 재심판결의 기판력이 후행범죄에 미치는지 여부(소극) : 상습범으로 유죄의 확정판결(이하 앞서 저질러 재심의 대상이 된 범죄를 '선행범죄')을 받은 사람이 그 후 동일한 습벽에 의해 범행을 저질렀는데(이하 뒤에 저지른 범죄를 '후행범죄') 유죄의 확정판결에 대하여 재심이 개시된 경우, 동일한 습벽에 의한 후행범죄가 재심대상판결에 대한 재심판결 선고 전에 저질러진 범죄라 하더라도 재심판결의 기판력이 후행범죄에 미치지 않는다(대판(全合) 2019.6.20. 2018도20698; 대판 2019.7.25. 2016도756). ☞ 한편 유죄의 확정판결을 받은 사람이 그 후 별개의 후행범죄를 저질렀는데 유죄의 확정판결에 대하여 재심이 개시된 경우, **후행범죄가 재심대상판결에 대한 재심판결 확정 전에 범하여졌다 하더라도** 아직 판결을 받지 아니한 후행범죄와 재심판결이 확정된 선행범죄 사이에는 형법 제37조 후단에서 정한 경합범 관계(이하 '후단 경합범')가 성립하지 않는다. 답 ✗

68. 상급심의 파기판결에 의해 효력을 상실한 재판은 비상상고의 대상이 될 수 없다.

| 해설 | 상급심의 파기판결에 의해 효력을 상실한 재판의 비상상고 대상 여부(소극) : 제441조는 "검찰총장은 판결이 확정한 후 그 사건의 심판이 법령에 위반한 것을 발견한 때에는 대법원에 비상상고를 할 수 있다."라고 규정하고 있다. 상급심의 파기판결에 의해 효력을 상실한 재판의 법령위반 여부를 다시 심사하는 것은 무익할 뿐만 아니라, 법령의 해석·적용의 통일을 도모하려는 비상상고 제도의 주된 목적과도 부합하지 않는다. 따라서 **상급심의 파기판결에 의해 효력을 상실한 재판**은 비상상고의 대상이 될 수 없다(대판 2021.3.11. 2018오1[소위 형제복지원 비상상고 사건]). 답 ○

69. 단순히 그 법령 적용의 전제사실을 오인함에 따라 법령위반의 결과를 초래한 경우에도 형사소송법 제441조에서 정한 '그 사건의 심판이 법령에 위반한 것'에 해당하여 비상상고의 이유가 된다. ★

| 해설 | 비상상고에 관한 형사소송법 제441조에서 정한 '그 사건의 심판이 법령에 위반한 것'의 의미 및 단순히 법령 적용의 전제사실을 오인함에 따라 법령위반의 결과를 초래한 것과 같은 경우가 여기에 해당하는지 여부(소극) : 형사소송법 제441조는 "검찰총장은 판결이 확정한 후 그 사건의 심판이 법령에 위반한 것을 발견한 때에는 대법원에 비상상고를 할 수 있다."고 규정하고 있는바, 이러한 비상상고 제도는 법령 적용의 오류를 시정함으로써 법령의 해석·적용의 통일을 도모하려는 데에 주된 목적이 있는 것이므로, '**그 사건의 심판이 법령에 위반한 것**'이라고 함은 확정판결에서 인정한 사실을 변경하지 아니하고 이를 전제로 한 실체법의 적용에 관한 위법 또는 그 사건에 있어서의 절차법상의 위배가 있음을 뜻하는 것이라고 할 것이다(대결 1962.9.27. 62오1 참조). 따라서 단순히 그 법령 적용의 전제사실을 오인함에 따라 법령위반의 결과를 초래한 것과 같은 경우는 법령의 해석·적용을 통일한다는 목적에 유용하지 않으므로 '그 사건의 심판이 법령에 위반한 것'에 해당하지 않는다고 해석함이 상당하다(대결 2017.6.15. 2017오1). 답 ✗

70. 사망을 간과한 실체판결에 대하여는 비상상고가 가능하다.

| 해설 | 사망을 간과한 실체판결과 비상상고의 가부(소극) : 비상상고 제도는 법령 적용의 오류를 시정함으로써 법령의 해석·적용의 통일을 도모하려는 데에 주된 목적이 있는 것이므로, '그 사건의 심판이 법령에

위반한 것'이라고 함은 확정판결에서 인정한 사실을 변경하지 아니하고 이를 전제로 한 실체법의 적용에 관한 위법 또는 그 사건에 있어서의 절차법상의 위배가 있음을 뜻하는 것이라고 할 것이다(대결 1962.9.27. 62오1 참조). 따라서 **단순히 그 법령 적용의 전제사실을 오인함에 따라 법령위반의 결과를 초래한 것과 같은 경우**는 법령의 해석·적용을 통일한다는 목적에 유용하지 않으므로 '그 사건의 심판이 법령에 위반한 것'에 해당하지 않는다고 해석함이 상당하[다](대결 2017.6.15. 2017오1) …(중략)… **법원이 원판결의 선고 전에 피고인이 이미 사망한 사실을 알지 못하여 공소기각의 결정을 하지 않고 실체판결에 나아감으로써 법령위반의 결과를 초래하였다고 하더라도**, 이는 형사소송법 제441조에 정한 '그 심판이 법령에 위반한 것'에 해당한다고 볼 수 없다(대판 2005.3.11. 2004오2; 대판 2021.3.11. 2018오2[소위 형제복지원 비상상고 사건]).

답 ✕

71. 법원이 즉결심판절차에서 허용되는 범위를 넘는 벌금 30만 원의 즉결심판을 선고한 것은 심판이 법령에 위반한 경우에 해당하여 비상상고가 가능하다.

> **해설** 즉결심판에 관한 절차법 제2조에 따라 벌금 20만 원을 초과하지 않는 범위 내에서 처벌하였어야 함에도, 원심이 즉결심판절차에서 허용되는 범위를 넘는 벌금 30만 원의 즉결심판을 선고한 것은 심판이 법령에 위반한 경우에 해당한다(대판 2015.5.28. 2014오4).

답 ○

72. 약식명령에 대한 정식재판청구서에 청구인의 기명날인 또는 서명이 없다면 법원은 그 청구를 결정으로 기각하여야 하며, 이는 정식재판의 청구를 접수하는 법원공무원이 청구인의 기명날인이나 서명이 없음에도 불구하고 이에 대한 보정을 구하지 아니하고 적법한 청구가 있는 것으로 오인하여 청구서를 접수한 경우에도 마찬가지이므로, 법원공무원의 위와 같은 잘못으로 인하여 적법한 정식재판청구가 제기된 것으로 신뢰한 피고인이 그 정식재판청구기간을 넘기게 되었다면, 이때 피고인은 자기가 '책임질 수 없는 사유'로 청구기간 내에 정식재판을 청구하지 못한 때에 해당하여 정식재판청구권의 회복을 구할 수 있다.

> **해설** 약식명령에 대한 정식재판청구권 회복청구 : 대결 2023.2.13. 2022모1872[청구인의 기명날인이나 서명이 없는 정식재판청구서가 적법한 것으로 오인되어 보정요구 없이 그대로 접수됨에 따라 정식재판청구 기간을 넘긴 피고인이 정식재판청구권회복을 청구한 사건]. ☞ 기존 정식재판청구서에 청구인의 날인 또는 서명이 없는데도 적법한 청구서로 오인하여 아무런 보정을 구하지 않고 이를 접수한 법원공무원의 잘못으로 인하여 피고인과 甲이 적법한 정식재판청구가 제기된 것으로 신뢰한 채 정식재판청구기간을 넘긴 것이므로 '피고인 또는 대리인이 책임질 수 없는 사유로 청구기간 내에 정식재판청구를 하지 못한 경우'에 해당한다고 보아, 대법원이 원심결정을 파기하고 자판(제1심결정 취소, 정식재판청구권 회복결정)한 사안.

답 ○

73. 약식명령에 대한 정식재판청구사건에서 소송촉진 등에 관한 특례법 등이 정하는 '피고인에 대한 송달불능보고서가 접수된 때부터 6개월이 지나도록 피고인의 소재를 확인할 수 없는 경우'에 이르지 않은 때에는 공시송달의 방법에 의하여 피고인의 진술 없이 재판할 수 없다. ★ⓒ

> **해설** 약식명령에 대한 정식재판청구사건에서 '소송촉진 등에 관한 특례법' 제23조 및 동법 시행규칙 제19조가 정하는 '피고인에 대한 송달불능보고서가 접수된 때부터 6개월이 지나도록 피고인의 소재를 확인할 수 없는 경우'에 이르지 않아도 공시송달의 방법에 의하여 피고인의 진술 없이 재판할 수 있는지 여부 (적극) : 약식명령에 대한 정식재판청구사건에 관하여는 제458조 제2항이 항소심에서의 피고인 불출석 재판에 관한 제365조를 준용하고 있는데, 위 제365조는 피고인이 적법한 소환을 받고도 정당한 사유 없이 2회 이상 불출석하면 피고인의 진술 없이 판결을 할 수 있다고 정한다. 한편 '소송촉진 등에 관한 특례법'

(이하 '소촉법') 제23조 및 그 시행규칙 제19조는 피고인에 대한 송달불능보고서가 접수된 때부터 6개월이 지나도록 피고인의 소재를 확인할 수 없는 경우에 비로소 공시송달의 방법에 의하여 피고인의 진술 없이 재판할 수 있다고 정하고 있다. 이는 제1심 공판절차에서의 피고인 불출석 재판에 관한 특례규정으로서, 위와 같이 형사소송법 제458조, 제365조가 적용되는 약식명령에 대한 정식재판청구사건에서 제1심은 소촉법 제23조 및 그 시행규칙 제19조가 정하는 "피고인에 대한 송달불능보고서가 접수된 때로부터 6개월이 지나도록 피고인의 소재를 확인할 수 없는 경우"에까지 **이르지 아니하더라도** 공시송달의 방법에 의하여 피고인의 진술 없이 재판을 할 수 있다(대판 2013.3.28. 2012도12843). ☞ 약식명령에 대한 정식재판에서는 소촉법의 6개월 요건을 갖추지 않아도 공시송달할 수 있다는 판시이다.   답 X

74. 약식명령에 대한 정식재판을 청구한 사건에서도 공소사실과 동일성이 인정되는 범위 내라면 공소장변경이 허용된다.

│해설│ 대판 2013.2.28. 2011도14986 등.   답 O

75. 약식명령에 대한 정식재판청구사건의 공판절차에서 공소장변경이 허용되어 약식명령의 형보다 중한 형을 선고할 수 있는 경우에는 불이익변경금지원칙에 위배될 수 있으므로 공소장변경은 허용되지 아니한다.   ★ⓒ

│해설│ 약식명령에 대한 피고인의 정식재판청구사건의 공판절차에서 불이익변경금지원칙을 이유로 공소장변경을 불허해서는 안 된다(대판 2013.2.28. 2011도14986). ☞ 따라서 공소사실의 동일성이 인정되면 공소장변경을 허가하여야 하고, 불이익변경금지원칙의 문제는 중한 형을 선고하지 않으면 된다.   답 X

76. 피고인이 절도죄 등으로 벌금 300만 원의 약식명령을 발령받은 후 정식재판을 청구하였는데, 제1심법원이 위 정식재판청구 사건을 통상절차에 의해 공소가 제기된 다른 점유이탈물횡령 등 사건들과 병합한 후 각 죄에 대해 모두 징역형을 선택한 다음 경합범으로 처단하여 징역 1년 2월을 선고하자, 피고인과 검사가 각 양형부당을 이유로 항소한 사안에서, 형사소송법 제457조의2 제1항은 "피고인이 정식재판을 청구한 사건에 대하여는 약식명령의 형보다 중한 종류의 형을 선고하지 못한다."라고 규정하여 정식재판청구 사건에서의 형종 상향 금지의 원칙을 정하고 있는데, 제1심판결 중 위 정식재판청구 사건 부분은 피고인만이 정식재판을 청구한 사건인데도 약식명령의 벌금형보다 중한 종류의 형인 징역형을 선택하여 형을 선고하였으므로 여기에 형사소송법 제457조의2 제1항에서 정한 형종 상향 금지의 원칙을 위반한 잘못이 있고, 제1심판결에 대한 피고인과 검사의 항소를 모두 기각함으로써 이를 그대로 유지한 원심판결에도 형사소송법 제457조의2 제1항을 위반한 잘못이 있다.   ★ⓒ

│해설│ 형사소송법 제457조의2 제1항에서 규정한 정식재판청구 사건에서의 형종 상향 금지의 원칙은 피고인이 정식재판을 청구한 사건과 다른 사건이 병합·심리된 후 경합범으로 처단되는 경우에도 정식재판을 청구한 사건에 대하여 그대로 적용되는지 여부(적극) : 형사소송법 제457조의2 제1항은 "피고인이 정식재판을 청구한 사건에 대하여는 약식명령의 형보다 중한 종류의 형을 선고하지 못한다."라고 규정하여, 정식재판청구 사건에서의 형종 상향 금지의 원칙을 정하고 있다. 위 형종 상향 금지의 원칙은 피고인이 정식재판을 청구한 사건과 다른 사건이 병합·심리된 후 경합범으로 처단되는 경우에도 정식재판을 청구한 사건에 대하여 그대로 적용된다(대판 2020.1.9. 2019도15700; 同旨 : 대판 2020.3.26. 2020도355). [법무사 2020]   답 O

77. 형사소송법 제457조의2 제1항은 "피고인이 정식재판을 청구한 사건에 대하여는 약식명령의 형보다 중한 종류의 형을 선고하지 못한다."라고 정하여, 정식재판청구 사건에서 형종 상향 금지의 원칙을 정하고 있다. 형종 상향 금지의 원칙은 피고인이 정식재판을 청구한 사건과 다른 사건이 병합·심리된 다음 경합범으로 처단되는 경우에도 정식재판을 청구한 사건에 대하여 그대로 적용되지만, 이는 피고인이 정식재판을 청구해 벌금형이 선고된 제1심판결에 대한 항소사건에서도 적용되지 아니한다. ★ⓒ

| 해설 | 형사소송법 제457조의2 제1항은 "피고인이 정식재판을 청구한 사건에 대하여는 약식명령의 형보다 중한 종류의 형을 선고하지 못한다."라고 정하여, 정식재판청구 사건에서 형종 상향 금지의 원칙을 정하고 있다. 형종 상향 금지의 원칙은 **피고인이 정식재판을 청구한 사건과 다른 사건이 병합·심리된 다음 경합범으로 처단되는 경우에도** 정식재판을 청구한 사건에 대하여 그대로 적용된다(대판 2020.1.9. 2019도15700 참조).

이는 **피고인이 정식재판을 청구해 벌금형이 선고된 제1심판결에 대한 항소사건에서도** 마찬가지이다(대판 2020.6.11. 2020도4231; 대판 2020.4.9. 2020도1120, 대판 2020.4.9. 2020도1634 등 참조). [법무사 2020] 답 ✗

78. 즉결심판에 대하여 피고인의 정식재판 청구가 있음에도 불구하고 검사가 즉결심판이 청구된 위반 내용과 동일성 있는 범죄사실에 대하여 약식명령을 청구한 경우에는 법원은 공소기각판결을 하여야 한다.

| 해설 | 경찰서장의 청구에 의해 즉결심판을 받은 피고인으로부터 적법한 정식재판의 청구가 있는 경우, 별도의 공소제기 없이 공판절차에 의하여 심판하여야 하는지 여부(적극) : 즉결심판에 관한 절차법 제14조 제1항, 제3항, 제4항 및 형사소송법 제455조 제3항에 의하면, 경찰서장의 청구에 의해 즉결심판을 받은 피고인으로부터 적법한 정식재판의 청구가 있는 경우 **경찰서장의 즉결심판청구**는 공소제기와 동일한 소송행위이므로 공판절차에 의하여 심판하여야 한다(대판 2012.3.29. 2011도8503 참조). 즉결심판에 대하여 피고인의 정식재판 청구가 있는 경우 경찰서는 검찰청으로, 검찰청은 법원으로 정식재판청구서를 첨부한 사건기록과 증거물을 그대로 송부하여야 하고 검사의 별도의 공소제기는 필요하지 아니한데도, 검사가 정식재판을 청구한 즉결심판 사건에 대하여 법원에 사건기록과 증거물을 그대로 송부하지 아니하고 즉결심판이 청구된 위반 내용과 동일성 있는 범죄사실에 대하여 약식명령을 청구한 경우에는, 이 사건 공소제기 절차는 법률의 규정에 위반하여 무효인 때(제327조 제2호 : 편자주)에 해당하거나 공소가 제기된 사건에 대하여 다시 공소가 제기되었을 때(제327조 제3호 : 편자주)에 해당한다고 판단하여 이 사건 공소를 기각하여야 한다(대판 2017.10.12. 2017도10368). 답 ○

79. 배상신청인이 "피고인으로부터 피해를 회복받고 원만히 합의하였으므로 향후 민·형사상 일체의 이의(청구)를 제기하지 않을 것을 확약한다."는 취지의 합의서를 제출한 경우에도 법원은 배상명령을 할 수 있다.

| 해설 | 소송촉진 등에 관한 특례법 제25조 제1항에서 규정한 '배상명령' 제도의 취지 및 피고인의 배상책임 유무 또는 범위가 명백하지 아니한 경우, 법원이 취하여야 할 조치 : 「소송촉진 등에 관한 특례법」 제25조 제1항에 의한 배상명령은 피고인의 범죄행위로 피해자가 입은 직접적인 재산상 손해에 대하여는 그 피해금액이 특정되고, 피고인의 배상책임의 범위가 명백한 경우에 한하여 피고인에게 그 배상을 명함으로써 간편하고 신속하게 피해자의 피해회복을 도모하고자 하는 제도이다. 위 법 제25조 제3항 제3호에 의하면, 피고인의 배상책임 유무 또는 그 범위가 명백하지 아니한 때에는 배상명령을 하여서는 아니 되고, 그와 같은 경우에는 같은 법 제32조 제1항에 따라 배상명령신청을 각하하여야 한다(대판 2017.5.11. 2017도4088). 답 ✗

80. 사법경찰관리가 벌금 미납으로 인한 노역장 유치의 집행의 상대방에게 형집행 사유와 더불어 벌금 미납으로 인한 지명수배 사실을 고지한 경우에는 특별한 사정이 없는 한 그러한 고지는 형집행장이 발부되어 있는 사실도 고지한 것으로 볼 수 있다.

| 해설 | **형집행장의 제시** : 사법경찰관리가 벌금 미납으로 인한 노역장 유치의 집행의 상대방에게 형집행 사유와 더불어 벌금 미납으로 인한 지명수배 사실을 고지하였더라도 특별한 사정이 없는 한 그러한 고지를 형집행장이 발부되어 있는 사실도 고지한 것이라거나 형집행장이 발부되어 있는 사실까지도 포함하여 고지한 것이라고 볼 수 없으므로, 이와 같은 사법경찰관리의 직무집행은 적법한 직무집행에 해당한다고 할 수 없다(대판 2017.9.26. 2017도9458). ☞ 경찰관이 도로를 순찰하던 중 벌금 미납으로 지명수배된 피고인과 조우하게 되어 벌금 미납 사실을 고지하고 벌금납부를 유도하였으나 피고인이 이를 거부하자 벌금 미납으로 인한 노역장 유치의 집행을 위하여 구인하려 하였는데, 피고인이 이에 저항하여 경찰관의 가슴을 양손으로 수차례 밀침으로써 벌금수배자 검거를 위한 경찰관의 공무집행을 방해하였다는 내용으로 기소된 사안에서, 피고인에 대하여 확정된 벌금형의 집행을 위하여 형집행장이 이미 발부되어 있었으나, 경찰관이 피고인을 구인하는 과정에서 형집행장이 발부되어 있는 사실은 고지하지 않았던 사정에 비추어 경찰관의 위와 같은 직무집행은 위법하다고 보아 공소사실을 무죄로 판단한 원심판결이 정당하다고 한 사례. **답 X**

81. 판결 주문에서 무죄가 선고된 경우가 아니라 판결 이유에서 무죄로 판단된 경우에는 비용보상을 청구할 수 없다.

| 해설 | 판결 주문에서 무죄가 선고된 경우뿐만 아니라 판결 이유에서 무죄로 판단된 경우에도 재판에 소요된 비용 가운데 무죄로 판단된 부분의 방어권 행사에 필요하였다고 인정된 부분에 관하여 비용보상을 청구할 수 있는지 여부(적극) : 비용보상제도의 입법 취지와 규정의 내용 등에 비추어 볼 때 판결 주문에서 무죄가 선고된 경우뿐만 아니라 판결 이유에서 무죄로 판단된 경우에도 재판에 소요된 비용 가운데 무죄로 판단된 부분의 방어권 행사에 필요하였다고 인정된 부분에 관하여는 보상을 청구할 수 있다고 보아야 한다. 다만 법원은 이러한 경우 형사소송법 제194조의2 제2항 제2호를 유추적용하여 재량으로 보상청구의 전부 또는 일부를 기각할 수 있다(대결 2019.7.5. 2018모906). **답 X**

판례색인

대법원 결정

대결 1962.9.27. 62오1 ·································· 96, 97
대결 1998.12.14. 98모127 ································ 39
대결 2005.2.14. 2005모21 ································ 77
대결 2013.1.24. 2012모1393 ······························· 9
대결 2013.4.18. 2010모363 ······························· 94
대결 2013.7.1. 2013모160 ································ 20
대결 2014.10.16. 2014모1557 ······················· 11, 77
대결(全合) 2015.7.16. 2011모1839 ············ 28, 29, 90
대결(全合) 2015.7.16. 2013도11650 ···················· 57
대결(全合) 2015.7.16. 2013모2347 ····················· 39
대결 2015.10.29. 2014도5939 ························ 4, 20
대결 2016.3.16. 2015모2898 ····························· 54
대결 2016.6.14. 2015모1032 ························ 22, 23
대결(全合) 2016.6.16. 2016초기318 ······················ 1
대결 2016.7.29. 2015모1991 ····························· 77
대결 2017.3.30. 2016모2874 ························ 13, 78
대결 2017.6.15. 2017오1 ······················· 96, 97
대결 2017.7.27. 2017모1377 ····························· 14
대결 2017.7.27. 2017모1557 ····························· 14
대결 2017.9.22. 2017모1680 ····························· 10
대결 2017.9.22. 2017모2521 ····························· 77
대결 2017.11.7. 2017모2162 ····························· 83
대결 2018.3.29. 2018모642 ······························ 83
대결 2018.5.2. 2015모3243 ························ 91, 94
대결 2019.1.4. 2018모3621 ······························ 89
대결 2019.7.5. 2018모906 ······························ 100
대결 2020.4.16. 2019모3526 ····························· 28
대결 2020.6.26. 2019모3197 ······························· 1
대결 2021.3.12. 2019모3554 ····························· 95
대결 2021.4.2. 2020모2071 ······························ 91

대결 2021.4.2. 2020모2561 ································· 3
대결 2022.5.26. 2022모439 ······························ 10
대결 2022.5.31. 2016모587 ······························ 28
대결 2022.6.30. 2020모73 ································ 26
대결 2022.10.27. 2022모1004 ··························· 90
대결 2023.2.13. 2022모1872 ····························· 97
대결 2023.4.27. 2023모350 ······························ 13

대법원 판례

대판 1986.10.28. 85도693 ··························· 9, 10
대판 1998.4.10. 97도3234 ·························· 56, 58
대판 1999.9.3. 99도2317 ································· 20
대판 2000.2.11. 99도2983 ······························· 92
대판(全合) 2000.6.15. 99도1108 ························ 71
대판 2000.11.28. 2000도2123 ··························· 79
대판 2001.12.11. 2001도4013 ··························· 47
대판 2002.2.22. 2001다23447 ···························· 3
대판 2002.3.12. 2001도2064 ····························· 55
대판 2003.2.11. 99다66427·73371 ················· 9, 10
대판 2003.10.24. 2003도4638 ··························· 16
대판 2004.2.13. 2003도6905 ····························· 57
대판(全合) 2004.7.15. 2003도7185 ···················· 63
대판 2004.10.18. 2004도4029 ··························· 19
대판 2005.3.11. 2004오2 ································· 97
대판 2005.7.8. 2005도2967 ······························ 90
대판 2005.7.28. 2005도3442 ····························· 75
대판 2006.4.14. 2005도9743 ····························· 42
대판 2006.4.14. 2006도734 ······························ 80
대판 2006.5.11. 2004도5972 ····························· 38
대판 2006.10.12. 2006도4981 ··························· 70

대판 2007.1.25. 2006도8591 ·················· 83	대판 2013.7.25. 2011도12482 ·················· 79
대판 2007.10.25. 2007도4961 ·················· 15	대판 2013.7.26. 2013도2511 ·········· 20, 52, 71
대판 2009.3.12. 2008도763 ······················ 27	대판 2013.8.14. 2012도13665 ············· 36, 71
대판 2009.4.9. 2008도10572 ···················· 81	대판 2013.8.23. 2011도4763 ···················· 22
대판 2009.5.28. 2009도579 ······················ 5	대판 2013.9.12. 2011도12918 ···················· 3
대판 2009.6.11. 2009도1830 ···················· 50	대판 2013.9.26. 2013도7718 ···················· 25
대판 2010.1.28. 2009도882 ····················· 75	대판 2013.10.24. 2013도5752 ·················· 47
대판 2010.3.25. 2009도14065 ···················· 54	대판 2013.10.24. 2013도6285 ·················· 57
대판 2010.4.29. 2010도881 ······················ 6	대판 2013.11.28. 2010도12244 ················ 59
대판 2010.5.27. 2010도3377 ······················ 7	대판 2013.12.12. 2012도7198 ·················· 80
대판 2010.6.10. 2010도4629 ······················ 6	대판 2014.1.16. 2013도5441 ······················ 4
대판(全合) 2010.12.16. 2010도5986 ······· 75, 78, 93	대판 2014.1.16. 2013도7101 ················ 24, 59
대판 2011.2.24. 2010도15989 ·················· 79	대판 2014.2.21. 2013도12652 ·················· 68
대판 2011.9.29. 2008두18885 ·················· 30	대판 2014.2.27. 2011도13999 ·················· 18
대판 2011.11.10. 2011도11115 ·················· 51	대판 2014.3.27. 2014도342 ················ 78, 79
대판 2012.3.29. 2011도8503 ···················· 99	대판 2014.3.28. 2013노3554 ·················· 30
대판 2012.4.26. 2012도1225 ···················· 14	대판 2014.4.24. 2013도9162 ·················· 43
대판(全合) 2012.5.17. 2009도6788 ·············· 67	대판 2014.4.24. 2013도9498 ·················· 12
대판 2012.6.14. 2011도15484 ·················· 14	대판 2014.5.16. 2013도14656 ·················· 56
대판 2012.6.14. 2012도534 ······················ 71	대판 2014.5.16. 2013도16404 ·················· 70
대판 2012.7.26. 2012도2937 ···················· 64	대판 2014.5.16. 2014도1063 ······················ 7
대판 2012.9.13. 2012도6612 ···················· 37	대판 2014.5.16. 2014도3037 ·················· 12
대판 2012.9.27. 2010도17052 ·················· 15	대판 2014.6.12. 2014도3163 ·················· 56
대판 2012.10.25. 2011도5459 ·················· 72	대판 2014.7.10. 2012도5041 ············· 20, 64
대판 2013.1.31. 2012도13896 ············· 14, 53	대판 2014.7.10. 2014도224 ······················ 15
대판 2013.2.15. 2011도13606 ·················· 55	대판 2014.7.24. 2013도13416 ·················· 56
대판 2013.2.23. 2011도14986 ·················· 79	대판 2014.8.20. 2014도3390 ·················· 80
대판 2013.2.28. 2011도14986 ········ 50, 79, 98	대판 2014.8.26. 2011도6035 ··········· 61, 62, 64
대판 2013.3.14. 2010도2094 ···················· 59	대판 2014.8.28. 2014도4496 ················ 6, 7
대판 2013.3.14. 2011도8325 ···················· 63	대판 2014.10.15. 2011도3509 ·················· 58
대판 2013.3.14. 2012도13611 ·················· 59	대판 2014.11.13. 2014도6341 ·················· 74
대판 2013.3.28. 2010도3359 ············ 5, 8, 48, 58	대판 2014.11.13. 2014도8377 ·················· 54
대판 2013.3.28. 2012도12843 ············· 11, 98	대판 2014.12.11. 2014도7976 ·················· 19
대판 2013.3.28. 2013도3 ···················· 50, 71	대판 2014.12.24. 2014도13797 ·················· 8
대판 2013.4.11. 2011도10626 ·················· 93	대판 2015.1.15. 2014도14781 ············· 10, 86
대판 2013.4.11. 2012도15128 ·················· 14	대판 2015.1.22. 2014도10978 ············· 60, 61
대판 2013.4.11. 2013도1435 ···················· 67	대판(全合) 2015.1.22. 2014도10978 ······· 28, 29
대판 2013.4.25. 2013도1658 ······················ 2	대판 2015.2.12. 2012도4842 ·················· 44
대판 2013.4.26. 2013도1222 ················ 54, 86	대판 2015.2.26. 2014도12737 ·················· 14
대판(全合) 2013.5.16. 2011도2631 ··········· 75, 93	대판 2015.4.9. 2015도1466 ···················· 83
대판 2013.6.13. 2012도16001 ············· 68, 71	대판 2015.4.23. 2013도3790 ·················· 65
대판 2013.6.27. 2011도7931 ···················· 93	대판 2015.4.23. 2015도2046 ················ 7, 8
대판 2013.6.27. 2013도2714 ···················· 11	대판 2015.4.23. 2015도2275 ·················· 61
대판 2013.7.11. 2012도16334 ···················· 6	대판 2015.5.14. 2012도11431 ·················· 16
대판 2013.7.11. 2013도351 ······················ 7	대판 2015.5.14. 2014도2946 ·················· 93
대판 2013.7.25. 2011도6380 ················ 56, 58	대판(全合) 2015.5.21. 2011도1932 ·············· 92

대판 2015.5.28. 2014도18006 ·········· 52	대판 2017.4.7. 2016도19907 ·········· 22
대판 2015.5.28. 2014오4 ·········· 97	대판 2017.4.28. 2016도21342 ·········· 76
대판 2015.5.28. 2015도1362, 2015전도19 ·········· 44	대판 2017.5.11. 2017도4088 ·········· 99
대판 2015.6.24. 2015도5916 ·········· 43	대판 2017.5.17. 2017도3780 ·········· 5
대판(全合) 2015.6.25. 2014도17252 ······ 12, 13, 89, 91	대판 2017.5.17. 2017도4267 ·········· 91
대판 2015.7.9. 2014도16051 ·········· 34	대판 2017.5.30. 2017도4243 ·········· 91
대판(全合) 2015.7.16. 2015도2625 ·········· 68, 69	대판 2017.6.8. 2017도3606 ·········· 91
대판 2015.7.23. 2015도2255 ·········· 55	대판 2017.6.8. 2017도5122 ·········· 48
대판(全合) 2015.7.23. 2015도3260 ·········· 88	대판 2017.6.19. 2013도564 ·········· 45
대판 2015.8.19. 2015도10417 ·········· 74	대판 2017.6.29. 2016도18194 ·········· 2
대판 2015.8.27. 2015도1054 ·········· 89	대판 2017.7.11. 2016도14820 ·········· 42
대판 2015.9.10. 2012도14775 ·········· 40	대판 2017.7.18. 2013도7896 ·········· 42
대판 2015.9.10. 2015도7821 ·········· 85	대판 2017.7.18. 2014도8719 ·········· 25
대판 2015.9.15. 2015도11362 ·········· 80	대판 2017.7.18. 2015도12981 ·········· 64, 68, 70
대판 2015.10.15. 2015도1803 ·········· 1	대판 2017.8.23. 2016도5423 ·········· 38, 76
대판 2015.10.15. 2015도10779 ·········· 43	대판 2017.9.7. 2015도10648 ·········· 27
대판 2015.10.29. 2014도5939 ·········· 51	대판 2017.9.12. 2017도10309 ·········· 30
대판 2015.11.17. 2013도7987 ·········· 15	대판 2017.9.21. 2015도12400 ·········· 27
대판 2015.11.26. 2015도8243 ·········· 78	대판 2017.9.21. 2017도10866 ·········· 22
대판 2015.12.10. 2015도11696 ·········· 85	대판 2017.9.26. 2017도9458 ·········· 100
대판 2015.12.23. 2015도9951 ·········· 8	대판 2017.10.12. 2017도10368 ·········· 99
대판 2016.2.18. 2015도13726 ·········· 21, 22, 33	대판 2017.11.9. 2015도17068 ·········· 81
대판 2016.2.18. 2015도16586 ·········· 64	대판 2017.11.9. 2017도13948 ·········· 7
대판 2016.2.18. 2015도17115 ·········· 67	대판 2017.11.9. 2017도14769 ·········· 93
대판 2016.3.10. 2013도11233 ·········· 33	대판 2017.11.14. 2017도13465 ·········· 39
대판 2016.4.29. 2016도2210 ·········· 85	대판 2017.11.29. 2014도16080 ·········· 34
대판 2016.4.29. 2016도2696 ·········· 41	대판 2017.11.29. 2017도9747 ·········· 26
대판 2016.5.26. 2015도17674 ·········· 41	대판 2017.12.5. 2017도12671 ·········· 69
대판 2016.5.30. 2016도3102 ·········· 6	대판 2017.12.5. 2017도13458 ·········· 24
대판 2016.10.13. 2016도5814 ·········· 21	대판 2017.12.22. 2017도11616 ·········· 55
대판 2016.10.13. 2016도8137 ·········· 34	대판 2017.12.22. 2017도17083 ·········· 13
대판 2016.10.27. 2015도16764 ·········· 88	대판 2018.2.8. 2017도13263 ·········· 26
대판 2016.10.27. 2016도11880 ·········· 47	대판 2018.2.28. 2015도15782 ·········· 95
대판 2016.10.27. 2016도11969 ·········· 89	대판 2018.3.15. 2017도18706 ·········· 6
대판 2016.11.25. 2016도9470 ·········· 19	대판 2018.3.29. 2017도7871 ·········· 57
대판 2016.12.15. 2015도3682 ·········· 41	대판 2018.3.29. 2018도327 ·········· 53
대판 2016.12.29. 2016도11138 ·········· 49	대판 2018.4.10. 2018도1736 ·········· 80
대판 2017.1.12. 2016도15470 ·········· 55	대판(全合) 2018.4.19. 2017도14322 ·········· 81
대판 2017.1.25. 2016도13489 ·········· 24	대판 2018.5.15. 2017도19499 ·········· 69
대판 2017.1.25. 2016도15526 ·········· 46	대판 2018.7.12. 2018도5909 ·········· 47
대판 2017.2.15. 2016도19027 ·········· 41, 49	대판 2018.7.12. 2018도6219 ·········· 35
대판 2017.3.9. 2013도16162 ·········· 39	대판 2018.7.24. 2018도3443 ·········· 42
대판 2017.3.15. 2013도2168 ·········· 22	대판 2018.8.1. 2018도8651 ·········· 73, 84
대판 2017.3.15. 2016도19824 ·········· 84	대판 2018.9.13. 2018도7658 ·········· 47
대판 2017.3.15. 2016도19843 ·········· 71	대판 2018.10.12. 2018도6252 ·········· 23
대판 2017.3.22. 2016도18031 ·········· 86	대판 2018.10.25. 2018도13150 ·········· 95

판례	페이지
대판(全合) 2018.11.22. 2015도1065	82
대판 2018.11.29. 2018도12896	83
대판 2018.11.29. 2018도13377	10
대판 2018.12.13. 2016도1397	94
대판 2018.12.13. 2018도11711	49
대판 2018.12.28. 2014도17182	40
대판 2019.1.31. 2018도6185	94
대판 2019.2.14. 2018도15109	77
대판 2019.2.28. 2018도13382	95
대판 2019.2.28. 2018도19034	89
대판(全合) 2019.3.21. 2017도16593	87, 88
대판 2019.4.11. 2018도17909	92
대판 2019.6.13. 2019도4608	46
대판(全合) 2019.6.20. 2018도20698	94, 96
대판 2019.7.10. 2019도4221	82
대판 2019.7.11. 2018도20504	60
대판 2019.7.24. 2018도17748	57
대판 2019.7.25. 2016도756	96
대판(全合) 2019.8.29. 2018도2738	60
대판(全合) 2019.8.29. 2018도14303	89
대판 2019.10.17. 2019도4192	80
대판 2019.10.31. 2018도2642	56
대판 2019.10.31. 2019도5426	86
대판 2019.10.31. 2019도11622	7
대판 2019.11.14. 2019도11552	69
대판 2019.11.14. 2019도13290	33, 72
대판(全合) 2019.11.21. 2018도13945	68
대판 2019.11.28. 2013도6825	36
대판 2019.11.28. 2015도12742	51
대판 2019.12.13. 2019도10678	9
대판 2019.12.24. 2019도10086	41
대판 2020.1.9. 2019도15700	98, 99
대판 2020.1.30. 2019도15987	17
대판 2020.2.13. 2019도14341	24
대판 2020.3.17. 2015모2357	4
대판 2020.3.26. 2020도355	98
대판 2020.4.9. 2020도1120	99
대판 2020.4.9. 2020도1634	99
대판 2020.4.29. 2017도13409	37
대판 2020.5.14. 2020도398	18
대판 2020.6.11. 2016도9367	63
대판 2020.6.11. 2020도4231	99
대판 2020.6.25. 2019도17995	87
대판 2020.7.9. 2020도2795	84
대판 2020.7.29. 2020도4738	37
대판 2020.8.27. 2020도8615	84
대판(全合) 2020.10.22. 2020도4140	80
대판 2020.11.26. 2020도10729	29
대판 2020.12.10. 2020도2623	51
대판 2020.12.24. 2020도10778	52
대판 2021.2.25. 2020도3694	44
대판 2021.2.25. 2020도17109	61
대판 2021.3.11. 2018오1	96
대판 2021.3.11. 2018오2	97
대판 2021.4.29. 2020도16438	23
대판 2021.5.6. 2021도1282	79
대판 2021.5.27. 2018도13458	30
대판 2021.6.10. 2020도15891	37
대판 2021.6.10. 2021도2726	57
대판 2021.6.24. 2021도3791	46
대판 2021.6.24. 2021도4648	21
대판 2021.6.30. 2018도14261	9, 10
대판 2021.6.30. 2019도7217	50
대판 2021.7.29. 2017도16810	17
대판 2021.7.29. 2020도14654	27
대판 2021.7.29. 2021도3756	25
대판 2021.8.26. 2021도2205	25, 31
대판 2021.10.14. 2016도14772	38
대판 2021.10.28. 2021도404	16
대판 2021.10.28. 2021도10010	15
대판(全合) 2021.11.18. 2016도348	31, 32
대판 2021.11.25. 2016도82	33
대판 2021.12.16. 2019도17150	15
대판 2021.12.30. 2019도16259	15
대판 2022.1.13. 2021도13108	38
대판 2022.1.27. 2021도11170	32
대판 2022.3.17. 2016도17054	66
대판 2022.3.31. 2022도857	43
대판 2022.4.14. 2021도14530·2021전도143	66
대판 2022.4.28. 2018도3914	61, 64
대판 2022.4.28. 2021도9041	48
대판 2022.4.28. 2021도16719	88
대판 2022.5.13. 2017도3884	74
대판(全合) 2022.5.19. 2021도17131	90
대판 2022.5.26. 2017도11582	57
대판 2022.5.26. 2021도2488	18
대판 2022.6.16. 2022도364	63
대판 2022.7.28. 2021도10579	87
대판 2022.7.28. 2022도2960 참조	29
대판 2022.9.7. 2022도6993	45
대판 2022.9.16. 2021다295165	3
대판 2022.9.29. 2020도13547	44

대판 2022.10.27. 2022도8806 ·············· 45
대판 2022.10.27. 2022도9510 ·············· 65
대판 2022.10.27. 2022도9877 ·············· 70
대판 2022.11.10. 2022도7940 ·············· 85
대판 2022.11.17. 2019도11967 ············· 73
대판 2022.11.17. 2022도8257 ·············· 38
대판 2022.12.15. 2022도8824 ·············· 65
대판(全合) 2022.12.22. 2020도16420 ······ 75
대판 2023.1.12. 2022도14645 ·············· 57
대판 2023.2.23. 2022도6434 ··············· 75
대판 2023.2.23. 2022도15288 ·············· 13
대판 2023.3.16. 2020도5336 ··············· 23
대판 2023.4.27. 2018도8161 ··············· 19

대판 2023.4.27. 2023도2102 ··············· 62
대판 2023.6.1. 2023도3741 ················ 62
대판 2023.6.15. 2023도3038 ··············· 49

헌법재판소결정

헌재결 2011.11.24. 2008헌마578 ·········· 39
헌재결(全合) 2015.11.26. 2012헌마858 ····· 5
헌재결 2018.4.26. 2015헌바370 ············ 30
헌재결 2019.2.28. 2015헌마1204 ············ 5
헌재결 2021.12.23. 2018헌바524 ······· 64, 66

지은이 **김영환**

[약 력]
- 한양대학교 법대 졸업
- 한양대학교 법대 대학원(형사법전공)
- 前 한림법학원, 합격의 법학원 사법시험, 변호사시험 형사소송법 강의
- 前 경단기, 경찰간부 형사소송법 강의
- 現 서울법학원, 법무사시험 및 법원사무관 등 형사소송법 강의
- 現 베리타스 변호사시험 형사소송법 강의
- 한대 등 고시반 특강

[편저서]
- 형사소송법 주관식 단문집(학연, 2020)
- 형사소송법 주관식 사례집(학연, 2020)
- 법원사무관 승진·법행·법무사 대비 형사소송법 사례연습(학연, 2021)
- 형사소송법 Blackbox(학연, 2022)
- Rainbow 변시 모의해설 형사법 선택형(학연, 2023)
- Rainbow 변시 모의해설 형사법 사례형(학연, 2023)
- Rainbow 변시 기출해설 형사법 사례형(학연, 2023)
- 진도별 변시·사시·법행·법무사기출 형사소송법 사례연습(학연, 2023)
- 작은 변사기 형사소송법(학연, 2023)
- Rainbow 변시 기출·모의해설 형사소송법 선택형(진도별)(학연, 2023)
- Rainbow 변시 기출해설 형사법 선택형(학연, 2023)
- Rainbow 핵심OX 형사소송법(학연, 2023)
- 로스쿨 형사소송법(학연, 2023)

최근 5년 형사소송법판례 OX

발 행 일 : 2023년 07월 24일
저　　자 : 김 영 환
발 행 인 : 이 인 규
발 행 처 : 도서출판 (주)학연
주　　소 : 서울시 관악구 호암로 602, 7층
전　 화 : 02-887-4203　팩　스 : 02-6008-1800
출판등록 : 2012.02.06. 제2012-13호
www.baracademy.co.kr / e-mail : baracademy@naver.com

저자와 협의하여 인지를 생략함

정가 : 12,000원　　ISBN : 979-11-5824-902-1(93360)

* 파본은 구입하신 서점에서 바꿔드립니다
* 본 서는 저작권법에 의하여 보호를 받는 저작물이므로 무단 전재와 복제를 금합니다.